21世纪高等院校通识教育规划教材

ZHIYE JIAOYUXUE
职业教育学

林宁 主编
Lin Ning
左慧琴 李伟娟 范敏 参编
Zuo Huiqin Li Weijuan Fan Min

清华大学出版社
北京

内 容 简 介

本书汲取职业教育学学科建设的积极成果，立足中国职业教育实践的实际，以行动导向和工作过程理念为指导，构建有区域特色和实践应用性的职业教育学。本书在职业教育学学科发展史、职业教育发展历史介绍的基础上，辨析、澄清一些理论和实践问题，并对职业教育人才培养过程中的专业设置、课程开发、学生发展、职业指导和教师专业成长等基本环节、要素进行介绍和探索，试图为职业教育人才培养、师资培训等工作给予最大效能的指导。

本书一是突出职业教育学的自身特点，在体系结构和内容上努力反映职业教育的个性与特色；二是满足学生进行研究性学习的需要，在教材内容中，适度反映专家、学者关于职业教育一些基本问题的争论，同时，在章后添加教材内容延伸和深化的"相关链接"，供学生进行研究性和拓展性学习；三是吸取国内外最新的研究成果，尤其注重国外先进职业教育理念、制度设置、专业、课程与教学特色的介绍和吸收；四是注重教材的实用性和指导性，不仅为学生展现职业教育理论的概貌，更有助于高校教师职业素质的养成，为教师的专业化发展奠定基础。

本书可作为高等院校职业教育学公共课的教材，也可用于职业学校师资和管理人员的培训，对职业教育理论研究者和实践工作者也有一定的参考价值。

本书封面贴有清华大学出版社防伪标签，无标签者不得销售。
版权所有，侵权必究。举报：010-62782989，beiqinquan@tup.tsinghua.edu.cn。

图书在版编目（CIP）数据

职业教育学/林宁主编. —北京：清华大学出版社，2019（2023.1重印）
（21世纪高等院校通识教育规划教材）
ISBN 978-7-302-51893-8

Ⅰ.①职… Ⅱ.①林… Ⅲ.①职业教育－高等学校－教材 Ⅳ.①G71

中国版本图书馆 CIP 数据核字(2018)第 293993 号

策划编辑：白立军 常建丽
责任编辑：常建丽
封面设计：傅瑞学
责任校对：李建庄
责任印制：丛怀宇

出版发行：清华大学出版社
网　　址：http://www.tup.com.cn，http://www.wqbook.com
地　　址：北京清华大学学研大厦A座　　　　　　　　　邮　编：100084
社　总　机：010-83470000
投稿与读者服务：010-62776969，c-service@tup.tsinghua.edu.cn
质量反馈：010-62772015，zhiliang@tup.tsinghua.edu.cn
课件下载：http://www.tup.com.cn，010-83470236

印 装 者：涿州市般润文化传播有限公司
经　　销：全国新华书店
开　　本：185mm×230mm　　　印　张：16.5　　　字　数：310千字
版　　次：2019年6月第1版　　　印　次：2023年1月第5次印刷
定　　价：49.00元

产品编号：058553-01

前　言

本书是全国教育科学"十三五"规划 2017 年度单位资助教育部规划课题（课题编号：FJB170667）的研究成果。

作为一名在职业院校工作近 20 年的教育工作者，由于求学期间一直是在义务教育、普通高中、普通大学和研究生教育等教育体系接受的普通教育，因此，自参加工作以来，我们就一直在思考普通教育与职业教育以及普通教育学与职业教育学的区别和联系。尤其在近几年，随着国家对职业教育的大力支持，职业教育自身也逐步实现了从量变到质变的跨越式发展，对当前经济发展提供了充足的技术技能型人才支撑，更促使我们对职业教育特征、功能、内涵，职业教育的师生观、专业、课程等内容有了更深入的思考与探究。多年的一线职业教育教学实践经验，让我们深切感受到不同于普通教育的职业教育的特质，感受到职业教育不同的教育功能、不同的教师职业要求以及培养人才类型的不同，我们在教育教学过程中逐步养成了不同的教学观、课程观、学生观与"双师型"的教师素养结构等职业教育观念。我们以实践经验为基础，以职业教育为问题导向，开始做系列校级、厅级与省级教改课题研究，并于 2017 年成功获批全国教育科学"十三五"规划单位资助教育部规划课题，以此课题为契机，梳理深化相关研究，形成本研究成果。

职业教育作为不同于普通教育的特殊教育类型，具有显著的职业性、社会性和经济性特征。当前我国正处于经济结构优化升级调整之际，由劳动密集型向技术密集型转化的工业现代化进程迫在眉睫，职业教育培养的大批高素质技术技能型人才，更是承载着满足社会需求的重任。同时，职业教育也是促进社会就业的重要途径，职业不仅是个体所获取的职业资格与所取得的工作经验的一种组合，更重要的是个体与社会融合的一种载体，是个体社会定位的一种媒介，也是个体与社会交往的最本质的一个空间。所以，致力于使个体获取从业本领、从业资格进而促进就业的职业教育，对消除我国因经济体制结构性改革导致的就业压力，为上千万企业工人的转岗教育、几亿农民的转移培训、每年上千万新增劳动力的教育与培训，都将做出不可替代的贡献。但是，目前来看，职业教育近十年虽然有了跨越式发展，但是伴随着职业教育实践的发展，职业教育学的发展却很不充分，尤其是现代职业教育学的发展也刚刚起步。实践永远是理论的厚土，但是实践在理论的指导下发展会更为规范与科学。因此,在新时代现代职业教育的充分发展背景下,职业教育学的研究和发展尤为重要与迫切。

全书共分九章。第一章的职业教育学概述、第五章的职业教育专业论和第六章的职业教育课程论由开封大学林宁撰写;第二章的职业教育概述和第八章的职业道德与职业指导由开封大学左慧琴撰写;第三章的职业教育功能和第四章的职业教育培养目标与职业教育体系由南阳师范学院的范敏撰写;第七章的职业教育的学生与教师和第九章的职业教育学科建设与展望由黄河水利职业技术学院的李伟娟撰写。

本书在撰写的过程中参考并引用了大量的文献资料,绝大部分资料已经列出,如有遗漏,恳请原谅,同时向这些文献资料的作者表示深深的谢意!

我们力争以科学、严谨的态度,精益求精,多次修改完善,但由于作者学识和经验有限,书中难免有各种疏漏和不足,敬请读者提出批评和修正意见。

作　者

2019年3月

目 录

第一章 职业教育学概述 ··· 1
　第一节 职业教育学的研究对象 ····································· 1
　　一、界定学科研究对象的必要性 ································· 2
　　二、关于职业教育学研究对象的几种观点 ····················· 3
　　三、职业教育学研究对象的确定 ································· 5
　第二节 职业教育学的学科定位与学科功能 ······················ 10
　　一、职业教育学的学科性质与定位 ······························ 10
　　二、职业教育学的学科功能 ······································· 14
　　三、职业教育学与其他学科的相互关系 ························ 16
　第三节 职业教育学的发展历程 ····································· 22
　　一、国外职业教育学的发展概述 ································· 23
　　二、国内职业教育学的发展脉络 ································· 26

第二章 职业教育概述 ·· 34
　第一节 职业及职业教育的内涵 ····································· 34
　　一、职业及其内涵 ··· 34
　　二、职业教育及其内涵 ·· 36
　第二节 职业教育的发展历程 ·· 41
　　一、我国古代职业教育的产生和发展 ··························· 41
　　二、我国近代职业教育的发展 ···································· 44
　　三、国外的职业教育发展概述 ···································· 48

第三章 职业教育的功能 ··· 55
　第一节 职业教育与社会进步 ·· 55

一、职业教育对经济发展的作用 …………………………………… 56
　　二、职业教育对社会发展的作用 …………………………………… 59
　第二节　职业教育的个体发展功能 …………………………………… 62
　　一、职业教育以职业为载体促进个体社会化的功能 ……………… 62
　　二、职业教育以专业选择为中介促进个体个性化的功能 ………… 63
　　三、职业教育从个体谋生到自我实现的功能 ……………………… 64
　第三节　职业教育与人力资源开发 …………………………………… 65
　　一、职业教育的人力资源开发功能 ………………………………… 65
　　二、人力资源需求与职业教育发展间的运行机理 ………………… 66

第四章　职业教育培养目标与职业教育体系 ……………………………… 73
　第一节　职业教育培养目标 …………………………………………… 73
　　一、职业教育培养目标定位的依据 ………………………………… 73
　　二、职业教育培养目标的定位 ……………………………………… 75
　　三、我国职业教育的培养目标及实践基础 ………………………… 77
　第二节　职业教育体系 ………………………………………………… 87
　　一、构建职业教育体系的依据与原则 ……………………………… 88
　　二、我国职业教育体系的基本结构与特点 ………………………… 91
　　三、我国职业教育体系的完善与优化 ……………………………… 97

第五章　职业教育专业论 …………………………………………………… 104
　第一节　职业教育专业 ………………………………………………… 104
　　一、职业教育专业介绍 ……………………………………………… 104
　　二、职业教育专业群 ………………………………………………… 108
　第二节　职业教育专业设置 …………………………………………… 110
　　一、职业教育专业设置的依据 ……………………………………… 110
　　二、职业教育专业设置的基本原则 ………………………………… 115
　　三、我国职业教育专业设置的演变历程 …………………………… 117
　第三节　职业教育专业建设 …………………………………………… 122
　　一、职业教育专业建设的内涵 ……………………………………… 123
　　二、专业建设的方向指引：正确定位人才培养目标和规格 ……… 123

三、专业建设的核心工程：课程与教学改革 …………………… 126
　　四、专业建设的基础条件："双师"队伍与实训实践基地 ……… 127
　　五、专业建设的保障措施：质量评估与管理机制 ………………… 128

第六章　职业教育课程论 …………………………………………… 141
第一节　职业教育课程 ……………………………………………… 141
　　一、职业教育课程的基本概念 ……………………………………… 141
　　二、职业教育课程的基本特征 ……………………………………… 149
　　三、当代职业教育的主要课程模式 ………………………………… 153
第二节　职业教育课程开发 ………………………………………… 157
　　一、课程开发的概念 ………………………………………………… 157
　　二、职业教育课程开发的动因与本质 ……………………………… 157
　　三、职业教育课程开发的基本方法 ………………………………… 158
　　四、职业教育课程开发的主要模式 ………………………………… 161

第七章　职业教育的学生与教师 …………………………………… 179
第一节　职业教育的学生 …………………………………………… 179
　　一、职业教育学生的知识结构特征 ………………………………… 179
　　二、职业教育学生的能力结构特征 ………………………………… 179
　　三、职业教育学生的个性心理特征 ………………………………… 182
第二节　职业教育的教师 …………………………………………… 182
　　一、职业教育中教师的主要任务 …………………………………… 182
　　二、职业教育中教师的能力发展 …………………………………… 185
　　三、职业教育教师劳动的特点 ……………………………………… 187
　　四、职业教育教师的作用与使命 …………………………………… 191
第三节　"双师型"教师的基本素质 ………………………………… 202
　　一、"双师型"教师的内涵 …………………………………………… 202
　　二、"双师型"教师的基本素质要求 ………………………………… 203
　　三、"双师型"职业教育教师的培养路径 …………………………… 207

第八章　职业道德与职业指导 ……………………………………… 213
第一节　职业道德 …………………………………………………… 213

一、道德的含义与本质 …………………………………… 213
　　　二、职业道德介绍 ………………………………………… 214
　第二节　职业道德教育 …………………………………………… 218
　　　一、职业道德教育介绍 …………………………………… 218
　　　二、职业院校德育的特点 ………………………………… 218
　　　三、新形势下的学校职业道德教育 ……………………… 219
　　　四、正确的学生观、人才观 ……………………………… 221
　　　五、职业道德习惯的养成 ………………………………… 221
　第三节　职业规划与职业指导 …………………………………… 223
　　　一、职业生涯 ……………………………………………… 223
　　　二、职业生涯规划 ………………………………………… 225
　　　三、职业规划的方法 ……………………………………… 227
　　　四、职业指导 ……………………………………………… 229
　　　五、创业指导 ……………………………………………… 234

第九章　职业教育学科建设与展望 …………………………………… 246
　第一节　未来十年职业教育发展前瞻 …………………………… 246
　　　一、未来十年中国职业教育发展的形势与挑战 ………… 246
　　　二、面向未来职业教育结构的调整方向 ………………… 247
　　　三、面向未来职业教育创新发展的路径 ………………… 247
　第二节　职业教育学科建设面临的问题 ………………………… 248
　　　一、独特研究范式缺失，学科方向缺少选择 …………… 248
　　　二、专业研究机构建设管理制度不健全，关系错位 …… 248
　　　三、学术队伍力量薄弱，研究能力有待提高 …………… 248
　　　四、专业人才培养问题重重 ……………………………… 249
　第三节　我国职业教育学科建设的历史任务 …………………… 249
　　　一、均衡发展，职业教育学科应科学布局 ……………… 249
　　　二、凝练聚焦，明确职业教育学科的主攻方向 ………… 250
　　　三、把握范畴，构建职业教育学科的结构体系 ………… 250
　　　四、着重应用，助推实践化职业教育学科发展 ………… 250

参考文献 ……………………………………………………………… 251

第一章 职业教育学概述

学习目标
1. 明晰职业教育学的研究对象。
2. 掌握职业教育学的学科定位和学科功能。
3. 了解职业教育学的发展历程。

近年来,随着国家经济的快速发展,社会对职业技术人才的需求急剧增加,职业教育的社会功能也日益彰显。2014年6月,国务院印发了《关于加快发展现代职业教育的决定》(国发〔2014〕19号),该决定明确了今后一个时期加快发展现代职业教育的指导思想、基本原则、目标任务和政策措施,提出"到2020年,形成适应发展需求、产教深度融合、中职与高职衔接、职业教育与普通教育相互沟通,体现终身教育理念,具有中国特色、世界水平的现代职业教育体系。"加快发展现代职业教育体系,已经成为当前社会发展的必然趋势。但是,与快速发展的职业教育人才培养实践相比,职业教育学作为一门指导职业教育发展的应用学科体系,并没有发挥好对职业教育实践的描述、预测和指导作用,该学科建设呈现出明显的滞后和薄弱态势。职业教育的实践发展需要强有力的理论指导,没有理论指导的职业教育缺乏方向和目标。树立自觉的学科意识,厘清学科建设的发展方向,完善学科体系,已成为当下职业教育学学科建设的重要使命。

一门学科体系有其特定的研究对象和独特的学科功能。在研究一门学科体系之初,首先要大体上了解该门学科的概貌。本章主要对职业教育学的研究对象、学科内涵、学科功能、学理基础及发展历程进行探讨。

第一节 职业教育学的研究对象

任何一门学科之所以能够相对独立存在,其首要条件是必须有自己独特的研究对象,这是区分不同学科的主要标志。研究对象的界定往往决定着学科的研究内容、范围、性质、学科体系等,对学科发展和相关问题的研究具有重要的理论价值和现实意义。

一、界定学科研究对象的必要性

对于一门学科来讲,研究对象的确定是这门学科能够独立存在的基础条件。没有明确的研究对象意味着学科的理论研究就会陷入漫无目标的境地,也就无所谓拥有独特的、排他性的"势力范围",在学科之林中也就没有自己的位置。如果一门学科的研究对象一直处于众说纷纭、莫衷一是的离散状态,那么这门学科就称不上是一门真正的学科。纵观那些已经独立并获得认可的学科,诸如社会学、心理学、历史学、物理学等,均有明确且独特的研究对象。另外,一门学科的研究对象也是形成该门学科基础理论的基石。研究对象的确定是进行学科理论体系构建的基础和标准,否则研究就无从下手。

研究对象决定了一门学科的性质、基本内容和理论体系。有什么样的研究对象,就有什么样的学科性质、基本内容和理论体系,这是学科建设的基本法则。任何一门学科只有对其研究对象的形态、性质、规律进行准确的描述和深刻的揭示,才能了解该学科的特质,而且学科理论体系的建立也依赖于对其研究对象的深入认识和剖析。

对于研究者而言,研究对象的确定意味着研究内容体系的确立。如果研究者对学科研究对象的问题没有形成明确的认识,那么就很难形成"聚焦性"的研究。这样,一方面会导致研究内容的"偏离"或"越界",另一方面会使研究出现很多"盲区",忽视或弱化学科本该重视的重要研究领地,自然就会延缓或阻碍学科的发展以及理论体系的构建。

总之,"对于一门学科来说,一个生死攸关的问题就是要明确自己的研究对象和任务。每门科学都有自己独特的研究对象。怎样界定研究对象,对于科学理论建设具有重要的意义。

那么,什么是研究对象呢?德国哲学家黑格尔说:"就对象来说,每门科学一开始就要研究两个问题:第一,这个对象是存在的;第二,这个对象究竟是什么?"那么,究竟什么是研究对象呢?《辞海》中的定义为:对象是指观察或思考的客体,也指行动的目标;《现代汉语词典》中指出:对象是指行动或思考时作为目标的人或事物。对于一门学科而言,研究对象是指对学科客体的思考和认识,是能反映该门学科的所有组成部分及其整体。学科研究对象并不是本学科一系列具体问题的简单罗列和堆砌杂陈,而是对具体问题的高度抽象和精确概括,能够反映本学科研究问题的总体特征,具有明显的特点。

关于一门学科——职业教育学的研究对象,研究者们众说纷纭,至今没有形成统一明确的观点,这也是本书首先需要确定的重要内容之一。下面介绍几种有代表性的观点。

二、关于职业教育学研究对象的几种观点

（一）现象说

这种观点认为职业教育学的研究对象就是客观的职业教育现象。如刘鉴农等人编著的《职业技术教育学》(1986年)中提出"职业技术教育学(本书认为，《职业技术教育学》与《职业教育学》实质上同属一门学科，其名称的差异是由于时代背景与观念不同所致)作为一门独立的学科，它特有的领域就是客观的职业技术现象，这就是它的研究对象。"这种观点看似揭示了职业教育学独特的研究对象，实际上不能明确地界定出学科对象的特殊性，过于宽泛。因为从哲学上讲，现象是通过感官可以认识到的事物外部的特性或特征，是事物表现出来的，能被人知觉到的一切情况，具有明显的宽泛性和不确定性。因此，把职业教育学的研究对象定义为职业教育现象太宽泛，不能确指，这样就会存在许多问题。

（二）关系说

这种观点认为职业教育学就是研究职业教育学与社会以及其内外部的各种关系，如纪芝信主编的《职业技术教育学》(1995年)提出"职业技术教育学研究的主要对象是职业技术教育与经济和社会发展、科技进步之间的关系及其外部关系；职业技术教育内部各要素之间的关系。"具有相同观点的还有刘春生、徐长发主编的《职业教育学》(2002年)，这本书认为职业教育学的研究对象是"职业教育内部及其与经济、社会之间诸多方面的关系"。

从系统科学的观点看，职业教育是社会系统的子系统，既存在系统内部要素与要素、要素与系统之间的关系，又存在要素与环境(社会、经济、文化)、系统与环境(社会、经济、文化)之间的关系，这些关系都应当被加以研究。然而，这些关系都因职业教育这个研究对象而存在和演变，因此它们也不能被视为研究对象本身。研究这些关系，只能看作职业教育学的研究内容。因此，把职业教育学研究对象定义为"关系说"同样也是一种不恰当的说法，其原因在于误把学科定义中的研究内容当作研究对象。

（三）问题说

这种观点认为职业教育学研究的是职业教育问题。如张家祥、钱景舫主编的《职业技术教育学》(2001年)认为，科学的职业技术教育学是以马克思主义者的立场、观点和方法分析、研究我们面临的职业技术教育问题。也有学者提出，职业教育学是一门研究职业教育领域中的各种教育问题，分析职业教育内部各要素之间的关系，并寻求解决问题方法的学问。这种观点把职业教育研究对象的可能范围与职业教育研究活动中的现实研究对象

相混淆,现实研究对象可以始于问题,但是不能仅限于问题;研究对象也不可能是具体问题的简单罗列和堆砌杂陈,而是对具体问题的高度抽象和精确概括,能够反映本学科研究问题的总体特征。因此,一门学科的研究对象会大于现实研究对象和研究问题。

(四) 规律说

这种观点认为职业教育学的研究对象是职业教育规律,如王金波著的《职业技术教育学导论》(1989年)认为,"职业技术教育是教育领域中的一种特定的现象,它有其内在的规律性。研究这一特定的现象,揭示与把握这种规律,正是职业技术教育学的研究对象"。国家教委职业技术教育中心编著的《职业技术教育原理》(1998年)认为,"职业技术教育原理是从研究社会职业(职业岗位或职业群)在一定历史时期对人的发展的要求与人对职业的需求出发,运用教育手段,达到培养社会职业所需的生产或工作一线的应用型人才、满足公民对职业需求的这一特定目标的教育规律的理论著述"。

但是,规律能不能成为研究对象?规律是学科研究的任务、目的,还是研究对象?所谓规律,是指事物之间内在的必然联系,决定着事物发展的必然趋向。规律是客观存在的,规律的存在和作用不以人的意志为转移。获得关于客观事物的规律性认识,把握客观规律,是科学研究的结果。规律隐含在现象背后,不是科学认识主体一开始就能面对的,是研究之后才能得出的,研究之前无法知悉。职业教育学要研究和揭示职业教育规律,这只是它的任务和目的,而非研究的对象,这在逻辑上也说不通。

(五) 存在说

学者周明星(2006年)在其一篇文章中认为,职业教育学的研究对象应该是"职业教育存在",并将其形态特征分为三类:第一类简称"职业教育活动形态存在",包括以影响职业、职业人及职业生活世界为直接目的的人类实践活动,这是职业教育中最生动、丰富、多元和基本的存在;第二类简称"职业教育制度形态存在";第三类简称"职业教育理念形态存在",指在职业教育的各种认识活动中形成的有关职业教育的意见、观点、思想、理论、学科等,它包含了人类在职业教育活动中多方面的"认识成果"。

上述几种代表性的观点虽然从不同角度界定了职业教育研究对象的范围,但是都出现"窄化"的现象。"现象论"只是简单地认同"研究对象必须是客观存在"的观点,只承认物质或实践形态的存在,不承认外化了的观点也是一种客观存在。事实上,客观存在可能成为人们的认识对象,也可能不成为人们的认识对象,只有被人们意识到的存在,才能成为人们的认识对象,从而成为学科研究对象。"关系论"并未将职业教育视作一种独立的社会现象而单独对它进行理论考察和研究,而是视之为经济、科技等的附庸,其相对独立性受到质疑。"问题论"把职业教育研究对象的可能范围与职业教育研究活动中的现实研究对象相混淆,现实研究对象始于问题,而研究对象可能大于现实研究对象。"规律论"则将职业教育研究任务中的"部分"与"对象"混淆。与此同时,又出现了研究对象"泛化"的现象。例如,把职业教育研究对象规定为"职业人",这是犯了把"教育对象"等同于"教育观察对象"的错误。

另外,上述五种关于职业教育学的研究对象的论述似乎都存在"套用"普通教育学的研究对象描述的问题。也就是说,在上述描述中,我们把"职业技术""职业"等字眼换成"普通教育"立即就成为"普通教育学"(简称"教育学")的研究对象描述。因此,也有学者认为,目前职业教育学的研究对象存在"仿普通教育学"现象,没有自己独特的研究对象。

三、职业教育学研究对象的确定

职业教育学不同于普通教育学,它有自身独特特征的学科体系。职业教育学不仅要从职业需求的角度研究职业教育的规律,考虑职业对教育的影响,而且还要从教育学的视野研究职业的发展规律和职业生涯的设计,考虑教育对职业的影响。

然而,职业教育学毕竟是一门年轻的学科体系,传统的职业教育学体系结构更多的是模仿普通教育学,研究基础和研究内容还不能独特于普通教育学。因此,从教育学的视野研究职业的发展规律和职业生涯的设计,考虑教育对职业的影响等这部分内容长期研究弱化,甚至缺失,导致职业教育学"缺乏一个与之对应的具有自身特色的基准科学",职业教育教学设计不能凸显实践特性、职业性。近年来,以德国为代表的职业教育研究学派指出,传统的职业教育学已经不能为职业教育(特别是其职业属性的研究)做更多的贡献。因为传统的职业教育学研究首先关注的是教育科学,然后才是职业问题。对此,德国学者在深度的职业研究基础上做出了理性的回应:创建"职业科学"的学说以及与之紧密相连的"职业教学论"思想,为职业教育的研究开拓一片新天地。

职业教育学的研究对象应该从职业教育的视域建立对职业研究的系统化知识体系,"一是对实际职业劳动运用的具体知识和方法知识的研究与系统化,二是对实用的相关科学需阐述的具体知识和方法知识的研究和系统化,涉及工作过程与学习过程的集成"。这已不是一般意义上的"关于职业的理论",而是包括理论与实践两方面的科学,即所谓的"职业科学",一门整合学习过程与工作过程的科学。

因此,职业教育学是对"职业"和"职业科学"进行研究,掌握职业教育与职业教学化规律,从而指导职业教育实践的一门学科。职业教育学的研究对象包含两大方面内容:一是对职业的研究;二是对职业科学的研究。职业与职业科学都属于职业教育学的基础学科。

（一）对职业的研究

对职业的研究主要是指基于教育科学定向的职业研究，主要是从教育规律的视域研究职业劳动，即如何使个体达到与典型的职业劳动对象进行资格性和资质性交往的科学，简单地讲，就是一门研究通过什么样的教育途径获取合格的职业从业资格的科学。

职业是职业教育生存和发展的基础，是职业教育职业属性的根源。对职业的研究表明，职业与工作、技术、教育之间的联系包括四个方面：一是关于工作的分析、组织与评价，涉及内容、对象、方法、工具组织及环境，特别是工作中蕴含的学习可能性问题；二是关于技术的分析、形成与评价，涉及对职业专门技术的理解、掌握、应用和创新，特别是人本主义的技术价值观问题；三是关于（职业）教育的分析、组织与评价，涉及从教育机构的设立、课程的设计、实施与评价，到教学媒体开发、实验室和实训场所的建设，特别是旨在培养职业行动能力的学习过程组织问题；四是关于职业的分析、形成和评价，涉及职业的起源和发展、形式和内容，特别是以职业形式组织的专业工作的资格问题。

职业教育以职业为基础并为职业服务，因此职业是职业教育的起点，也是职业教育的终点。但是，要明确的是，处在社会、经济、科技和生态变革大环境下的职业不是一个一成不变、静止的职业概念，而是一个动态发展的职业过程，其从业的资格要求也是一个动态变化的框架。以现有的职业资格为基准，尽力满足未来的职业资格要求，从而由此及彼地实现这一目标的途径，正是职业教育的过程。所以，职业教育学中对职业的研究目的，是为了掌握通过什么样的教育获取合格的职业从业资格。

需要说明的是，这里所讲的职业从业资格与当今社会中的各类职业资格及职业资格证不同，这里讲的职业资格一般意义上指的是从事一项职业所必需的技能、知识和态度，主要通过职业教育中的"专业"教学获得。

职业教育的"专业"实际上并非来自学科体系的专业科学的"专业"目录，而是动态的职业分析的结果。所谓的职业教育"专业"，实质上是从一组已有的或新出现的相关岗位或职业分析入手，调查并确定这些岗位或职业需要的知识点、技能点以及对工作态度的要求，再根据职业情境和职业能力，特别是工作任务与工作过程的同一性原则，对其共同点进行归纳后形成的职业教育的专业或专业群。这意味着，职业教育的"专业"是对社会职业的"岗位群""职业群"所需的技能、知识和态度的一种重新诠释，是一种建立在职业分析基础上的专业教育。它更凸显了职业教育专业的本质，揭示了职业教育专业的本源是职业的根本问题。

需要强调的是,在研究职业的过程中出现了一个重要的概念——职业工作过程。它是情境的职业经验知识与普适化的系统科学知识的交集。工作过程知识不是关于单个事务和重复性子工作的知识,而是关于将不同的子工作在企业内部关系中结合起来的知识。对于从事职业的专业人员,即技能型人才来说,要求其具备完整的职业工作过程知识(包括经验知识);而对于从事职业教育的专业人员,即职业教育的师资来说,则要求其具备完整的职业教育过程知识。后者与专业人员的工作过程知识特点类似并与其紧密相关,其目标指向有利于学习的工作过程的设计。也就是说,教育过程知识指的是职业教育师资设计职业教育的能力。职业工作过程知识与职业教育过程知识概念的凸显,意味着职业教育有其自身的显著特征。作为普通教育不可替代的另一种类型的教育,要为它确立基准科学,必须在职业教育学和职业科学的所有层面开展对职业教育学习问题的研究。

(二) 对职业科学的研究

1. 职业科学的提出

面对众多的职业和职业领域(职业群或职业组),职业教育(这里强调的是职业专门人才的培养以及职业教育师资的培养)缺乏一个与之对应的具有其自身规律和特色的基准科学,以至于在工作与技术领域里,职业教育人才培养以及职业教育师资培养的方案设计一直建立在与其名称一致、相近或类似的专业科学(技术科学和工程科学等)基础之上。这意味着,技术科学和工程科学以及经济科学、管理科学在事实上已成为职业教育的基准科学。但是,这样的处理并不完全符合职业教育特有的实践性、职业性等教育特点,从而导致与职业实践发生冲突。例如,美容美发师这一职业在技术科学或工程科学抑或经济科学领域中,是否一定就有一个与之对应的专业科学领域呢?汽车机械工与汽车技术工程师又如何从专业科学领域的角度界定其职业知识的异同呢?

作为职业教育的基准科学,必须既要将职业专门人才的工作及其经验知识相转换,又要将专业科学和重要的科学内容及其实践相转换,并在教育学视点下予以整合;必须用历史的、现实的和未来的观点调查职业的工作领域和经验领域,以获得职业专业工作要求的可靠数据;必须关注劳动科学、工程科学、自然科学、精神科学和教育科学的相关成果;还必须将教师和学生的职业工作的经验和认识都纳入研究的视野。

为了不再延续将技术科学或工程科学,以及经济科学或管理科学领域里的"专业科学"作为职业教育的参照科学的做法,以德国不来梅大学劳耐尔(Rauner)教授为首的职业教育学者提出生成性的职业教育过程与职业工作过程定向的"职业科学"概念,使得职业教育的理论与实践有了一个与职业相关的科学的框架环境和定位取向。

2. 职业科学的内涵

职业科学的任务包括两个方面：一是对相应职业领域里的实际的职业(专业或技术的)工作所需的具体知识和方法知识进行研究与系统化；二是从职业教育的视域对相应职业领域或职业方向实用的科学的专门知识和方法知识进行研究和系统化。由此来看，鉴于它涵盖实际的职业工作实施过程与实用的科学知识获取过程两个方面，这就不是一般意义上的"关于职业的理论"——关于职业的研究与教学。换句话说，它包括理论与实践两个方面。

德国另一位著名的职业教育学者——德累斯顿技术大学的帕尔(Pahl)教授在谈及职业科学的概念时指出，广义的职业科学包括在职业教育的学习地点任教的教师专业化(Profession)所必需的知识。对在职业学校里任教的职业教育师资来说，这些知识是指职业性专业和第二门深入学习的专业知识。为此，他对相关范畴做了进一步的界定，指出广义的职业科学的知识包括普通教育以及普通教育学和方法论、职业教学论和第二门专业的专业教学论、相应的基准科学、职业教育体系的结构和学习组织、职业教育和学校的法律问题。狭义的职业科学是指向专门领域里的以及与之相关的工作的知识，也就是指向关于职业的、关于职业领域的和关于职业性专业的理论与实践的知识以及在教学论和方法论背景下的科学认识。这里应理解为对教育职业的基准科学的内容界定，也就是关于职业和职业领域的理论与实践以及关于职业教育的科学思想。帕尔进一步指出，职业科学的任务是对相应职业(或职业领域)里的职业工作的专业知识和方法知识，以及从职业教育的观点看，对相应的(教育)职业和职业性专业具有重要意义的科学的专业知识和方法知识开展研究并使之系统化。

职业科学既是基于职业工作过程的"教育职业"的基准科学，也是在职业工作过程基础上的基于职业教育过程的"职业性专业"的基准科学。

从学科分类的概念与术语的层次性考虑，姜大源教授认为，这里论述的学说是与技术科学、工程科学、管理科学、经济科学以及劳动科学等类型不同但却处于同一层次的科学。不仅如此，从语法的角度看，它们都是具有同一个词根"科学"的复合词。从内涵与外延两方面考虑，"职业科学"这一概念的建立有利于将其作为我国职业教育和职业教育学的基准科学，从而能为职业教育(学)在我国获得与普通教育(学)同等的学科地位提供一定的理论依据。

上述职业科学的思想是关于与职业对应的科学领域的一个理想化的理论模式。因为，如果在"职业科学"领域的框架内为每一个教育职业("专业")都建立一个与之对应的独立的职业科学(这里称之为职业学科或许更易被理解),那么鉴于社会职业(在德国有2.5万个)以及教育职业的数量太大(如前所述,在德国目前约355个),这一理论短期内将很难实现,也很难付诸实践,并且这样做也没必要。因为随着社会职业日益复合的趋势,教育职业的数量也将随之逐渐减少。如果能在职业教育的改革与创新中对前面提到的13大职业领域(德国又细分为92个职业群、组)进行整合,形成数量较少的所谓"核心教育职业"或"基本教育职业",在此基础上再构建相应的"职业科学",那么这一理论将容易实现并付诸实践。应该说,这就是所谓"职业领域科学"的观点,它与职业科学这一大概念是同层次的"亚概念"。世界各国职业教育开发的教育职业("专业")数量较多,在中等职业教育领域中,大多数国家为200~500个,我国目前为270个,也分为13大类。由此,如果对我国高等职业教育领域现有的"专业群"作进一步论证,可以看到其基本属性仍为"教育职业"。依据姜大源教授的观点,如果能按照现有职业大类——这里指的是对教育职业("专业")进行分类的职业大类,即按照职业领域构建职业领域科学,或者根据扩展的职业群的概念将行业领域里的职业再归纳细分,即按照职业群或职业组构建职业领域科学,则这一理论的确立是有可能实现的,并且更具有现实意义。

  帕尔教授指出,构成职业领域科学这一理论的基本要素是职业领域研究和职业领域教学。帕尔教授还认为,职业领域科学的首要任务是在职业教育的视域里对所有(教育)职业领域里的各个(教育)职业对应的职业行动领域,以及对职业工作、特定的工作过程及其使用的技术进行评价与构建的可能性开展调查研究。这里涉及由劳耐尔教授提出的著名的"工作——技术——教育"三角形各要素之间关系的研究。考虑到非技术领域的职业教育,如经济、商务、管理等领域里的情况,帕尔教授将这一三角形扩展为"(专业)工作——专业知识——(职业)教育"三角形。

  一个整合的职业教育过程与职业工作过程导向的职业科学理论和职业领域科学理论的产生与发展,需要建立在对职业和职业领域进行系统研究的基础之上。为此,前面提到的在德国发生的争论中显现的观念冲撞表明,职业教育理论界首要的任务是研究和阐述是否一定能够建立一个具有特定内容和方法的、经得起推敲的职业科学或职业领域科学的理论,或者是否只需要对通用的职业教育学理论加以修订,就能为基于教育职业的职业专门人才的培养和基于职业性专业的职业教育师资的培养提供理论支撑。

  为使概念更加清晰、更有条理和更易于被理解,与我们习惯称谓的"专业"及其对应的"专业科学"的称谓对应,我们将职业教育中的"专业"——"教育职业"对应的科学称为"职业科学"。

  如果指的是职业群(组)——职业领域,则对应的科学为"职业领域科学"。如前所述,

"职业科学"是大概念,"职业领域科学"是同一层次的但更具体一些的"亚概念"。结论是,职业教育的基准科学是职业科学或职业领域科学,如同大多数高等教育领域里的基准科学是专业科学(这里涵盖技术科学、工程科学、经济科学、管理科学等)一样,在结构上具有与"专业——专业科学"对应的模式,显现为"(教育)职业——职业科学"构架,或者"(教育)职业领域——职业领域科学"构架(图1-1)。

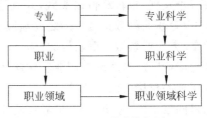

图 1-1 职业科学构架图

"职业教育不应该仅局限于按照教育学的常规计划对职业重要的教育和个性发展的设计过程进行研究,还应该结合工作岗位的一般发展过程和隐形的学习过程进行研究",而"这种与创新结合的学习和工作过程要以重要内容(职业专业人员的能力)的调查和传授为前提"。职业是职业学说的根本与起源,职业科学是职业研究的普适性和基础性的理论,而职业教育学则是涵盖了关于职业的研究与教学的综合理论,包括职业、职业科学以及延伸出的职业课程论、职业教学论等内容。因此,只有建立起以职业和职业科学为基础、为重点的研究对象,职业教育学才有可能构建属于自己的职业专业论、职业教学论以及课程开发论等学科体系内容。

第二节 职业教育学的学科定位与学科功能

职业教育学作为一门新兴的独立学科,已是一个不争的事实。但是,学术界对职业教育学的学科性质、定位和学科功能一直未形成定论,因此有必要对职业教育学的学科性质与定位加以梳理。

一、职业教育学的学科性质与定位

(一)学科

学科基本上有两种含义:第一种含义是指学术的分类,是一定科学领域或一门科学的分支,如自然科学中的化学、生物学、物理学,社会科学中的法学、社会学等。学科是分化的科学领域,是自然科学、社会科学概念的下位概念。学科的第二种含义是对高校人才培养、教师教学、科研业务隶属范围的相对界定,与"专业"关联较近。学科知识是专业的内核,专业是在一定学科知识体系的基础上构成的,离开了学科知识体系,专业也就丧失了其存在的合理性依据。在一个学科可以组成若干专业,在不同学科之间也可以组成跨学科专业。

这里的"学科"主要是指学科的第一种含义,即学科是指一定领域相对独立的知识体系,它随着知识的发展逐渐演化,有相对的稳定性和自己独特的逻辑发展规律。

(二)职业教育学的学科定位

职业教育学是对职业教育和职业进行研究,掌握职业教育与职业教学规律,从而指导职业教育实践的一门学科。

尽管职业教育学是一门独立学科,但其学科性质的定位及建设并不成熟。学术界从划分科学门类的角度以及研究逻辑出发,对职业教育学学科的界定有不同的见解。

1. 职业教育学是教育学的分支,属于普通教育学的二级学科

目前,大部分学者认为职业教育学是教育学的分支,是建立在普通教育学和整个教育科学理论成果的基础上的,属于普通教育学的二级学科。我国自1981年施行新的学位制度以来,学科专业目录都将教育学作为一个学科门类,而职业教育学(职业技术教育学)一直被列为教育学一级学科下的二级学科,学科定位未发生过改变。基于这种认识,职业教育学的学科范式模仿教育学的学科范式,主要由职业教育原理、课程论、教学论、德育论等构建一个完整、严谨且较为融贯的理论逻辑体系,将职业教育学解释为"职业—教育学"。在教育学中寻找职业教育的根基。由于对教育学学科研究成果的过分依赖和借鉴,人们忽视了职业教育是受职业领域内实际问题的限制和指导的,致使职业教育学缺乏自我特色,无法形成自己的话语系统,不能突出职业教育学的独特性。

2. 职业教育学是一门实践性、综合性很强的应用学科

也有部分学者从宏观的角度出发,同样承认教育学是职业教育学产生的源头。但不同的是,他们认为职业教育学是一门实践性、综合性很强的应用学科。职业教育学溯源于教育学的一般理论,并在职业教育发展、改革的实践上得以升华。持这一看法的研究者主张职业教育学的理论体系应建立在大量的教育实践上,重点研究实践中出现的现实问题和相应对策,通过分析、综合最后形成有话语权的理论体系。这个观点颇为新颖,当前不乏学者以此为学科建设的重点,将对理论的研究渐渐转移到实践问题的具体解决上。可是,职业教育学作为一个学科体系和学术的组织,必须依靠强大的理论基础支撑,仅靠从实践过程中提取的知识理论是远远不够的。

3. 职业教育学与普通教育学是并列的,同属于一级学科

还有一种观点认为,职业教育学与普通教育学是并列的,同属于一级学科。这种观点以职业教育研究专家姜大源教授为主要代表,他认为职业教育学是建立在职业、职业科学基础之上的,"职业教育有不同于普通教育而又富含职业科学根本属性的类型特征,这才是职业教育学的基本内涵"。拟"从教育类型的角度赋予职业教育学与普通教育学以同等学科地位"——称为职业科学。它主要围绕职业的"劳动"从教育规律的视域研究职业劳动,将职业研究看作一种如何使个体与典型的职业劳动对象进行资格性和资质性交往的科学。简单地说,就是一种研究通过什么样的教育途径获取合适的职业从业资格的科学。这种把"职业科学"作为我国职业教育和职业教育学的基准的科学,与技术科学、工程科学、管理科学、经济科学、劳动科学等类型处于同一层次,也可以为职业教育(学)在我国获得与普通教育(学)同等学科地位提供一定的理论依据。这种观念不仅符合世界职业教育的发展潮流,而且具有理论创新,为职业教育学成为一门真正意义上的独立学科树立了一个里程碑。

本书认同第3种观点,认为职业教育与普通教育是不同类型的教育体系。职业教育学有其独特的研究对象、研究范式与研究内容,它与普通教育学并列,同属于一级学科。

职业教育不同于普通教育,职业教育学也应该是一门以职业教育为基准科学的学科体系,因此职业教育学与普通教育学一样,同属于一级学科。职业教育发达的德国早已将职业教育学作为大学的一门独立学科并赋予其与普通教育学同等的地位,具有博士授予资格,培养大批从事职业教育教学与研究的教师乃至博士、教授。在德国,职业教育不仅成为促进其经济发展的原动力,而且将职业教育的科学研究推上了一个更高的层面,领跑在世界职业教育理论与实践发展的道路上。

改革开放以来,尤其是 21 世纪以来,我国职业教育逐步走向蓬勃发展之路。截至 2017 年年底,全国共有中等职业教育学校 10671 所,高等职业(专科)院校 1388 所,拥有 1590 余万中职生,900 余万高职生。如此巨大规模的职业教育不仅牵动学生、教师、家长、行业和社区等利益相关者的利益,更涉及国家的利益。一个国家的各类人才组成了一个人力资源链,学术型、管理型、工程型、技术型和技能型等各类人才都是这个链条上的一个环节,它们共同驱动着国家这部大机器,缺了任意一环,这部机器就不能正常运转。况且,随着现代科学技术的发展,生产的自动化程度越来越高,真正在一线从事主要以动作技能操作为主的技术工人的需求量减少。另一方面,工程师因理论知识要求的提高而提高了其在职业领域的位置,中间型的人才——技术员的需求量越来越大。技术应用型人才对国家走自主创新的新型工业化道路将起到不可替代的重要作用。

十九大报告指出:"完善职业教育和培训体系,深化产教融合、校企合作",明确了我国职业教育既是国民教育体系的重要组成部分,又是人力资源开发的重要组成部分,要深化职业教育体制机制改革。这是我们党对中国特色职业教育的新定位、新要求。职业教育任重而道远,必须从更长远的国家战略高度做出科学谋划并切实落实,努力实现职业教育的强国梦。新时期呼唤高质量的职业教育,也呼唤给职业教育学科一个应有的地位——一个与普通教育学同等的一级学科地位,打通从中职、专科、本科到研究生的上升通道,并在此基础上建立一批职业教育的博士点,构建与普通教育真正属于同等教育类型的一支学科体系,推动职业教育的学科建设,从而更好地服务于社会。

（三）职业教育学的学科性质

学科性质是在学科的基础上对其本质特征和基本形态的界定。学科性质决定了学科功能。因此,对职业教育学学科性质的正确认识是明确其学科功能的关键。

有学者认为,职业教育特有的职业性、经济性与实践性决定了职业教育学是一门实践性、综合性很强的应用学科体系。但是,职业教育学作为一门学科体系和学术的组织,必须依靠强大的理论基础支撑,仅靠从实践过程中提取的知识理论是远远不够的。况且,从当今职业教育学的发展现状看,理论上的缺失弱化已成为职业教育学学科建设的阻力之一,也使得职业教育学学科性质的定位带有明显的滞后性和曲折性。因此,理论与实践兼并、学术与应用并存是职业教育学的学科性质。

1. 职业教育独特的理论特性决定了职业教育学的理论性和学术性

职业教育独特的理论特性一方面决定了职业教育理论研究需要强有力的理论依据和更新的价值观念,另一方面也决定了职业教育学应具有的主体意识、独立精神及承担的某种启蒙任务。"职业教育的发展也将使职业教育学逐渐成为一个具有一级学科地位的真正的学科领域"。职业教育学必须以职业、职业科学、职业教育教学论、课程论等问题为中心,抓住自身研究的特殊性,并通过对特殊性的深入探索,走出困惑,摆脱普通教育学理论框架的束缚,使职业教育学真正独树一帜地存在于教育科学的园地中。如何找到职业教育学理论研究的独特性呢？周明星教授认为,职业教育学研究方法的独特性体现在依据职业教育问题的特殊性,对其他学科的研究方法进行有目的的选择、加工和改造,以及由此构成的方法系统上。李尚群博士进一步指出："职业教育学学科需要重塑职业教育的严肃性、规范性与学理性,划定学科边界,拒绝平庸而粗浅的话语",这样才能从根本上树立职业教育学内在的理论品质。

2. 职业教育的职业性与经济性决定职业教育学的实践性和应用性

职业教育学产生和发展的不竭动力来源于社会实践,许多职业教育的基本理论都是在某些教育现象或问题出现及解决的过程中得以沉淀和充实的。在职业教育实践过程中,职业教育学从自身的学科性质和具体研究对象出发,在高度理性的层次上把握学科指向的实践,对职业教学实践中的现象、问题和流行性话语进行批判式反思,特别是一些能够对职业教育实践产生直接影响的政策性话语进行反思。反思的真谛是解决职业技术领域中需要解决的各种理论的、政策的和现实的问题。

从职业教育的现象和现实问题出发,揭示职业教育的本质、探讨职业教育的规律是职业教育学的客观任务,同时也突出这一学科的应用性。目前,职业教育在实践层面的发展上还存在较严重的功利化倾向,职业教育就是"就业教育"的观点成为主流。因此,职业教育学应当摆脱当前"忙翻译、重宣传、热引进"的尴尬状况,抓住职业教育现象和现实问题获得研究的原动力,同时将自身的前沿热点问题放入教育实践中考察,从更深的角度充实、发展和升华理论,增强职业教育学的学科独立性,为学科理论体系的建立与完善奠定基础。

二、职业教育学的学科功能

职业教育学的学科功能主要是指职业教育学具有的作用和效用。这种作用和效用可以从两个层面把握:一是从"目的—功能"的层面把握;二是从"结构—功能"的层面把握。前者更多地表现为主体对职业教育学作用和功效的期望,它由职业教育学的目的决定;后者主要体现为职业教育学可能或实际发挥了怎样的作用和效用,它由职业教育学的学科性质与结构决定。

我们认为,职业教育学的学科功能主要表现为描述、解释与预测功能、辩护与批判功能以及技术构建功能。其中,描述、解释与预测功能、辩护与批判功能主要表现为学术理论功能,主要指在学术领域中,职业教育学作为一门学科所具有的基本功能以及它所包含的学术理论意义。

(一) 描述、解释与预测功能

职业教育学的描述功能即回答职业教育的事实是什么。解释功能指的是职业教育学蕴含的对职业教育事实特征、本质加以说明的特性。预测功能表现为职业教育学对职业教育的宏观发展与微观活动进行描述、说明的特性。

职业教育学中的陈述性描述是对教育事实的描述,是对职业教育事实发生、发展的状况以及可观察的表象与特征的客观性描述。职业教育学研究必须在描述的基础上实现研究者与各种职业教育文献的对话,以理解和解释作者的职业教育思想;实现研究者与各种职业教育行为主体的对话,以理解和解释职业教育行动者不同的职业教育行为的本质意义。作为职业教育认识成果集约化的职业教育学,其首要任务在于"建立一幅同经验事实相吻合的世界图景",在于真实地反映职业教育事实。

职业教育学的解释功能具体体现在人们根据一定的职业教育理论,为赋予解释对象一种可理解的新意义而展开的活动。由于对象的差异,解释功能也有不同的表现:首先是对现有职业教育活动结果的确认;其次是对职业教育活动过程的定性说明。衡量职业教育活动的效果不仅要有活动结果的客观测定标准,而且应对该职业教育活动的理论基础、原则进行科学分析,以辨别其理论可靠性。

如果说描述与解释功能指向的是过去和现在的职业教育存在与事实,则可以说预测功能指向的是职业教育的未来性存在。当然,预测在广义上也是一种超前性解释,但严格地说,解释指向的是职业教育的"最近发展",预测指向的是职业教育的远景发展。宏观领域中,根据社会的政治、经济、科技、文化等发展趋势,以及职业教育的发展规律,职业教育学可以对职业教育的未来发展做出定性描述,从而为教育发展战略的制定提供依据。微观职业教育领域中,预测主要表现在发展目标的导向、发展内容的取舍、发展方向的选择等方面。

(二)辩护与批判功能

职业教育学研究中的辩护包括对职业教育思想与本质、职业教育内容与目的、职业教育研究方法等方面的合理性辩护。

职业教育学肩负着以其理论应有的高度责任感深入职业教育实践,参与职业教育实践,进而对职业教育实践行为做出合理性批判的责任。这一功能主要通过哲学职业教育学得以体现,这与哲学的功能是紧密相关的。正所谓:"对现实关系的审视与批判,对未来终极理想的追求与构建往往是哲学世界观和方法论蕴含的非常积极的内容,也是哲学的重要功能"。

正是哲学的这种功能决定了以它为基础的哲学职业教育学的功能,即在于无休止地对现实职业教育的审视与批判中追求终极的规范性。这可以说是职业教育哲学研究者的存在价值之所在,也是职业教育实践不断改进工作,逼近终极职业教育理想的驱动力和诱惑力。

总之,职业教育学的批判功能是教育科学在发展中反省、超越自身内在本性的体现。职业教育学批判的目的在于使现有的职业教育理论及其结构不断完善,使职业教育理论科学化,同时不断适应职业教育实践的功能需求。因此,批判是促使职业教育学成熟的必由之路。

（三）规范与指导功能

如果职业教育学的前两个学科功能可以简述为"是什么""为什么"，那么职业教育学的规范与指导功能则是告诉人们"怎样做"，主要体现在理想规范与行为规范两个方面。其中，理想规范主要指教育者的师德规范、专业伦理倾向性规范、教学素养规范等，用以指导、维持、激发、促进以教师为主体的职业教育行为合乎专业伦理规范与标准；行为规范是指关于如何设计、实施和完善职业教育活动，使教师的教学行为符合职业教育性质，其中包括职业教育课程设计的一般规则、教学的一般规则、具体专业的教学规则、教学法的建议等。

但是，由于职业教育情景本身的复杂性，职业教育学理论在指导实践教育的过程中存在一定的难度，职业教育学理论并不能完全地指导实践。职业教育学要真正发挥规范和指导教育实践的功能，必须首先深入充满矛盾与冲突、具有多样化与丰富性特点的具体职业教育实践中，汲取合理的营养，丰富理论内涵。

实际上，职业教育学学科功能的发挥是一个相互关联的整体，从描述、解释、预测到辩护和批判，再到规范与指导，是一个连续的统一体。通过描述、解释和预测，可以使人们通过一定的文化符号客观地反映、解读职业教育现象、职业教育存在，弄清"职业教育是什么"；通过辩护和批判洞察职业教育学学科理论在知识、意义、价值与社会关系的层面，以其理论的责任介入职业教育实践，反思、促进职业教育理论与教育实践的合理性，厘清"什么样的职业教育是好的职业教育"；最后通过规范与指导，职业教育学学科理论告诉人们应该如何变革职业教育实践，如何实施职业教育实践，如何进一步提高职业教育人才培养质量，完成职业教育学完整一体的学科功能。

三、职业教育学与其他学科的相互关系

职业教育学作为一个独立的学科体系，与其他学科的发展息息相关。根据职业教育发展历程和职业教育学结构体系的演进，与职业教育学有直接关系的学科为经济学、社会学、职业科学和教育学。

（一）职业教育学与经济学

由于职业教育与经济发展、劳动就业等存在着密切关系，因此在职业教育学的研究中必须吸收这些相关学科的研究成果，要不断从经济学的角度、人力资本论的角度研究职业教育对经济增长的贡献、投入产出效益、需求供给和就业、价格机制、市场竞争以及某些经济规律等问题。

1. 人力资本理论

在职业教育和经济发展的关系问题上,人力资本理论可以说是职业教育发展的主要理论依据。人力资本理论的社会背景是二战后的60年代,经过两次工业革命之后,科技飞速发展并作用于生产,生产力得到极大的发展,社会化大分工已经基本完成。战后各国都处在经济恢复期,国家发展的重心转移到经济上。对于社会分工的日益专业化和精细化,经济发展本身对劳动力自身质量的要求也在不断提高;资本主义已经进入垄断资本主义阶段,社会各个行业的企业为取得更大的利润,在竞争中获得优势,急需通过改变生产要素的配制增强企业的竞争力,以此为背景,人力资本理论的提出使社会和行业认识到除了更新生产设备、增加劳动者的数量外,提高劳动者质量对于发展经济和提高企业效益更具有实际意义,而教育是实现人力资本投资的主要途径。所以,依靠教育提高劳动力质量已成为当时各国发展的首要方案。以此为契机,独立为劳动者提供专业知识和科技服务的具有现代意义的职业教育机构也成为各国重视和大力发展的对象,各国立法和世界银行的投资支持职业教育发展,随之产生了现代职业教育制度。如英国在1964年颁布《产业训练法》加强了职业教育培训;德国1969年的《职业培训法》使"双元制"的地位进一步巩固;美国在1963年颁布《职业教育法》,确定了美国职业教育的目标,扩大了职业教育对象的范围。

另外,人力资本理论关于以市场供求关系为依据的理论支持,实现了职业教育根据劳动力市场需求设置专业和课程,使职业教育不断改革。根据职业的变化发展和专业技术的变革而推陈出新,丰富了职业教育横向专业设置的类型和职业教育的纵向专业化层次的发展。应该指出的是,这里讨论的是基于市场经济体制下的劳动力市场,其自身受市场经济供求规律和市场调节规律的作用,由于市场调节具有滞后性,以及市场的供求矛盾都会对职业教育造成影响,即市场在促进职业教育发展的同时,也会给职业教育带来供给滞后和专业发展不均衡等负面影响,导致沉淀成本的产生,造成教育与就业偏差,供应与需求失衡。对于市场经济体制下的职业教育发展,应该采用经济学的理论分析职业教育的供求关系和就业问题,使职业教育的发展适应经济规律。

2. 职业教育的供给与需求

职业教育的供给是指在一定社会条件下,各级、各类职业教育机构为满足职业教育需求提供的职业教育服务(职业教育机会)或职业教育产品(受教育者)。职业教育的需求是指国家、社会、用人单位和个人对职业教育有支付能力的需要。根据需求主体的不同,职业教育的需求分为个人职业教育需求和社会职业教育需求。个人职业教育需求是个体在自身发展中希望通过职业教育提高个人知识文化水平、专业技能和个人能力并以此获得较为理想的职业、个人收入和社会地位的需求。社会职业教育需求是国家、企业对职业教育产品(符合社会要求的各个行业的职业人才)有支付能力的需要。在劳动力市场中,职业教育的供求涉及个人及家庭、职业教育机构、社会各个行业的企业三者之间的供求组合关系,包括职业教育供给满足个人的需求、职业教育供给满足社会的需求。分析这两组供求关系可知,这两类供求关系的需求主体虽然各不相同,但其供给主体都是各类职业教育机构,职业教育为个体提供职业知识技能、专业能力的教育供给,满足个体对教育的需求;同时,职业教育机构为社会企业提供所需的具备相应能力和专业知识的劳动者。但仅以这两类供求关系为代表,并不能完全表现两个需求主体的全部需求内容,而且还把职业教育供求关系过于简单化,所以进一步分析,受教育者对职业教育的需求除了提高自身素质之外,另一个重要的原因是职业教育可帮助其实现就业、带来经济收益和提高社会地位,虽然职业教育本身是无法完成个体这一需求的,但职业教育具有创造人力资本特性并使其成为实现企业需求的供给主体,职业教育可以作为媒介,间接为个体和企业建立隐性供给奖励体系,实现个体和社会的双向供给需求。所谓双向供给需求,是指个体通过职业教育获得相关职业所需的技术和能力,满足企业用人的需求;另外,企业为个体支付劳动费用和提供各种福利、待遇及社会地位又满足了个体需求。根据市场经济的一般规律,需求决定供给,供给影响需求。对商品需求曲线进行分析,理论上讲,如果职业教育与个体在供求关系上能保持平衡,以及职业教育与社会企业在供求关系上也能保持平衡,那么两种平衡将趋向一致,就实现了职业教育在市场经济中的供求平衡,也就找到了职业教育、个人的发展与就业、社会企业发展共同的平衡点。

事实上,无论职业教育、个体劳动者,还是行业企业,其关系远比买卖双方复杂。职业教育本身就属于教育的一种类型,具有社会公益性和教育性,不是产品供应商;另外,根据马克思的政治经济学观点,社会需求的商品是劳动,而不是劳动者,劳动者作为劳动的承载者,其本身具有极强的不确定性和主观性。诸多的变量使职业教育的供求难以存在静态的平衡。同时,职业教育、行业企业、个体劳动者三者都属于社会的组成部分,职业教育的供求关系必然受多种社会因素的影响,宏观方面包括经济结构、产业结构的变化,技术的革新,劳动组织方式的变化,社会政策的引导,社会观念,职业教育资金的投入和国家重视的程度等;微观方面包括不同企业的技术、生产率、组织结构各不相同,个体对教育类型的选择,个体的智力、能力等。不确定因素使职业教育的供求关系更加变化无常,必然会带来职业教育的供求矛盾。仅依靠市场的调节功能是难以解决供求矛盾的,尤其是个体的就业和企业要求的偏差,出现了职业教育"出口不畅""有岗无人,有人无岗"的尴尬局面。所以,政府在职业教育供给调节方面的作用仍然不可忽视,政府的有效政策、扩大需求、鼓励和扶持职业教育的发展将有利于解决市场上错综复杂的矛盾。

3. 职业教育的投资与效益分析

教育是为社会和经济发展培养各类人才的活动，具有较强的社会公益性。教育不是营利机构，不直接参与生产与经济活动。教育活动的维持需要来自社会各方面的投入，包括国家财政投资、社会团体的集资、行业企业的投资、学生个人和家庭投资等方面。由于教育自身的公益性、长期性以及教育成果体现的间接性等特点，传统的社会观点一直把教育投资视为一种消费性投资，认为教育是提高人的精神层次和文化品位的消费活动。随着20世纪70年代人力资本理论的提出，用量化的方法证明了教育对经济增加的贡献，教育投资从单纯的消费性投资转变为"教育投资是生产性投资"，或者教育投资既具有"消费性"，又具有"生产性"。目前，后面两种观点代表了社会的主流思想。

职业教育作为教育的一种类型，职业教育投资是"生产性投资"这一观点已经得到世界上很多国家的证明。一项国外经济学家的研究显示，在传统工业中，未受过职业教育训练的工作人员占60%；而在现代工业中，受过职业教育的工作人员已经超过60%。随着社会经济的发展与职业教育制度的完善，职业教育的经济效益体现愈加明显。而且，除经济效益外，职业教育还具有促进社会教育公平和提高社会公民整体素质等非经济效益。

下面以发达国家20世纪70年代后对职业教育的投资取向和效益分析为例进行说明。20世纪70年代后，包括美国在内的西方发达国家加大了对职业教育的投资力度，主要体现在加强企业员工的职业知识、技能训练以及提高员工的素质，投资的主体不仅是国家政府，企业和雇主也都积极参与对职业教育的投资，并把职业教育纳入终身教育体系。值得一提的是，企业和雇主对职业教育的投资占相当大的比例。企业已经把职业教育和职业训练视为增强企业竞争力、培养职业人才的重要组成部分。由于对职业教育投资的大幅增加，职业教育进入高速发展期。根据联合国教科文组织1993年的统计，20世纪70年代以来，在世界范围内，职业技术教育的发展速度超过普通教育的发展速度，并且前者是后者的两倍多，这在历史上是第一次。

另外，职业教育除了具备"生产性投资"的经济效益外，还具有增强公民道德和法制意识、提升社会文明程度、保持社会公平和层次流动性以及推进技术变革与普及等文化效益和社会效益。

（二）职业教育学与社会学

职业教育作为一个体系，本身就是社会大系统中的一部分，从社会学的角度研究职业教育的社会功能，职业教育与社会角色、社会群体、社会组织、社会分层、社会流动、文化结构等内容的相互关系，是职业教育学研究深入的重要保证。

1. 社会分工与职业教育的关系

社会分工是生产力发展的直接体现。社会分工的结果产生了职业和职业的划分，并由此推动了职业教育的产生和发展。原始社会生产力低下，不存在社会分工，所以没有职业的产生，当然谈不上进行职业教育。奴隶社会和封建社会，手工业的发展导致一定程度的社会分工，产生了不同的职业，也出现了相应的以培养这些职业人员的职业教育，但由于社会分工层次较低，技术与生产紧密相连，职业教育的表现形式是以非独立化和专门化程度较低的师傅带徒弟的学徒制。近代社会，机器化大工业使社会职业的门类和技术结构空前发展，职业教育也从传统的生产中独立出来，逐渐走向独立化和制度化。

社会分工带来横向职业类型差别的同时，也产生了纵向职业层次高低的区别，即社会层次结构。由于社会层次结构与群体的职业类型和职业层次有密切的关系，不同职业或相同职业的不同层次对社会资源的使用和占有存在差异。所有人都希望通过教育改变其社会层次，向更高的层次流动，由此产生了社会群体选择资源占有量多的职业和向职业层次更高的阶段发展的动力和意愿，因而又会造成职业教育中的一些专业需求火热，一些专业需求不足，或者因为职业教育层次不高而缺乏吸引力。这也促使职业教育为了适应职业的变迁或专门化程度的提高而不断调整专业设置，淘汰竞争力低、专门化程度低的专业，努力提升职业教育的专门化程度，进一步促进职业教育发展的专门化。但这种改变也可能使职业教育发展过分强调专门化和社会适应性而存在盲目性、缺乏教育性和整体性等隐患。而且不同职业对社会资源的占有并不是一成不变的，社会在不同时期对各个职业的需求程度和职业的饱和程度都会影响社会资源的配置，资源配置也会随着职业的发展而调整，即社会各层次之间相互流动，但不是单向自下而上的流动，这种社会各层次间的流动对职业教育在专业定位、教育资源投入和分配，以及专业招生比例和招生质量方面会带来一定的问题，从而给职业教育带来消极的影响。

当然，职业教育的发展不只是被动适应社会分工和社会层次流动的需求，职业教育已逐渐从被动适应转向通过主动分析预测，以及合理的判断，在保持教育自身特性的基础上寻找合适的方式实现社会群体需求和专业化要求。

同时，职业教育对社会分工和社会分层也具有能动作用。职业教育的地位、发展水平以及培养职业人才的数量间接影响着职业迁移的速度和专业化程度，从而影响接受职业教育的群体在社会各层次间的流动。

2. 经济结构与职业教育的关系

经济结构是指国民经济的构成要素相互联系、相互作用的关系和方式。经济结构的构成要素相当复杂,职业教育以及整个教育结构也是社会经济结构的一部分,我们主要探讨职业教育与产业结构的关系问题。

产业结构是指国民经济中各产业(包括非物质生产部门)的组成及相互之间的联系和比例关系,或指生产要素在各产业部门之间及部门内的比例构成和它们之间的相互依存、相互制约的关系。也就是说,不同生产部门拥有的生产要素(社会资源、技术水平、就业人员)的比例关系。为满足社会经济持续发展的要求,要不断调整产业结构,使其资源配置与经济发展要求相适应,各个生产部门也会随着产业结构的调整而发生变化,实现生产要素占有比例的优化,生产部门间的就业人员的数量和质量也就随之发生变化,并对职业教育的办学规模、速度、水平和专业设置产生影响。职业教育为社会输送生产一线的人才,必然会以各个生产部门的需求和发展状况为依据,调整专业设置、招生数量。同时,社会生产部门技术结构和劳动组织形式以及就业人员素质要求又决定了职业教育课程的内容设置和培养质量的标准。

随着知识经济时代的到来,科技带来知识经济的崛起和终身学习下劳动者的素质要求不断提高,使产业结构的调整向高科技含量、高素质人才的知识密集型劳动形式方向变化,职业岗位的复杂程度和综合程度越来越高,对从业人员的水平要求更是上了一个台阶。这对于职业教育来说是前所未有的挑战。职业教育发展应该不断寻求改革,在规模和布局上紧紧围绕产业结构的调整变化,专业设置、课程开发内容要按照新的知识和技术结构以及新的职业和就业机会加以改革和调整。

由于职业教育的主体能动作用,并且不同地区和不同阶段职业教育发展存在着差异性,职业教育对区域产业结构布局的调整和改革有促进作用,并影响着整个社会产业结构的布局。

3. 文化结构与职业教育的关系

文化是一个多层次的、有序的、不断变化发展的系统,其内核是人类精神的历史确定状态文化,不仅受社会经济结构等物质因素的影响,而且受其各组成要素,如政治、法律、宗教、文学、艺术等的相互作用和影响,并构成文化结构的几个层次,如物质层次、心理层次、理论层次等。文化结构的整体功能反映了社会群体的价值观、思维方式、审美情趣、道德情操、民族性格等。

在近代社会之前,落后的生产力导致经济结构层次简单,普通教育是传递知识、文化的主要场所,代表了阶级统治的意志,而职业教育与生产劳动结合后,被视为下层劳动者的谋生手段。当时的职业教育主要行使生产技术再复制的功能,基本与社会文化脱节。尤其在中国,封建"学而优则仕"的观念深入人心,普通教育代表着社会文化的价值观,职业教育被视作"不入流"的教育,难登"大雅之堂"。社会群体也争相追捧普通教育,选择职业教育的往往是迫于无奈。近代社会以后,尤其是现代社会,科技发展推动生产力快速发展,经济结构错综复杂,科技与生产活动脱离,经济发展对生产部门的要求更多体现在素质高、综合能力强的劳动人才的竞争上,各国的政策和法律纷纷向发展职业教育倾斜,职业教育由简单的实现生产复制的功能转为独立承担科学技术文化再生产的重要使命。这又促使社会文化结构的变革和社会价值观的变化把职业教育视为经济发展的"利器",以及培养高素质劳动者的主要方式、解决就业和脱贫致富的良好渠道。职业教育越来越被社会认可。

总之,职业教育作为社会文化的一种重要载体和实施文化的传递手段,其本身也是一种文化形式。社会文化决定教育目的的确立和实现,制约着教育体制内容的制定。教育体制和教育内容反映了社会文化的选择性。文化结构影响社会对职业教育类型的选择和认可程度,影响职业教育观的价值取向。

(三)职业教育学与教育学

教育学比职业教育学更早成为一门独立学科,作为一门较成熟的学科,其一般的教育规律也是职业教育学应该吸纳与借鉴的知识体系。但是,职业教育是一门建立在职业、职业科学基础之上的有自己独特研究对象与内容的独立学科,更要突出职业教育的特色与规律。所以,关于职业教育学与教育学的关系,本书倾向于姜大源教授的观点,认为职业教育学与教育学同属于一级学科,两者属于并列关系,本章在论述职业教育学的学科性质与学科定位时已有翔实论述,在此不再赘述。需要指出的是,职业教育学不同于普通教育而富含职业科学根本属性的类型特征,主要体现在基于职业属性的专业观、基于工作过程的课程观、基于行动导向的教学观、基于双师素质的教师观、基于情境构建的学习观等内容,各部分内容会在本书以下章节依次呈现。

第三节 职业教育学的发展历程

"任何一门专门的学问,要真正掌握,首先要了解这门学科的历史"。梳理职业教育学的发展脉络既是构建其理论体系的基本要求,更是反思职业教育学研究的基础。因此,从发生学的视角考察和研究国外和中国职业教育学的发展历程是职业教育学得以生存和发展的逻辑前提。

一、国外职业教育学的发展概述

职业教育学的概念最初是伴随着职业学校(Berufsschule)或学校职业教育的兴起和发展不断变化与拓展、延伸的。如果说教育学作为独立学科于 20 世纪初脱胎于哲学母体,那么职业教育则是工业革命和校企合作的产物,而职业教育学则是脱胎于职业学校教师教育或是职业学校教师培养的一门学科。

德国职业教育学者舍尔腾(Andreas Schelten)在《职业教育学导论》一书中从区分教育、教养和培训 3 个概念出发,详细阐述了教育的目的在于改善受教育者的行为和行动,促进其自我负责的态度、意识培养,教育对人的发展产生了影响,并对人的发展、学习和生活有帮助。教育的任务包括纪律教育(自我控制与自律)、文化教育(通过读、写、算的学习,获得个性化发展的能力)、文明教育(社会文明与文明习惯的养成)和道德教育(善良的价值判断)。教养一词是德语的表述,而英语中只用 Education 概念取代。教养分为形式教养和实质教养两大类。培训则是一种能力与资质的教育形式,其目的是为特定的职业活动作准备和按严格的组织形式实施训练或培训。培训类型包括职前培训、岗位培训、职业继续教育、晋升培训和转岗培训等。舍尔腾指出,"职业教育学"概念在德语文献和发展演变过程中作为职业教育科学的同义语,大约在 1928 年与手工业学校教师教育相结合产生了职业教育学。

从职业教育学的角度,国外职业教育研究萌芽于 16 世纪的前工业化时期,从早期行会的视域中脱离出来,开始关注社会需求;工业化时期的职业教育研究较多地致力于师资培养、学校教学、信息分类及结构化,并形成支撑体系的著述、期刊与机构;后工业化时期,关注点侧重于职教政策、人才培养、职普融通、课程及标准化等问题,研究机构得到进一步完善;现代则表现为研究领域不断多元化、分支学科不断多样化。

(一)前工业化时期的萌芽阶段

中世纪的行会是西欧中世纪商人和手工业者的团体,它对当时职业技术教育的实施起了重要的作用。自中世纪行会职业教育开始,人们对职业教育就有了较为深入专业学科式的理解,认为学徒培养不能只将学徒引入行会的工作世界,而且还要引入其生活世界,还要承担社会的和教养的任务。早期的职业教育研究者集中在 16 世纪中叶和 17 世纪,有 Amman(1568)、Sachs(1568)、Garzon(1585,1641)、Weige(1698) 和 Marperger(1704)。早期职业教育研究的成果主要体现在:职业教育走出了行会而走向社会需求的道路，职业教育研究也开始有专门的论述，尽管论述还仅限于相应的、客观的和可测量的陈述，与普适化的职业教育相关的研究理论还不太充分，只是处于职业教育学开始的萌芽阶段。

(二) 工业化时期的独立化阶段

大约从 19 世纪开始，欧洲大陆的经济才真正走上工业化轨道，职业教育培训也获得了新发展。大量的手工业职业培训越来越多地被学校形式的职业教育予以补偿和扩充。

自 1851 年开始的世界博览会带来了更多的信息，"面向工业的教育"要求在较短的时间内使那些由农民和手工业者组成的民众有能力将现代技术与工业、与国家生活融入一体（Fischer，1972）。这成为当时国家的一项紧迫任务。这意味着，教育问题已处于促进手工业发展的中心位置（联邦职业教育研究所，1994）。在一系列的计划文件和调查（研究）中，通过比较，职业教育的"双元化"，即通过学校形式的教育对企业培训予以补充的必要性（学校化过程，Kell，1999）成为（研究）主题。新的原动力——"职业教育研究"出现了（Bucher，1877；Schmoller，1903）。这是由社会政策协会（Verein fuer Socialpolitik）的评估与报告首先提出的，并对此发挥了促进作用（Bd. 10，1875；Bd. 15，1879；Bde 62-70，1895—1897；Blankertz，1969）。经过广泛的讨论，这些意愿不仅加快了致力于企业职业教育的系统化的努力（Jost，1982；Rin-neberg，1985），而且加快了致力于从进修学校到职业学校的课程论与教学论的标准化（Profilirung）的努力。职业教育理论得以凸现，其主要代表人物有凯兴斯泰纳（德）、Spranger 和 Fischer（Mueller，1967），由此奠定的基础对职业教育的政策和课程产生了极大的影响（如学校教学车间的建立、公民教育课的引入）。

职业教育研究作为一门科学是从 1900 年开始的。职业教育学研究变得越来越专门化、独立化，其研究成果与内容主要集中在以下六个方面。

(1) 商务类教师的培养和技术类教师的培养均转移到科学型大学进行，其相应的参照学科逐步实现科学化。

(2) 经过长时间的讨论和发展，1920 年，帝国学校大会的决议最终确定了至今仍适用的职业学校教育任务的核心内容，积极的研究和开发行动实现了学校在组织、课程和教学论与方法论方面的实施。

(3) 建立了各类不同的职业学校教师协会，并自 1990 年起对其成员提出了专业化要求。

(4) 自 1886 年起出现了越来越多的符合科学要求的职业教育学杂志。

(5) 较早地对职业教育信息的分类和结构化进行探索，并将其建立在可靠的（二次）

统计调查及系统数据收集的基础之上（Simon,1902;Pache,1896—1905;德意志帝国统计,1987、1909）。

（6）首次出现基本满足科学要求的、在一定程度上具有时代感且考虑全面的著作——"进修学校学"，对法律、组织、教学论和方法论进行了系统描述（Sier-cks,1908;Schlling,1909;Mehner,1912）。另外，从1920年起，公开出版的一批职业教育研究类的期刊杂志对基于职业教育学的职业教育研究是一个大的促进。例如，Zieger（1916）和Kuehe（1923）编著的手册、帝国工作介绍与失业保险署的"职业手册"（1930）以及帝国劳动管理机构的"职业咨询手册"（1925），还有1928年的"基本问题"和Dehen关于工业学校（1928）的专著等。

（三）后工业化时期的多样化阶段

后工业化时期，职业教育研究的内容越来越多样化，其研究主要侧重于职教政策、人才培养、职普融通、课程及标准化等问题，研究机构也进一步完善。

20世纪60年代以来，职业教育研究基础越来越广泛化，研究主题也越来越突出，例如，关于青年工作者的培养（Abel/Doering,1961;Hardt,1965;联邦职业教育研究所,1974）、关于职业教育实施途径的研究（Belser,1960;Kahlert,1965;Storch,1974）、关于全日制职业学校的实施（Gruener,1967、1968;Reisse,1977）、关于职业教育与普通教育的融合（Blankertz,1972;北莱茵威斯特法伦州文教部长,1972;德国教育审议会,1974;Fucke,1976;Pischon等,1977;德国联邦教育与科学部,1980）、关于职业教育课程的研究或者课程的开发（Zabeck/Doerr/Stiehl,1973;Boehm等,1974;Hoge/Kaiser/Reisse,1978）等。

伴随着20世纪60年代开始的自动化与人本性的争论，这一时期基于社会科学的职业教育研究已经达到相当高的水准，但基于职业教育学的职业教育研究的状况在总体上还不能令人满意，尽管如此，研究仍然取得了一定成果，如首次提出了职业教育研究的科学标准：开发了各类专业术语，并以专业词汇的形式予以诠释；职业教育学和经济教育学的杂志自20世纪60年代以来，特别是通过新杂志的创刊（如《职业教育的科学与实践》，Berufsbildung in Wissenschaftund Praxis,1972）达到越来越高的水准；职业教育的数据及其相应的研究方法的标准逐渐丰富化。

（四）现代时期的多元化阶段

随着职业教育学成为独立学科地位的逐渐确定，职业教育研究的领域越来越宽泛化、多元化，其分支学科也日益丰富与多样化。目前，依据职业领域的划分和职业教育领域的不同类型，其分支学科主要有普通职业教育学、职业学校教育学、企业教育学、劳动教育学、比较职业教育学以及职业教育哲学、职业教育社会学、职业教育心理学、职业教育经济学、职业教育行政与管理学、职业教育文化学等。以上新的研究领域都属于职业教育学或职业教育科学的外延和新兴的交叉学科,这些新产生的分支学科一方面催生了职业教育学学科成熟化的进程,加大学科转变的力度和张力;另一方面拓展了职业教育学的研究领域和广阔视域,学科领域延伸和职业教育学科学化的进程成为职业教育事业健康发展的"助推器"。

二、国内职业教育学的发展脉络

按照中国学者对职业教育学学科建设的成长历程进行分析,中国职业教育学的演变可划分为四个阶段:学科建制初见端倪、学科停滞徘徊时期、职业教育学科体系初步形成、职业教育学的反思与多元化四个阶段。

(一)学科建制初见端倪(20世纪20年代—中华人民共和国成立前夕)

20世纪20年代左右,中国已开始有职业教育的实践活动和专门的职业教育研究机构,如1917年成立的中华职教社、中国第一个省一级的职业教育学术研究团体——江苏省教育会附设职业教育研究会的成立、中华教育改进社(设有职业组)、全国职业学校联合会等先后成立以及我国第一本职业教育专业期刊——《教育与职业》杂志创刊。另外,这个时期关于职业教育的著作多是编译著作,如《职业教育论》(朱景宽1916年编译)、《职业教育真义》(朱元善1917年编译)、《职业教育》(徐甘棠1918年编译)、《职业教育参考书》和《职业技师养成法》(熊崇熙1919年编译)、《职业教育研究》(邹恩润1923年编译)。

这个阶段虽然开始有职业教育的实践活动和有意识的理论研究,但尚未真正使用职业教育这个名称——当时以"实业教育"代替,有关职业教育的思想和理论多是从国外见闻和引进的,其观点散见于当时一些积极倡导实业教育思想的实业教育家的著作和言论中,主要的理论也是直观的、朴素的职业教育教学思想和育人观。

20世纪30年代以后,我国学者逐渐开始将这些关于职业教育的直观、朴素的研究思想理论化、体系化,陆续出版了专门论述职业教育学的著作,如1926年庄泽宣的中国第一本职业教育学著作《职业教育概论》;其后,潘文安、杨鄂联、张旦初、熊子容、陈选善、邵祖恭、江恒源、沈光烈、何清儒等各自出版了自己的著作。这一时期的各类著作内容涉及20余个主题,研究的重点集中于职业教育的基本理论、职业教育的历史发展与现状(包括我国和英、美、德、法、日等发达国家)、各级各类职业教育的理论与实践、职业指导四个模块。

学者们从不同的视角探究了西方职业教育学的适切性和职业教育学的中国化,对中国的职业教育学的创建进行了积极尝试。但在这一阶段,中国职业教育学还不能从制度上确立独立学科的地位。

(二)学科停滞徘徊时期(中华人民共和国成立后—1977年)

中华人民共和国成立后,对职业教育事业进行了几次较大力度的改革和调整,取得了一定的成效,但由于认识上的失误,这一时期职业教育一度被划入资本主义社会教育的范畴,受到批判,加上"十年动乱"的影响,职业教育不仅在实践发展方面受到挫折,在理论研究方面更是陷入停顿,尤其是学科建设在相当长的时间内中断。

(三)职业教育学学科体系初步形成(1978年—20世纪90年代初)

十一届三中全会之后,随着以政治为中心向以经济为中心的社会转型,我国职业教育蓬勃兴起,职业教育学科开始恢复。

1. 独立化学科逐步形成

在实践上,职业教育学科在该时期逐步发展并开始成为独立学科。1980年,吉林工程技术师范学院创办了中华人民共和国第一本职业教育理论刊物——《职业技术教育》。1983年,职业教育学被国务院正式列入其公布的专业目录。同年,第一个职业教育科研项目在全国教育科学规划办公室立项。1984年原天津职业技术师范学院在全国率先开设职业教育概论课程,职业教育学作为一门专业知识开始从教育学科中分离出来。1986年,全国教育科学规划领导小组下设了职业技术教育学科组。1987年,我国第一个职业教育硕士点在华东师范大学设立。这些标志着我国职业教育学作为一门新兴的学科在实践中正式确立。

理论上,职业教育学经历了从"外来化"到"本土化"的创立与发展过程。20世纪70年代末至80年代初,随着国门开放,我国学者开始了对国外职业教育成功经验的介绍和职业教育著作的引进工作。早期的代表作有人民教育出版社组织编译的《中等职业技术教育》(1979年版)和日本仓内史郎和宫地诚哉所著的《职业教育》(1981年版,河北大学比较研究所教育研究室译)两本著作。最早翻译的较为系统的外国职业教育学著作是由劳动人事部培训就业局和天津职业技术师范学院翻译的德国海因茨·G.格拉斯的《职业教育学与劳动教育学》。经过一段时间的"拿来主义"研究,我国学者开始转向职业教育学本土化研究。1984年出现了以两个"概论"为代表的当代意义的中国职业教育理论先声——由高奇主编的《职业教育概论》和由华东师范大学技术教育研究室主编的《技术教育概论》。前"概论"侧重于职业教育,填补了学科空白,后"概论"侧重于技术教育,从而引发了"职业"与"技术"两种教育的争论。刘鉴农等主编的我国当代第一本职业技术教育学著作《职业技术教育学》(1986年版)和刘春生的我国当代第一部个人理论专著《职业技术教育导论》(1989年版)的出版,标志着我国当代职业教育学学科"职业"与"技术"的融合和理论的重建。纵观20世纪80年代中国职业教育学的恢复过程,虽然职业教育学学科的发展还相当幼稚,但是这一时期经历"介绍引进—初创概论—学科创生"的过程后,首次出现了本土化成果。

这一阶段总的特点是:在理论方面开展了关于职业教育的名称、本质、定义和研究对象等方面的研究,特别是对职业教育学的研究对象和学科性质问题更加关注,基本形成了职业教育学的理论框架;在实践方面,成立了健全的管理机构和学术组织并开展了正常工作,出版了多部有重要影响的学术著作和多本学术刊物,成功举办了职业教育专业。职业教育学作为一门学科在中国获得了行政上的合法性,在中国学科共同体中已经基本确立,主要表现在几个方面:一是引进国外职业教育学;二是编写职业教育学著作和教材;三是学科外在建制基本得以确立;四是人才培养提上日程。

2. 学科成长期(20世纪90年代)

这一时期,我国由计划经济体制向市场经济体制转型,职业教育学科为适应市场经济体制的发展,在实践和理论上都突出了应用的特征,先是出现了职业教育学科发展平台。1990年,教育部职业教育中心研究所和上海、辽宁职业技术教育研究所同时建立,同年全国性的群众性学术团体——中国职业技术教育学会成立。随后具有实用特征的一批理论著作相继问世,如张福珍、王义智的《应用职业教育学》,吕可英、董操的《中国职业技术教育学》,彭干梓的《农村职业技术教育概论》,孟广平的《当代中国职业技术教育》和纪芝信的《职业技术教育学》。该时期的理论代表是由国家教委职业技术教育中心研究所编著的《职业技术教育原理》(高奇主编),这是我国第一部职业教育原理性专著,体现了著者对于"职业教育"——这一特殊教育形式在一般原理方面的初步思考。职业教育学科在这一时期进一步分化,出现了职业教育心理学、职业教育社会学、职业教育史学和职业教育教师学等新的分支学科。这方面的著作如黄强等的《职业技术教育心理学》(1991年版)、李蔺田的《中国职业技术教育史》(1994年版)、董操和纪芝信的《职业技术教育教师学》(1995年版)、钱民辉的《职业教育与社会发展研究》(1999年版)。比较职业教育学和职业教育管理学也得到进一步发展,代表作分别是周蕖的《中外职业技术教育比较》(1991年版)和邹天幸等主编的《职业技术教育管理学》(1992年版)。上述分支学科虽然还很不完善、不成熟,但它们的出现和发展为职业教育学研究提供了新的视角。

(四) 职业教育学的反思与多元化(2000年至今)

进入21世纪,我国社会开始由工业经济向知识经济转型,在经历了"摸着石头过河"的探索后,人们越来越意识到职业教育理论研究的滞后性已成为制约职业教育实践发展的瓶颈,对职业教育学学科层次的提升和元理论的研究悄然兴起。这一时期,职业教育研究生教育体系的完善具有划时代的实践意义。2001年,我国第一个职业教育博士点在华东师范大学设立,之后在西南大学、天津大学、华中师范大学等高校设立了职业教育学专业的博士点。职业教育硕士点增加到26个。同时,我国职业教育学科在反思20多年发展的基础上兴起了职业教育学元理论研究,代表作是《职业教育几个基本问题的研究》及其系列成果,其间兴起的关于职业教育本质属性的讨论则是职业教育理论界少有的争鸣之一。另外,以孟广平的《面向21世纪我的教育观:职业技术教育卷》为代表的有关职业教育基本理念的探究则成为职业教育学元理论研究的重要分支。这一时期较有代表意义的职业教育学著作是刘春生、徐长发主编的《职业教育学》和李向东、卢双盈主编的《职业教育学新编》。前者进一步完善了职业教育学体系,并成为全国研究生专用教材,后者则成为我国第一部国家规划教材。

这一时期,我国职业教育学科分化出更多的分支学科,涵盖了与职业教育相关的更广的研究领域。牛征的《职业教育经济学研究》(2002年版)填补了中国教育经济学在职业教育领域的空白。职业教育课程论的研究代表作是黄克孝的《职业和技术教育课程概论》(2001年版)和徐国庆的《实践导向职业教育课程研究:技术学范式》(2005年版)。比较职业教育、职业教育史学、职业教育教师学和农村职业教育学等分支学科得到进一步发展,最具代表的成果有石伟平的《比较职业技术教育》(2001年版),刘来泉的《世界技术与职业教育纵览》(2002年版),刘建湘、周明星的《职业院校双师型教师教育研究》(2005年)等。职业教育学分支学科的发展完善了职业教育学学科体系,开始形成职业教育学学科群。

2007年,姜大源的《职业教育学研究新论》的出版标志着职业教育学发展走向新的发展阶段。本书中的观点认为这本书的出版也是促使职业教育学成为与普通教育学并列的独立的一级学科的重要标志。

进入21世纪以来,在短短的10年间,中国职业教育学的学科发展取得了新的进展,职业教育学的各个领域研究进一步深化,整体水平持续提高,步入反思与多元化阶段。这一阶段的主要特点是:对职业教育学的自身诸多问题进行探究和反思,一度成为研究热点,主要探讨了职业教育学的学术史,职业教育学的研究对象、范畴体系、学科独立性问题、学科性质、学科方法论、职业教育基本问题等,并形成学术交锋。

在第四届全国职业技术教育学专业学科建设与研究生培养研讨会上,周明星教授总结了我国职业技术教育在学科建设方面取得的五大成就。

成就一,职业教育学专业已初步形成相对完整的学科体系,即由学士—硕士—博士—博士后4个环节构成的职业教育学专业学科体系。其规模,学士点2个,硕士点49个(29个一级学科覆盖下的学位点),博士点10个(9个一级学科覆盖下的学位点),博士后点1个。2006年,天津工程师范学院的"职业技术教育学"学科被评为天津市重点学科,吉林工程技术师范学院的"职业技术教育学"学科被评为吉林省重点学科。现有省级学科3个,尚无国家重点学科。

成就二,初步形成多元化的学科队伍。学术研究机构队伍,如教育部职教中心研究所,中国职业技术教育学会委员以及各省、大专院校研究所等约500人;学位点队伍,据不完全统计,全国硕士、博士点学术梯队约500人;群众团体队伍,如中华职业教育社约2万人。

成就三,初步取得丰富的学科建设成果。第一,职业教育的研究课题不断增多。"十一五"期间,职业技术教育课题已立项32项。第二,职业教育科研获奖有一定的份额,获全国优秀教学成果奖一等奖3项,二等奖18项;全国教育科研优秀成果奖二等奖6项,三等奖14项。第三,职业教育学课程建设获得重大突破。2007年,天津工程师范学院申报的《职业教育学》被评为国家精品课程,这是我国职业教育学科建设获得的重大成果,是该学科课程建设的标志性成果。第四,职业教育理论著作不断丰富。自中华人民共和国成立前我国第一本职业教育学专著《职业教育学》(何清儒,商务印书馆,1941年版)到2005年,全国共出版《职业教育学》或《职业教育学原理》教材或著作37部。

成就四,初步搭建了多层次的学科平台。第一,研究共同体,可分为国家级职业教育研究所及群众性学术团体,如教育部职业技术教育中心研究所、劳动部职业技能鉴定中心、中国职业技术教育学会、中华职教社;省市级职业教育研究机构及学会,如上海市职业教育与成人教育研究所、辽宁省职教研究所、湖南职教研究中心等;市、县、学校科研机构,如高校职教研究所、中职学校研究室。第二,学术期刊,可分为专门型,如《中国职业技术教育》《教育与职业》《职业技术教育》《职教论坛》《职教通讯》等;专属型,如全国1200多所高职院校学报;专版型,如《河南职业技术学院学报》(职业教育版);专栏型,如《教育发展研究》《河北师范大学学报》(教育科学版)。

成就五,初步开始前瞻性的学科反思。2004年,浙江师范大学以"命题与方案"为主题;2005年,江苏技术师范学院以"目标与模式"为主题;2006年,湖南农业大学以"创新与借鉴"为主题;2007年,江西科技师范学院以"任务与格局"为主题：有计划、有步骤地对职教学科进行了系统化的研讨与反思。

相关链接：巴洛夫与福斯特职业教育思想争鸣

英国经济学家巴洛夫(Thomas Balogh)与非洲教育问题专家的福斯特(Philip J. Foster)是当今国际职业教育界极具影响力的两位学者。他们的观点代表了战后职业教育发展的不同战略思考。

巴洛夫提出一套非洲国家教育促进经济发展战略,全面阐述了对职业教育,特别是对发展中国家职业教育发展的看法。巴洛夫的观点在当时得到联合国教科文组织、世界银行等国际组织的支持,成为20世纪60年代发展中国家教育与经济发展的指导理论。

针对巴洛夫的职教理论思想,福斯特以他多年来在加纳的研究成果为依据,写下了著名的《发展规划中的职业学校谬误》*The Vocational School Fallacy in Development Planning* 一文。在文中,福斯特系统地阐述了他的职业教育思想,对以巴洛夫为代表的主流派进行了"全面批判"。由此,一场延续25年之久的论战展开了。可以说,福斯特的职教思想是巴洛夫职教理论的悖论,在批判的基础上建构了一个新的理论体系。巴洛夫与福斯特职业教育思想核心观点比较如下。

一、职业教育是以"人力规划",还是以"市场需求"为出发点

20世纪60年代正是"人力规划"的盛行时期,巴洛夫主张,职业教育(尤其是发展中国家的职业教育)应以"人力规划"为出发点。他认为,职业教育应该以经济发展计划为主要依据,经济发展是可以"预测"的,经济发展所需的人力资源也是可以"预测"的,可以加以"规划",根据"规划"进行"人力储备",而"人力储备"可以通过教育(特别是职业教育)实现。也就是说,职业教育应当以经济发展预测为依托、以"人力规划"为出发点培养和提供人才。福斯特对巴洛夫的这一观点持否定态度。第一,福斯特对人力预测的准确程度表示怀疑,他认为,经济交换部门的增长率是很难准确估计的,经济发展所需的人力也是很难准确预测的;第二,他对人力规划的后果表示担忧,因为根据这种预测做出的人力规划往往会脱离经济中就业机会的实际结构,因此,按照人力规划做出的职业教育发展计划不但无法实现预期的目标,还可能造成极大浪费,甚至加重失业危机。这里需要强调的是,福斯特反对的是那种脱离市场的大规模的"人力规划",但这并不意味着"人力规划"一无是处。福斯特建议,应鼓励与实际发展密切相关的、小规模的职业培训计划。那么,职业教育究竟应以什么为出发点? 福斯特通过对非洲国家职业教育的研究得出结论：受教育者在劳动力市场中的就业机会和就业后的发展前景是职业教育发展的最关键因素,因此,职业教育的发展必须以劳动力就业市场的实际需求为出发点。

二、职业教育的重心是正规的"学校教育",还是非正规的"在职培训"

在"发展经济学"和"人力资源说"的影响下,巴洛夫指出,发展中国家政府为振兴经济应大力发展学校形态的职业教育,即职业教育的重心是发展正规学制的职业学校。通过兴办职业学校使学生掌握现代生产技术,以产生规模效益,在国家的经济发展中发挥重要作用。

巴洛夫的这一主张虽然在当时得到了联合国教科文组织和世界银行的支持,但很快就遭到学术界的质疑和批判,福斯特更是在文中提出了"职业学校谬误论"。他在加纳进行的职教研究的结果表明,尽管职校的成本要大大高于普通学校,但是职校并没能产生人们预期的效果。具体表现在:①职业学校的课程并不能影响学生的职业志愿(影响学生职业志愿的是学生对劳动力市场就业机会的看法);②由于职业学校毕业生比普通学校毕业生更难找到高薪工作,因此学校本位的职业教育并没有减轻社会的失业状况,反而加重了失业危机;③许多职校毕业生选择了与其所学专业无关的工作,造成"技术浪费";④由于职校学制较长,一般要三年左右,往往不能对劳动力市场变化做出迅速而灵活的反应,因而造成职校学生很难找到合适的工作。正是由于职业学校具有上述难以克服的缺陷,福斯特认为,就结果而言,职业学校只能是一种谬误,而职业教育的重心则应是非正规的"在职培训"。他认为职业技术培训必须主要在正规教育机构之外进行,发展企业本位的在职培训计划要比发展正规的职校更加经济,更少浪费。

三、职业教育的主要组织者是政府,还是企业

巴洛夫在强调职业教育应以"人力规划"为出发点以及职教重心是学校形态职业教育的过程中渗透了一个观点,即职业教育的主要组织者应该是政府。

福斯特则指出,企业本位的职业培训优于学校本位的职业教育。西方早期学徒制的成功就已经证明了这一点。部分大企业也积累了许多职业培训的成功经验。因此他强调,让企业经营职业培训,对企业和政府都有好处,政府的作用是免除企业部分税收并给予适当资助。

四、职业教育的办学形式是"学校本位",还是"产学合作"

巴洛夫主张按计划大力发展正规的学校形态的职业教育,坚持"学校本位"的办学形式,以求得人力培养上的规模效益。福斯特与巴洛夫的观点恰恰相反。福斯特指出,中、低级人才的培养应该走"产学合作"的道路。为此,应该发展多种形式的职业培训,并对现有职业学校进行改造。第一,必须控制职业学校的发展规模,它们的扩展应与社会经济的实际发展相联系。第二,改革职校课程,多设工读交替的"三明治"课程。第三,改变生源

比例,使在职人员成为职校学生的主要来源。总之,发展中国家应当积极倡导"产学合作"的办学形式。

五、职业教育与普通教育的关系是"替代关系",还是"互补关系"

职业教育与普通教育的关系问题上的分歧是巴洛夫与福斯特职教思想上的又一重大分歧。巴洛夫认为,职业教育与普通教育之间是一种"替代关系"。巴洛夫是最早提出"普通教育职业化"的西方学者之一。他认为,职业教育的扩展除大力发展职业学校外,还可通过变革普通学校教育内的课程实现,即在普通学校内增设职业课程,以达到"学校课程职业化"的目的。以此为策略大力发展职业教育,实施"人力规划",满足经济发展的需求。他认为,在普通学校进行这种课程改革是很容易成功的。

福斯特对这一观点持否定态度。他指出,职业教育与普通教育之间的关系是"互补关系",而非"替代关系"。原因有三:第一,福斯特认为,在发展中国家,这种大规模的课程改革对学校来说并非容易做到,因为学校通常并不是根据教育规划者所期望的那种方式运作的,因而学校课程变革也不可能产生倡导者预期的那种规模效益。第二,福斯特也不赞成发展这种形式的职业教育,因为普通学校的职业课程也是学校形态职业教育的一种,它具有"学校本位职业教育"的一切局限性。第三,福斯特指出,成功的职业教育需要以成功的普通教育为基础,也就是说,只有在扎实的普通教育的基础上才能有效地开展职业培训。他认为,目前许多职教计划难以实现是因为受训者缺乏必要的基础知识和基本技能。如果学校连这些本职工作都不能做好,那么,要指望学校参与一系列的从属性职教活动是很荒谬的。因此,学校在职教方面的首要任务不是进行"学校课程职业化"的变革,而是帮助学生打下一个坚实的基础,为将来接受职业教育做好准备。由此福斯特得出结论,职业教育与普通教育有不同的任务和目标,两者之间是"互补关系",而非"替代关系"。

第二章 职业教育概述

学习目标
1. 明晰职业教育的内涵与功能。
2. 掌握国内外职业教育的发展历程。
3. 了解国外职业教育的主要模式。

在国内外教育发展史上,关于职业教育的解释有很多。纵观各学者理论,对职业教育最常用的解释是:职业教育是对受教育者施以从事某种职业所必需的职业知识、职业技能和职业道德方面的教育。职业教育的目的是培养应用人才和具有一定文化水平和专业知识技能的劳动者。职业教育是与基础教育、高等教育和成人教育地位平等的四大教育类型之一,但是职业教育更注重教育实践技能和实际操作能力的培养。

第一节 职业及职业教育的内涵

一、职业及其内涵

(一)职业的含义

职业源于社会分工。人们总是需要根据社会分工,从事这样或那样的工作来维持生存,立足社会。所谓"职业",就是人们用专门的知识和技能参与社会分工,为社会创造物质财富和精神财富的同时,获得合理的报酬作为自己的主要生活来源,并满足精神需求的工作。或者说,职业是劳动者以获取经常性的收入为目的而从事的连续性的、相对稳定的、合法的社会劳动。

这里所谓的"职"即职责、责任;"业"即业务、事业,是具有独特属性的具体工作。"职业"就社会而言,是以社会分工和劳动分工为纽带的一种组织形式,承担着一定社会分工体系赋予的特殊工作及相应的社会责任;"职业"就个人而言,是他所从事的被规定的业务及必须履行的职责。

职业由三个基本要素组成:一是劳动;二是有固定的报酬或收入;三是要承担一定的

职责,并得到社会的认可。

(二)职业的基本特征

职业与人类的生活密切相关,并随着社会的发展而发展。职业具有以下六个方面的特征。

1. 社会性

职业的社会性是指职业是社会分工的结果。任何一种职业都是整个社会生产、生活体系中的一个环节;并且每一位从业人员都处在一定的社会环境中从事着与其他社会成员相关联的社会活动。

2. 专业性

根据职业性质的不同,对从业者的资格要求也不同。职业的专业性也就是不同的职业在劳动内容、劳动方式、劳动手段等方面具有的专业特点。每种职业都具有具体的知识、技巧和技能要求。

3. 稳定性

某个职业的产生并不是基于社会某种临时性的需要,而是有较长的生命周期,会持续一定的时间,这就是职业的稳定性。

4. 有偿性

有偿性也被称为经济性。从某种程度上来说,职业就是人们的谋生手段,任何一种职业劳动都能得到现金或实物回报。人们通过自己的劳动换取相应的经济报酬,并以此作为维持、丰富生活的主要收入来源。

5. 多样性

职业存在于社会的政治、经济、文化、教育、军事、外交等领域,在每个领域中又有不同的种类,如在文化领域中有演员、作家、编辑等,在教育领域中有教师等。

6. 时代性

时代性是指职业随着时代的变化而变化,随着社会的发展而进步。某些职业会消失,新的职业会不断产生,原有的职业也会获得新的时代内涵与要求。

(三)职业的功能

1. 个体功能

对个人来说,职业是谋生的手段,是幸福生活的源泉,是为社会做贡献的岗位,又是实现人生价值的舞台。其中,"谋生"是基础,"奉献"是过程,"价值"是结果。

(1)职业是人谋生的手段。在分工的历史条件下,人要生存,首先必须使他的劳动归属于某一种职业,通过这种职业活动和彼此之间的劳动交换获取他(包括家属)必需的生存资料。从这个意义上来讲,职业就是人的生存和发展的谋生手段。

(2) 职业是人发展的手段。人是一个社会人,人的本质决定了人还要追求享受和发展。人的这种本质需求的实现离不开职业。因为各种各样的职业活动不仅能满足人们的现实需求,而且还在产生着新的需求,创造着人得以发展的种种需求。人通过自己的职业活动与社会、他人建立联系,这种社会联系会对他的职业活动成果做出客观评价,并给予相应的回报。所以,当一个人在其职业活动中为社会创造出新的需求或以其职业活动满足社会、他人的发展需求时,他自身及家属的新的需求或发展需求也相应地得到了满足。从这个意义上讲,职业也是人的发展手段。

(3) 职业可以很好地体现一个人的精神层面。在强调物质生活来源的同时,人还需要涉及从业者精神生活的满足。职业赋予了人特定的社会角色。这种社会角色即与身份地位相联系的行为模式。如果说社会是一个大舞台,那么各种职业就在这个舞台上扮演着不同的角色。各种角色都要塑造好自身的形象,处理好与其他角色的关系。各种角色的地位也是不同的。就社会生活而言,如果要有序地、健康地进行,各种职业角色都得有到位的表现,任何职业角色不到位或越位,都会给社会生活带来消极的影响。就个人而言,只有成功地扮演自己的职业角色,才是一个称职的从业人员,才能谋得社会地位较高的职业角色。

2. 社会功能

职业是经济发展与社会进步的"晴雨表"和"助推器"。当经济发展与社会进步加快时,新职业的兴起和新老职业的更替也呈明显加快趋势。新职业的兴起大大提高了生产与服务的社会化程度。与此同时,也进一步密切了人与人之间的相互联系和相互依赖关系,从而推动了人的社会化。

职业的存在和职业活动构成了人类社会的存在和社会活动;职业劳动创造出社会财富,从而为社会的存在和发展奠定了物质基础;职业的分工是构成社会经济制度运行的主体;职业也是维持社会稳定,实现社会控制的手段;职业的运动如职业结构的变化、职业层次间的矛盾的解决,也是推动社会进步的一种动力。

二、职业教育及其内涵

(一)"教育"的含义

关于"教育",众说纷纭。蔡元培先生认为,教育就是帮助被教育的人给他能发展自己的能力,完成他的人格。德国古典哲学家康德则认为,教育是个体自我设计、自我选择、自我构建、自我评价的过程,是自我能力的发展,体现着社会意志和教育者与受教育者平等自由地、审慎严肃地共同探究的机理。

现在使用较多的是:教育是在一定社会背景下发生的促进个体社会化和社会个体化的实践活动。它是根据一定社会的现实和未来的需要遵循一定的发展规律,有目的、有计划、有组织、系统地引导受教育者获得知识技能、陶冶思想品德、发展智力和体力的一种活动,以便把受教育者培养成适应一定社会(或一定阶级)的需要和促进社会发展的人。

可见,教育首先应是一项实践活动,是"个体社会化"和"社会个体化"双向发展的过程。

(二)职业教育的内涵

1. "职业"教育

在明确教育内涵的基础上,对职业教育的理解可以分为两种,即"职业"教育和"职业教育"。"职业"教育突出的重点在于"职业",是为了从事某种职业而专门展开的教育,更加突出教育的职业化。在学生培养方面,更加强调行业、企业发展需要的对接。此时,职业教育也可以理解为"执业"教育,即为了培养学生从事某种职业或掌握某种技能而对其进行的有目的、有计划的培养。此时,职业教育单列于普通教育之外,通常与普通教育并称。

2. 职业教育

职业教育全面体现了职业教育"职业化"和"教育性"的特征。一方面,职业教育对学生的培养应突出体现其"职业化"特征,针对行业、企业生产一线的需要注重对学生技能的培养。另一方面,职业教育作为教育的一种,应充分体现"教学具有教育性"的特征,即注重学生个体发展需要,有利于学生终身学习和职业潜能发展,真正实现"个体社会化"和"社会个体化"相统一。

职业教育是指"职业教育者按照一定社会的要求和教育规律,为引导学生掌握在某一特定的职业、行业或某类职业、行业中从业所需的实际技能、知识和认识,通过一定的职业教育方式对有关资源进行有效利用,达到为促进社会生产方式发展和人类自身再生产的一种实践活动。"

职业教育的内涵包括三个方面:一是职业教育是教育内部的结构与分工,是整个现代教育制度的一个重要的有机构成部分;二是职业教育的目的是直接培养特定职业所需的高、中、初级技术、管理人才;三是职业教育的内容主要是为从事特定职业所必需的相关知识、技能与技术,职业道德与态度,同时还包括必要的普通基础知识的教育。它在层次上分初级、中等和高等职业教育。

职业教育具有"五大要素",它们在职业教育活动过程中各自从不同的方面参与进来,并发挥其特有的作用。"职业教育主体"包括教育者和受教育者,前者指具有一定知识技能,在活动中起主导作用的人,后者指在活动中获得职业知识、技能、态度,具有主观能动性的人;"职业教育目标"就是职业教育者期望达到的结果,就是按照一定社会的目的要求办职业教育、发展职业教育;"职业教育内容"是指相关的人、财、物、信息、时空等教育资源;"职业教育方式"包括职业教育者采取的措施,通过一定的教育环节行使教育职能;"职业教育结果"就是职业教育活动给予学生或在职人员从事某种生产、工作所需的知识、技能和态度的教育的效果。

(三)职业教育的分类

按照马斯洛的需求层次论,不同的职业教育类别、层次与形式可以满足不同类型人群的需要,不同的人群会根据自己的实际需求选择不同的职业教育类别、层次与形式。这就导致我国职业教育存在类别、层次与形式的划分。在参阅大量中外职业教育专著和文献,借鉴职业教育前辈关于职业教育分类思想和方法的基础上,提出了职业教育"两分法",即我国职业教育可以分为两大类:第一类为学校职业教育;第二类为职业培训。这两大类下面又各包含了若干小类,它们共同构成我国职业教育的完整分类体系,如图2-1所示。

(四)职业教育在社会发展中的作用

1. 实现人人就业

职业教育是就业教育。我国各级各类职业学校主要注重两个方面:一是职业教育的专业设置。在专业设置上,各级各类职业学校普遍注重以市场需求为导向,坚持专业设置的多样性和调整性,紧贴生产一线、管理一线、营销一线就业的需要开设专业。二是职业教育的教学环节强调实践教学、实习教学,以培训受教育者的就业能力。现在的职业教育学校除了理论教学外,特别重视实践教学和实习教学,理论教学与实训教学的计划和安排基本各占50%。职业学校普遍采取校企合作、工学结合、半工半读、实训基地等教育方式加强对学生的职业技能的培养,夯实学生就业能力的基础。

职业教育的目的是为了使人顺利就业。从职业教育的本质上说,职业教育是把受教育对象培养成具有某种职业能力的劳动者的教育,是培养"职业人"的教育,具有很强的职业性。其主要目的是通过学校职业教育或职业培训使受教育者获得某种职业能力和职业发展潜能,树立正确的职业道德观,在学校职业教育或职业培训结束后顺利实现就业。

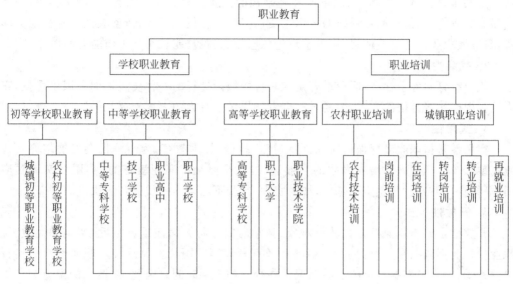

图 2-1 我国职业教育的分类

2. 实现社会发展

职业教育为社会培养了大量合格的技能型人才。职业技术教育从一开始便与社会的发展紧密相关,人类社会为了一代一代传授生产技术、劳动技能,产生了与生产力发展相适应的学徒制、职业学校教育和职业培训等教育形式,为社会培养了数以亿计的技能型人才。随着社会化大生产进一步发展,社会分工更加复杂,这种分工又要求学校职业教育培养更多的多层次、多规格的技能型和技术型人才,以满足社会发展对各种职业技能人才的需求。改革开放以来,特别是进入21世纪以来,党中央、国务院高度重视发展我国的职业教育,积极推进职业教育事业的发展,支持各级各类职业教育办学特点、办学水平。各级各类职业教育学校和职业培训机构也不负众望,响应号召,积极行动,大胆创新,为建设有中国特色的社会主义培养了大批合格的各级各类技能型人才,促进了社会的发展。

(五)职业教育的特征

1. 专业性

所谓专业性,是指职业教育是培养某一职业领域专业人才的教育。这个特点主要是相对于普通基础教育而言的,基础教育没有专业性,而具有基础性,是为各行各业人才培养打基础的。同时,虽然普通高等教育具有专业的特点,但它的专业又不同于职业教育,它主要侧重培养具有学术性、理论性和基础性的人才。只有职业教育,不论是初等、中等或高等职业教育,都是培养一线的技术人员、管理人员、技术工人、新型农民以及其他劳动者,与一线职业的对口性很强,偏重于理论的应用、实践技能和实际工作能力的培养。

2. 社会性

职业教育服务于社会,职业教育是在教育领域内进行的一种技能培训和谋生手段,它为社会生产培养合格的人才,为经济社会发展提供强有力的人才支撑和保证。

3. 实用性

实用性是指职业教育强调实际训练,突出技能、技术教育,为经济社会发展培养一线应用型人才。职业教育培养人才的一般规律,就是要突出职业教育的"实用""实训""应用"等特点。要通过建立实训基地,加大实训力度,不断培养一线的各层次应用型人才。

4. 开放性

开放性主要指职业教育在教育对象、教学时间等各方面注重灵活性,实施弹性教育。职业教育要强调在专业设置、课程编制和教育管理等方面具备灵活性。职业教育应实行弹性教学,学生可根据自己的实际情况选择合适的上课时间。因此,弹性化的学分制赋予了职业教育新的力量,成为职业教育教学管理制度改革的新趋势。

5. 实训性

实训性是指职业教育学校将受训者放在真实的工作环境中去亲历实践教学、现场训练等,把这个环节当作学校教学工作的不可缺少的组成部分。

一是教学上的实践性。职业教育与普通教育不同,它不仅强调学生要掌握必备的科学文化理论知识,而且更强调要培养学生实际操作的技能。实践教学在职业学校教学工作中占有十分重要的地位,不可缺少。

二是技能上的实训性。职业教育侧重的是技术、技能教育,帮助受教育者掌握专业技能是职业教育的基础。除了理论上教授受教育者基础知识外,更重要的是帮助受教育者掌握该项职业的专项技能。只有这样,受教育者才能获取从事该项职业的从业资格。职业教育就是要在一般的理论文化课程之外为学生多安排时间进行校外实践和训练,使他们充分融入现实社会中。通过日常工作中实实在在的大量实际训练,学习到不同职业、不同岗位的职业技能。

三是培养上的实用性。在专业设置上,企业参与专业设置。学校组建了由社会、企业、学校共同参与的专业建设指导委员会,调查用人单位(尤其是本地区企业)对人才职业岗位能力的要求,确定学生毕业后从事职业岗位的业务工作范围,并将其具体化为人才培养规范,确定所要设置的专业。在教学内容上,按照"实际、实用、实效"的原则确定,聘请在此类职业中长期工作、经验丰富的优秀从业人员讲授部分课程,把理论教学与实践教学相结合。在师资队伍上,建立"双师型"师资队伍,可采用专职教师与兼职教师相结合的方法,尤其有关职业培养的课程以兼职教师为主,这可以使教学更加贴近实际。在实训基地上,职业学校可以选择一些有实力、有条件的企业建立自己的实训基地,让学生在真实的工作环境中顶岗学习职业技能。

6. 终身性

终身性是指职业教育是随着我国的经济发展和社会进步不断变化发展的,其最终的目标是使人人享受职业教育,每个人的一生都不断地接受职业教育。职业教育伴随每个人的终身。

第二节 职业教育的发展历程

马克思主义关于教育起源的观点告诉我们,教育是随着社会的产生而同时出现的一种社会现象。这就是说,有了人类就有了人类社会,有了人类社会就有了教育。中华文明源远流长,原始社会就有职业教育的萌芽形态,之后其发展贯穿整个古代社会,形式停留在零散的、非正规化的、个别化的职业教育形式上,没有形成职业教育系统。

中国近代职业教育作为独立的体系形成于1904年清末的"癸卯学制",在百余年的历史发展中,大致经历了借鉴与初创时期(1902—1912年)、承袭与探索时期(1912—1949年)、改造与受挫时期(1949—1978年)和完善与创新时期(1978年至今)四个阶段。

一、我国古代职业教育的产生和发展

我国的职业教育源远流长,其灿烂和兴盛贯穿整个古代社会,只是到了封建社会晚期才开始衰败。在古代,主要是农牧业经济,民众的职业分化程度低,社会职业的流动性小,没有完整的、社会化的职业教育体系,职业教育仅局限在多个狭小的职业圈内封闭进行。

职业教育主要通过私学教育、职官教育、世袭家传、艺徒传承、行业教作等途径进行,它们是我国古代职业教育的重要基础。概括来说,我国古代职业教育大致经历了萌芽期、兴盛期和衰退期三个阶段。

(一)萌芽期

萌芽期包括了原始社会、奴隶社会和封建社会初期三个历史时期。

1. 原始社会的职业教育

作为文明成分的古代职业教育的萌芽是和我们祖先最早的社会实际生活紧密联系在

一起的。在农业和畜牧业方面,"教民以耕""教民以渔""教民以猎"的实践型职业教育十分广泛。在手工业方面,原始石器、骨器、木器等工艺制作,制陶、纺织、建筑、蚕丝等专门手工艺技能的传授和训练标志着我国手工艺的职业教育是十分成熟和发达的。

2. 奴隶社会的职业教育

奴隶社会的建立和社会生产技术水平的发展,促使社会分工的产生和不断扩大。手工业的发展和商业的繁荣使大批奴隶集中于手工作坊,形成了奴隶社会的"百工现象"。不断进步的手工业生产要求社会对手工业奴隶进行集中性的技术培训。因此,在奴隶社会出现了一种强制性的对于奴隶进行职业性教育的形式。另外,脑力劳动与体力劳动的分离,出现了"设官分职"的现象,因此奴隶社会又出现了一种对于为官阶层的"子习父学"的职业教育形式。以上两种职业教育可以说是我国古代职业教育的萌芽。

3. 封建社会初期的职业教育

到了春秋战国时期,我国社会由奴隶社会向封建社会过渡。科学技术呈现出空前的繁荣。手工业分工更加细化,技术更加规范,教育更加科学。私人手工业者的出现促进职业教育的快速发展,加上私学兴盛,共同促使职业教育进入繁荣时期。主要表现在:一是大批职业教育教材的编写,如《考工记》《术经》《墨径》等为职业教育的教学提供了丰富的教材;二是私人办学的兴盛拓宽了职业教育的途径,丰富了职业教育的内容,成就了传授专业技能的专门职业学校;三是新型职业教育形式,家业父传型职业教育的产生。

(二)兴盛期

从秦朝的建立到唐宋时期,我国封建社会从发展走向繁荣,古代职业教育发展也达到了高峰。它有三个特点。

1. 职业教育形式丰富

首先,先秦时期家业父传的职业教育形式通过官府加以推广,如明代著名医学家李时珍,其祖父辈都是有名的医生,家传基础十分丰厚。其次,出现了"设官教民"的职业教育。设官教民是指国家在管理机构中设立专门的部门和官员,负责传播职业知识和工具的应用,指导百姓从事各种生产实践。最后,"艺徒制"开始出现。此时,手工业技术的传授除家传和私人收徒外,国家垄断了冶铁、盐、官陶等重要行业,集结了全国最优秀的工匠和艺人,其技术知识强行通过推行艺徒制进行传承。

2. 创立了专科学校

东汉末年,灵帝时期始建了鸿都门学,这是一所专门学习尺牍及字画的艺术专科学校。公元443年,太医令秦承祖奏准设立医学学校,成为中医专门职业学校的雏形。唐朝时期,从中央到地方基本建立了门类齐全、学制完善的职业教育体系。中央官学的专门职业学校系统包括尚书省国子监管辖的律学、算学、书学等专科学校;太医署管辖的医药卫生学校;太乐署管辖的音乐舞蹈学校;太卜署管辖的卜盆学校;司天台管辖的天文、历数、漏刻学校:这些都是高等职业学校。另外,在地方官学中还设有府州医药学校,在普通学校系统中设有实科学校。到了宋代,专门学校中又增设了武学和画学,各类专科学校招生人数大大超过前代。在历代的专科教育中,都有专门的教材和严格的考核制度。

3. 开创职官职业教育

所谓的"畴人之学",是指那些世袭的专业科技教育。教育内容包括了天文历法、农业技术、地学、医学等知识。随着社会的发展,"畴人之学"丧失了世袭性,保留了职官性,逐渐转化为秦汉时期的"宦学"。"宦学"即古人所说的"宦学事师",是政教合一的一种职官教育形式,求学要入仕途,就教于官府,边仕边学,学习为官之术。"宦学"的教育内容除律令、文学外,还包括农田水利、算学、管理等技术知识,标志了文吏职业化的要求和水平,从"畴人之学"到"宦学"是我国职官教育的一大创举,开了职业教育之先河。

(三)衰退期

元明清时期,封建社会进入衰败阶段,职业教育也受到影响。此阶段职业教育发展的情况如下。

1. 私学教育与职业教育的结合加强

传统私学教育中出现了研讨和传播自然科学与技术应用的新风气,使得私学教育与职业教育的结合加强,如元朝朱世杰,他是职业数学教育家,著有《算学启蒙》和《四元玉鉴》。

2. 艺徒制进一步发展

此时朝廷在中央政府和地方政府机构中都设有管理官营手工业的机构,在全国形成了一个庞大的系统,这些官营手工业作坊均采用艺徒制的教育形式,培养了大批能工巧匠。传技师傅从全国各地挑来,代表了当时各行业职业技术的最高水平。在皇权命令和物质刺激下,师傅们纷纷拿出祖传绝技,极大地提高和推广了当时各行业的职业技术水平。

3. 出版了大量的职业教育教材

此时反映农牧业技术的教材有《沈氏农书》《补农书》《知本提纲》《幽风广义》《江南催耕课稻篇》《烟草谱》《木棉谱》《金薯传习录》等;反映畜牧兽医技术的教材有《元亨疗马集》和《养耕集》;传授种棉织布的教材有《木棉图说》;传授园林建筑技术的教材有《园治》;传

授经商计算服务的教材有《算法统宗》《盘珠算法》等。

4. 专门学校的发展完善

这一时期,专门学校的发展主要表现为学科增多,规模扩大,管理日趋完善,如元朝在全国各地创办了"社学"。"社学"是中国古代政府积极倡导的一种地方教育形式,广泛设立于全国的各个地方,尤其在乡村更多,规定了凡是农田、水利、树艺、鱼畜等职业教育,都在社学中进行。社学的创建对农民学习各种农事知识和技艺起到一定的促进作用,是我国古代建立的一种兼有文化教育和职业教育的学校,比欧洲 1723 年在英格兰建立的农业知识改进会早 400 多年。

二、我国近代职业教育的发展

中国近代职业教育肇始于西学东渐、西方文化对中国文化产生了巨大冲击的历史背景之中。在古代社会,中国与西方处于相对隔绝的状态,彼此之间并不很了解,"一个世纪接着一个世纪,西方人看东方是神秘的东方,东方人看西方是奇异的西方"。自新航路开辟和地理大发现后,世界文明进入近代的历程。然而,中国却仍然在原地打转,甚至实行闭关锁国政策,故步自封。因此,中国的政治、经济和文化教育制度在数百年的昏睡中逐步落后了。而西方国家则在地理大发现的刺激下,生产力水平发生了质的改变,工场手工业取得了迅速的发展,并在工场手工业发展到一定高度的基础上发生了工业革命。工业革命的发生标志着人类的生产方式由手工劳动到近代机器大生产的转变。与此过程对应的是与传统经济方式联系在一起的古代职业教育也逐步向近代职业教育转变。

(一)借鉴与初创时期(1902—1912 年)

1840 年鸦片战争后,中国出现了零星的民族资本主义机器工业,但其科学技术发展与同时期的西方差距很大。19 世纪 60 年代,严重的民族危机致使清政府内部掀起了自强求富的洋务运动,开始了实业教育。职业教育主要是为了学习外国的先进科学技术,以培养富国强兵的技术人才。在这一时期,我国的一些进步人士大胆地引入和传播了西方自然科学和新的世界观,打破了中国几千年来的科举教育和自我封闭教育,使我国教育开始觉醒并开始进入世界新教育体系之中。1866 年,左宗棠创立了福建船政学堂,此后各地新式学堂纷纷建立,这些新式学堂基本上是以军事工业为核心的产业技工培训,多分布在沿海、沿江、沿铁路的地区,规模很小,层次单一,还谈不上什么体系,但这些新式学堂的建立,为我国近代职业教育体系的形成奠定了基础。

1902 年,清政府拟定了《钦定学堂章程》,即"壬寅学制"。"壬寅学制"中将实业教育纳入到学制,但只在各级普通学堂章程中略微提及,以一种附属的形式存在于学制中,并未作独立表述。

1904年,张百熙、张之洞、荣庆等大臣参照日本学制,"近酌旧章",合拟了《奏定学堂章程》,即"癸卯学制",并正式颁布实施。在这一学制中,实业教育第一次以相对独立和完整的形态出现,并有了一系列与之配套的法律,标志着我国近代职业教育体系的初步建立。

1912年,《壬子学制》颁布,在全国推广实业教育,强调以就业为目的。辛亥革命后,西方各种思潮不断涌入中国,并为中国知识分子所接受,加之中外往来的加强,由此推动了新文化运动的产生,并形成了五彩斑斓的教育思潮,其中有教育改革思潮、国民教育思潮、军国民教育思潮、职业教育思潮、实用主义思潮、工读主义思潮、国家主义教育思潮及留学教育思潮等。1912年7月,在蔡元培的大力领导下,国民党政府发布了国民教育宗旨:"注重道德教育,以实利教育、军国民教育辅之,更以美感教育完成其道德"。在此教育宗旨中,首先提到的是道德教育,其次提到的是实利教育,即职业教育。

(二)承袭与探索时期(1912—1949年)

从1912年到1949年的历史进程中,一方面当时的政府效仿西方制订并颁布了一系列的学制和职教法律法规,促进了职业教育规模的扩大和职业教育体系的进一步发展。另一方面,以黄炎培为代表的一大批教育家、实践家孜孜以求,积极汲取国外先进的职业教育思想,在实践中不断探索建立适合中国本土经济的、与中国传统文化相适应的职业教育体系。

从1902年到1949年的半个世纪历程中,中国职业教育体系有了一定的发展。在层次上,借鉴了当时的英、美、德、俄的许多做法;在阶段上,职业启蒙、职业准备和职业继续教育齐全;在形式上,有学校教育制和学徒制;在分布上,地区之间的不平衡有了很大改观。职业教育体系结构的结合方式有职业学校制、学徒制和综合中学制。但是,由于中国职业教育起步迟,经济社会发展滞后,加上内忧外患,一会儿借鉴日本,一会儿承袭欧美,职业教育体系还不能适应经济社会的发展,特别是不能适应广大劳动人民群众接受职业教育的迫切需要。

(三)改造与受挫时期(1949—1978年)

1949年10月,中华人民共和国成立,社会主义建设事业急需数以万计的熟练掌握应用技术知识和工作技能的技术工人。我国职业教育积极借鉴苏联的教育模式和管理体制,得到了较快的发展。1952年3月,政务院发布了《关于整顿和发展中等技术教育的指示》,明确表示培养技术人才是国家经济建设的必要条件,大量地培养中、初级技术人才尤为当务之急。为此,在"一五"计划时期,我国相继建设了许多中等职业学校、技工学校,成为我国培养中、初级管理和技术工人的主要阵地。据统计,1949年,我国有中专和技校在校生24.4万人,到了1957年,有中专和技校在校生84.4万人,约为中华人民共和国成立初的4倍。另外,我国的工矿、企事业单位还通过采取学徒制、短期培训和非脱产培训等方式培养了大批的熟练技术工人,较好地满足了国家建设对各级各类应用人才的需求。

1958年的"大跃进"运动使职业教育深受影响,出现了一哄而上、盲目发展的失控局面。首先,1957年,中专学校是1320所,在校生人数是77.8万人,到了1960年,中专学校发展到6225所,在校生人数达到221.6万人,分别是1957年的4.7倍和2.8倍。其次,1957年,技工学校是144所,在校生人数是6.68万人,到了1960年,技工学校发展到2176所,在校生人数是51.68万人,分别是1957年的15倍和7.7倍。特别地,农村职业中学从零起步发展到1958年的2万多所,在校生230万人,发展速度令人吃惊。盲目发展的结果是大批学校徒具形式、名不符实;学校办学条件差;合格老师严重短缺;学生的理论水平和实际能力都非常差,整体素质十分低下。在国家"调整、巩固、充实、提高"八字方针的指引下,我国职业教育也进行了调整和整顿。中专学校、技工学校从学校数到在校学生人数都调整到了一个合理的水平。1964年,中专学校调整到1611所,在校生人数减少到53.1万人;技校调整到334所,在校生人数减少到12.37万人;农村职业中学调整到15108所,在校生人数减少到112.3万人。通过这样的调整,中等专业学校数及其学生人数与国民经济的发展大体平衡。

在"十年动乱"时期,我国职业教育事业遭到重创,出现了严重的倒退。中等职业教育结构严重失衡:"双轨制"教育之一的职业教育受到批判;刘少奇的"两种教育制度,两种劳动制度"的主张也受到批判;大批职业学校停办,许多学校及其实习场地被挪作他用,大量的教学设施遭到破坏,大批教师改行。到1969年,我国中专学校减少到1058所,为历史上最低,在校生只有3.8万人,而农村职业中学在此期间为一片空白。

改造与受挫这一时期,我国职业教育体系经历了除旧呈新的转变。职业教育体系性质上,逐步改革为民主的、大众的教育;层次上,分为初等和中等,以中等技术教育为主;类别上,分为工科、农林、医科、财经、政法、体育、文教、艺术、旅游服务等;阶段上,职业启蒙阶段仍在小学进行,职业准备阶段的教育主要在初、高中进行,职业继续教育阶段在各类中高等院校、业余学校进行;形式上,分为学校教育和学徒制,企业、工厂、农场和军队等也参与到职业教育办学中;分布上,城乡二元结构明显,但较中华人民共和国成立前已有很大改进。

(四)完善与创新时期(1978年至今)

完善与创新时期,我国职业教育体系建设拉开了新的序幕,并逐渐形成具有中国特色的职业教育体系。

1978年召开的全国教育工作会议指出,要提高教学质量、提高科学文化的教育水平,使受教育者在德、智、体几方面都得到发展,成为有社会主义觉悟的、有文化的劳动者。这次会议的成功召开标志着我国职业教育的发展开始摆脱"文化大革命"的桎梏得到恢复和发展。这一时期,中国也开始了由计划经济体制向社会主义市场经济体制的转变。

为了适应经济体制改革,1985年中共中央颁布了《关于教育体制改革的决定》,提出建立一个能与普通教育相互沟通的职业教育体系,推进了职业教育的发展。1991年,国务院颁布了《关于大力发展职业教育的决定》,这是我国第一次由国务院颁布要求大力发展职业教育的决定,明确了职业教育进一步发展的目标和任务。1992年,中共十四大明确提出建立社会主义市场经济体制,中国的各项改革事业开始进入一个新的时期。职业教育开始逐步摆脱仅以政府主管部门主导的局面,开始尝试以市场为导向的改革阶段,甚至出现了完全以满足市场需求为主的民办职业教育学校。但是,1999年后,随着高等教育扩招政策的实施,高等教育开始由精英阶段向大众阶段转变,连年的扩招,其生源又主要来自普通高中毕业生,因而使得"普高热"升温,严重冲击了职业学校的生源,使得职业教育的规模出现萎缩。

2002年后,职业教育进入以"满足市场需求,强化专业服务,促进社会就业"为特色的科学发展新阶段。2002年,国务院出台了《国务院关于大力推进职业教育改革和发展的决定》,第一次明确提出职业教育坚持以就业为导向,推动职业教育转变办学模式,逐步完善职业教育管理体制。2004年,教育部与国务院有关部委再次召开全国职业教育工作会议,并出台了推进职业教育发展的政策措施,强化部际联席会议制度,合力推进我国职业教育的发展。2005年10月,国务院颁布的《国务院关于大力发展职业教育的决定》指出,要把发展职业教育作为经济社会发展的重要基础和教育工作的战略重点。2005年,第六次全国职业教育工作会议进一步明确了职业教育在我国经济社会发展和教育工作中的重要地位,并首次提出要发展中国特色的职业教育,建立和完善有中国特色的现代职业教育体系,是我国职业教育发展史上新的里程碑。2007年,党的十七大进一步明确"要优化教育结构,促进义务教育均衡发展,加快普及高中阶段教育,大力发展职业教育,提高高等教育质量,健全面向全体劳动者的职业教育培训制度,加强农村富余劳动力的转移就业培训",这为我国职业教育的改革与发展指明了方向。

2014年6月,国务院印发《关于加快发展现代职业教育的决定》(以下简称《决定》),全面部署加快发展现代职业教育。《决定》明确了今后一个时期加快发展现代职业教育的指导思想、基本原则、目标任务和政策措施,提出"到2020年,形成适应发展需求、产教深度融合、中职与高职衔接、职业教育与普通教育相互沟通,体现终身教育理念,具有中国特色、世界水平的现代职业教育体系"。这是党中央、国务院做出的重大战略部署,对于深入实施创新驱动发展战略,创造更大人才红利,加快转方式、调结构、促升级具有十分重要的意义。

三、国外的职业教育发展概述

国外的职业教育紧紧围绕着经济发展、行业特色而进行,实实在在地为本国的经济建设服务,提高了本国的综合国力。国外职业教育发展模式对我国高等职业教育发展有很多值得借鉴的地方。

(一)德国"双元制"职业教育模式

"双元制"是一种国家立法支持、校企合作共建的办学制度。"双元制"培养模式最早出现于德国的职业学校,随着产品、服务及知识的快速变化对职业教育提出了新的要求,对高质量劳动力的需求更显重要。

在德国,德国联邦法律规定职业技术人才必须通过"双元制"模式培养,"双元制"中的一元是指职业学校,其主要职能是传授与职业有关的专业知识;另一元是企业或公共事业单位等校外实训场所。进入职业教育的学生(指从2~3类中学毕业并取得相应资格的人),在受教育之初,就要签订从事生产实践的劳动合同,并按法律要求在联合会或行会登记备案,在师傅的指导下参加实践劳动。这些签了合同的学生在参加劳动的同时,还要在各州办的职业院校参加理论学习,接受严格的实践和理论并举的双轨制教育。

"双元制"职业教育的学制一般为3~3.5年,理论学习时间占三分之一,生产实践时间占三分之二。在生产实践和理论学习达到联邦法律要求的资格后,学生需要参加全德统一的职业资格考试,考试合格人员取得职业资格证书方能成为正式的企业员工。经过3~3.5年的职业教育毕业取得相应职业资格后,学生要经过5年生产实践,并经过国家考试合格才能取得师傅资格,这样才能具备独立经营和带徒弟的资格。

"双元制"职业教育模式的主要职能,是让学生在企业里接受职业技能方面的专业培训。这种"双元制"模式针对性较强,重能力,能充分调动企业办学的积极性。在这种制度保证下,企业不仅会制订完善的培训规划,促进专业理论与职业实践相结合,强化技能培养,而且还提供充足的培训经费,使教学有足够的物质保证。这种模式对德国高素质劳动者的培养,产品的高质量,以及保持其经济在国际上的竞争力,都起着重要的作用。但其对企业的过分依赖,培训职业的过分专业化,使其极易受到经济发展起伏的制约。德国"双元制"职业教育的特点见表 2-1。

表 2-1 德国"双元制"职业教育特点

双元制职业教育	企业	学校
培训主管单位	联邦政府	州
培训法律依据	联邦职业教育法	职业学校条例
培训内容	企业培训条例	教学大纲
培训监督	行会	州文教部
培训经费	企业	州

(二) 美国、加拿大 CBE 职业教育模式

"以能力为基础的教育(Competency Based Education)"简称 CBE,产生于第二次世界大战之后,现在广泛应用于美国、加拿大等北美的职业教育中,也是当今一种较为先进的职业教育模式。

二战期间,当时美国急于生产军火,需要对从事军工生产的工人、技术人员进行职业培训,时间紧、要求高,急需一种很快奏效的教学方式。休斯顿大学心理学教授布鲁姆根据社会化大生产对职业技师分工越来越细的特点,强调进行针对性的培训和再培训,逐渐形成一套比较先进的职业教育理念。美国职业教育界根据布鲁姆提出的相关教学理论开发出一种基于能力本位的教学模式。20 世纪 70 年代后,西方各国出现了大规模的经济危机,人们在经历过失业、经济萧条等所带来的一系列问题后,对二战刚结束时提倡的知识本位的学习进行了反思。人们开始意识到新的技术和经济萧条交错而至,使得在西方社会,人们的职业频繁改变。职业中的个人实践化技能比拥有理论化的知识更重要。CBE 正是在这样的情况下诞生的,它强调的是个人的一种岗位能力。加拿大在提倡能力教学中走在了世界的前列,其特点是以任务技能的操作为目标,用任务分析法把岗位分解成若干任务,以量化的标准评价,采取个别化的学习方式。

CBE 模式课程从知识、技巧、态度、反馈四个维度进行综合学习,如果四项能力都能达标,则可以构成一个专项能力。而每一个职业能力又会把其需要的能力分解成 8~12 项综合能力,每项综合能力又能分解成 6~30 个专项能力。当学生掌握了所有这些能力

后,就认为该学生掌握了这项职业需要的基本能力。传统职业课程与 CBE 模式课程的比较见表 2-2。

表 2-2 传统职业课程与 CBE 模式课程的比较

比较项目	传统职业课程	CBE 模式课程
课程内容	专业划分以内容为主	以职业分析和能力分析为主
教学目标	目标抽象,研究学什么	目标具体,研究能干什么
教学方法	教师讲授	学生自主学习,教师辅助
效果反馈	反馈滞后	反馈及时,便于控制
学习时间	限制性的课堂学习	不限制时间,以表现为主
课程设置	固定课程学习	以需求选择课程
教材教具	刚性整体	模块化、组合化、标准通用化
教学标准	常规标准,主观标准	具体工业标准,客观标准
教学评价	分数评价	能力评价
教学需求	群体需求	个体需求

(三)澳大利亚的 TAFE 职业教育模式

在澳大利亚直接承担职业教育的主要实体是 TAFE(Technical And Further Education,技术与继续教育学院)。TAFE 虽然是学院,但实际上学员 80% 的时间是在工作现场进行工作本位学习,只有 20% 的时间是在 TAFE 进行的学校本位学习,它实际上是一种新型的现代学徒制度。新学徒制中,学徒在职业学校的学习,主要由澳大利亚各州和地区内的 TAFE 承担,也可以在其他提供职业教育与培训的学校和场所完成。TAFE 是在澳大利亚政府直接指导下建立并逐步发展起来的,是澳大利亚职业教育与培训的主力军。

1. 新型的现代学徒制度的内涵

新学徒制规定,提供学徒培训的雇主与学徒之间应签订培训合同,同时培训合同要在相关的州和地区的培训局注册。为了使新学徒制得到良好的发展,澳大利亚各州和地区都设立了 300 多所新学徒制培训服务中心。服务中心免费向社会提供服务,帮助培训机构(企业或公司,职业学校)和学徒双方达成培训协议,获得政府的财政资助。服务的具体内容包括:为学员提供拟从事的行业和职业的相关资料,帮助学员寻找适合自己的培训机构,协助学员填写必备的表格,合理安排培训内容、时间和活动,签订培训合同。落实学员学习培训期间的福利待遇和工资等事宜。

2. 新学徒制的培训项目和依据标准

新学徒制的培训项目和依据标准是澳大利亚全国统一的资格框架(Australian Qualification Framework)和在资格框架下的培训包(Training Package)。各培训机构和TAFE都以这两个标准对学徒进行培训和开设课程,并按培训合同规定的要求达到职业和行业所要求的能力标准,使学徒在培训学习结束后获得全国认可的资格证书。

3. 发挥行业组织在职业能力标准制定中的作用

首先由学校聘请一批行业中具有代表性的专家组成专业委员会,按照岗位的需要层层分解,确定从事这一职业应具备的能力,明确培养目标。然后再由学校组织相关教学人员,按照教学规律,将相同、相近的各项能力进行总结、归纳,构成教学模块,制定教学大纲,依此施教。其科学性体现在它打破了以传统的公共课、基础课为主导的教学模式,强调以岗位群所需职业能力的培养为核心,保证了职业能力培养目标的顺利实现。课程内容涉及面很广泛,具有较强的针对性和实用性。无论学生的择业方向如何,还是从业人员出于提高其专业技能的需要,都可以选择适合的课程进行学习。凡是在全国开发的课程每五年全部修改一次,平时还有常规、短期和临时的修改,以便跟上技术发展的步伐。

4. 增加职业教育投入,建立高素质的职业教育教师队伍

澳大利亚联邦政府及各州政府十分重视 TAFE 学院学习条件的改善与优化,投巨资建设实验室、实习工场,配备先进的仪器设备,并不断淘汰更新,以满足教学的需要。在澳大利亚 TAFE 的新型现代学徒制度下,教师结合实际情况进行指导,学生可以进行一线操作,学生能够深入企业的每个环节,大大提高了学生的实际工作能力。

TAFE 学院的教师一般至少有 3~5 年行业专业工作的经验。这是通过教师的招聘标准实现的。TAFE 学院的教师全在有实践经验的专业技术人员中招聘,如会计专业课程的教师是从注册会计师中招聘的。在澳大利亚没有直接从大学毕业生中招聘职业教育教师的现象。

相关链接一:主要国家职业教育模式

1. 德国:"双元制"模式

"双元制"是德国高等职业技术教育最引以为豪的主要运作模式。这是一种将企业与学校、理论知识与实践技能紧密结合,以培养应用型专门人才为目标的职业教育模式。学生既在企业中接受技能和专业知识培训,又在职业学校中接受专业理论和文化知识的教育。"双元制"的最大特点在于注重生产的实践性，要求学生在入学前须有企业实习经历，同时也注重企业的融入性，即学校按企业的要求培养高级技术人才，企业为学校提供财力资助和实训条件，达到学校和企业双赢的目的。

2. 美国："社区学院"模式

美国高中毕业生有一半会选择前往社区学院就读，社区学院已成为美国职业教育中非常重要的组成部分。社区学院的特点在于：第一，办学形式灵活多样。社区学院充分利用学校的教育资源，从社会需求出发，力求教育服务功能最大化。第二，学校与社会、企业密切合作，因此理论和实践结合紧密。第三，高素质的师资队伍。要求专业课教师必须具有在企业相应岗位工作的实际经验。第四，入学简便，收费低廉。

3. 英国："工读交替"模式

为了培养满足企业需要的工程技术人才，英国许多学校实行了"工读交替制"的合作教育模式。这种方式便是人们常说的"三明治"教学计划。这种人才培养方法分为三个阶段：学生中学毕业后，先在企业工作实践一年，接着在学校里学习完两年或三年的课程，然后再到企业工作实践一年。此外，英国还实行第一、二、四学年在学校学习三年理论，第三学年到企业进行为期一年的实践培养方式。

4. 俄罗斯：力推"大职业教育"理念

依照《联邦教育法》，俄罗斯的职业教育分为四个层次：初等职业教育、中等职业教育、高等职业教育和大学后职业教育与补充职业教育。这种"大职业教育"理念，使得中等职业学校为了满足所在区域的要求，开始更加关注本地企业所需雇员的培养。同时，俄罗斯在初等职业教育阶段通过建立国家教育标准加强对人才培养质量的管理，它规定了成人教育工作者要从事教育活动必须具备的能力、习惯、知识和个性品质，甚至还规定了他们所需的学科的最低限度。

5. 日本："职业教育"模式

现代经济社会发展实践证明，职业教育已成为提高人力资源素质的重要途径，成为提升和巩固国家、地区核心竞争力的重要途径。日本经济迅速发展，其职业教育的模式值得关注。

（1）政府主导，依法治教。1958年的《职业教育法》，1963年的《失业紧急对策法》，1978年的《部分修改职业教育法》等，各项法律成网式结构，法令与政令、基本法与普通法的结合是主要特点。

（2）"产学合作"独具特色。日本参考德国的"双元制"教育方法，日本有两种方法：一种是走高中和企业的合作模式；另外一种是走大学和企业界的模式。通过"企业投资""校企人员交流"等模式,这种校企合作办学的模式可以在短期内提高企业员工的素质,对企业吸收和消化国外先进技术以及自我创新和提高生产效率发挥了重要作用,从而也实现了教育成果向生产力的转化。

(3)教学与课程形式的日趋多样化。1994年之后,日本改革职业高中,创办了很多跨学科、多科学、多教育层次的综合性高中以及选修高中,职业高中趋于多样化,并且开办了很多短期大学。

6. 非洲国家的职业教育模式

非洲有54个国家,包含埃及、南非、尼日利亚、安哥拉、加纳、科特迪瓦、索马里等。大部分人都不了解非洲地区,也不关心他们的教育模式。但是,由于非洲地区与我国有着相似的教育背景,也有发源于古埃及等悠久的历史,他们的职业教育历史也像古埃及文明一样悠久,在职业教育方面有着独特的探索,形成了自己特有的职业教育模式。一般来说,非洲国家的教育模式主要分为全日制职业学校模式和学徒制职业教育模式两种。

1) 全日制职业学校模式

在非洲国家,全日制职业学校主要有三种办学模式:

一是职业预备学校。职业预备学校的学制是一年,属于义务教育的另一种形式。职业预备学校设置的最初目的是为了让结束义务教育之后想参加工作的青年能够更好地过渡。根据学生们的兴趣、爱好、能力及智商的差别,学校提供最好的条件保证学生顺利成为学徒或进一步学习。学生可以从木工、机械、建筑、商业和秘书、服务业、旅游业等科目中选择自己感兴趣的科目。根据每个学校的不同情况,学生也可以从学校自主开设的一些科目中选择。在普通课程和专业课程中采用一些实用的教学方法和学习方法,提高对学生的实际生活知识和专业技能(如打字、速记等方面)的教育,激发学生的学习兴趣。学生到培训基地、部分时间制学徒培训学校及工厂实践见习,对将来的职业选择起到良好的引导作用。

二是中等职业技术学校。中等职业技术学校不仅传授基础知识,同时也对专门行业提供职业培训实践机会。所有的中等职业技术学校都属于全日制学校,与实行学校和学徒双轨制的职业教育是等同的。其学制1～4年不等(但是典型的是3或4年制),专业设置包括学徒培训行业中的专业,也包括许多普通教育。学生顺利完成这种学校的学习就可以取得职业执照。这种执照有时比双轨制下颁发的资格证书适用的范围要广。根据不同的专业,学制为1～2年(初级职业培训)或3～4年(高级职业培训)。

三是高级中等职业技术学院。高级中等职业技术学院学制为5年,与中等职业技术学校的主要区别在于:高级中等职业技术学院的学生通过高中毕业考试后可以取得上大学的资格;而中等职业技术学校的学生没有高中毕业考试,也没有直接上大学的资格。这类学校已经成为非洲国家学校教学制度的骄傲,因为它不仅培养了优秀的职业人才,还为一定比例的人升入高等教育提供了途径。

2) 学徒制职业教育模式

在非洲国家,现代学徒制的确立既是对传统学徒制的继承,也是对其批判的结果。中世纪时,在非洲国家,技术的传承主要采用传统的学徒制模式完成。行会为了确保本行业健康发展,制定若干规定,以此为标准对本行业的从业人员的职业技能、职业道德进行培训。在行会的组织下,学徒与行会师傅签订学徒合同,在师傅的亲自指导下学习各种技能。随着现代工业的逐步兴起,尽管行会逐渐走向衰落,但是作为行会组织的一部分的学徒制却保留下来。非洲国家现行的学徒制于1970年才最终确定下来,是职业教育和培训的一种重要教育模式。它同全日制职业学校模式处于同等地位,但却更强调实践培训。因为培训要在两个地点进行:企业的营业场所和部分时间制学徒培训学校。正因为如此,学徒制又称为双元制。从传统意义上说,学徒制一般与手工行业密切联系,因为几乎一半的学徒都在传统行业培训。

在整个学徒培训体系下,企业培训占了80%。职业培训是在完全真实的环境中进行的,学徒在培训过程中必须掌握所需的知识和工作技巧。从学徒培训方案里对学徒培训应达到的目标看,学徒培训结束后完全有能力立即上岗。在非洲国家,职业教育发展迅速,与全日制职业学校模式和学徒制职业教育模式相互配合、互相补充是分不开的。

第三章　职业教育的功能

学习目标
1. 掌握职业教育的社会功能。
2. 掌握职业教育的经济功能。
3. 掌握职业教育的个体发展功能。
4. 理解职业教育与人力资源的相互关系。

从社会学的角度看，所谓功能，指的是某事物根据自身的结构特点及其在整个社会系统中的位置，对整个社会系统及构成该事物的各要素所具有的影响和作用。由此推演职业教育的功能，是指职业教育根据它自身的结构特点及职业教育在整个社会系统中所处的位置而产生的对其他社会子系统及构成职业教育的各要素所具有的影响和作用。它回答的是"职业教育能够干什么"的问题。随着人类社会的不断发展，职业教育的功能也在不断发展和丰富。总的来说，职业教育对整个社会发展产生的影响和作用，主要涵盖人的发展和社会的发展两方面。

第一节　职业教育与社会进步

经济全球化导致世界产业结构的调整，为中国成为世界制造中心创造了一个极好的机遇。但目前来看，中国的工业化程度还不是很高，中、低端制造业仍占据着主体地位，在由劳动密集型产业向技术密集型产业转化和由中、低端制造业向高端制造业发展的过程中，中国仍需要数以亿计的高素养的劳动者和数以千万计的专门人才。而由这些专门人才组成的高技能、专业化的劳动大军，是将先进的科学技术和机器设备真正转化为现实生产力的关键因素。职业教育是工业化、社会化和现代化的重要支柱，它以培养社会大量需要的、具有一定专业技能的、熟练劳动者和各种实用人才为主，对促进劳动者就业和再就业、维护社会稳定、促进经济与社会发展具有重要的推动作用。

一、职业教育对经济发展的作用

（一）经济结构的调整呼唤职业教育快速发展

全面建设小康社会，构建和谐社会，促进经济又好、又快地发展，对职业教育提出了更高的要求。对职业教育的认识已不能仅限于对大众实施职业技能培训的狭隘教育，而应该把职业教育办成以国家、社会和个人的可持续发展为根本出发点的终身教育，既要针对特定的岗位、工种为学生提供相应的职业教育与技术培训，培养学生的职业岗位能力，使他们具备一定的职业技能和就业能力，又要为未来劳动者的全面发展打下扎实的基础。

经济结构的不断调整和产业结构的不断变化，催生出许多新的岗位，细化出许多新的工种，这些岗位和工种需要大量的高素质、高技能的人才进行充实。所以，职业教育要顺应技术进步和劳动力市场变化的趋势，培养受教育者的创造意识和创业精神，提高他们的岗位适应能力，以应对不断变化的人才需求市场。

能不能把科技成果迅速转化为现实生产力，生产出高质量、高性能、高附加值的、竞争力强的产品，很大程度上取决于生产一线有没有高素养的产业工人队伍。随着经济结构的调整，构筑人才支撑体系已成为建设先进制造业基地的重点保障措施，这就要求职业教育必须培养一批适应先进制造业发展所必需的经营管理人才和工程技术人才。

经济结构的调整，强烈呼唤职业教育根据市场需要增强专业设置的灵活性和针对性，培养大批的技术型和实用型人才充实到生产第一线，这样才能将高新技术转化为实用技术，把新技术、新工艺、新方法真正应用于生产过程，从而提高科技含量，提高经济增长速度。

（二）职业教育对经济发展的作用

1. 为经济发展培养多层面的人才

社会对人才的需求是多样化、多层次的，缺少哪一类人才都会影响社会的正常运转。要实现全面建设小康社会、构建和谐社会的总目标，实现经济的稳定、持续发展，不仅需要研究、设计、规划、决策的学术型、工程型人才，还需要一些受过职业教育的高素质劳动者以及在生产或工作第一线从事生产技术和经营管理的技术型和管理型人才。

职业教育在城市要承担实施就业、再就业培训工程的任务，在农村要承担实施职业教育富民工程的任务，要改变人们的就业、择业观念，把引导人们终身学习和参加知识、技能培训作为支持就业和再就业工程的一项长期任务。职业教育要根据西部大开发战略的实施和城镇化建设推进的需要，调整职业教育结构，强化人才培养，大力发展各类培训和社会服务,使西部地区职业院校成为多功能、综合化的服务实体,成为农村人力资源开发、技术培训与推广、劳动力转移培训和扶贫开发服务的基地。

2. 不断引进新技术、新工艺,推动经济快速发展

中国现在处于工业化的中期,工业化中期一个很大的特点就是重化工业。重化工业是资金和知识含量都较高的基础原材料产业,对资金、技术、人才的需求是一体的,对劳动者素质的要求很高。20世纪50年代,工厂的老师傅主要靠操作经验工作;但到了60~70年代,工厂建立了监控室,就要看仪表、做原始记录了;到了80年代,企业大部分都使用分布式控制系统(DCS)。这一技术水平的提升,正是得益于职业教育不断引进新技术、推广新工艺。所以,企业要实现现代化经营管理,提高自身在市场上的竞争力,必须培养一批善于钻研、勇于创新、懂技术、有能力的高素质专业技术人才,而职业院校就是企业最好的人才培养基地。

(三)要实现与时俱进,就要加快发展职业教育

1. 社会不断发展,带动经济结构不断调整,人们必须逐步适应新型工业化的要求

经济发展的历史表明,随着经济的发展和人均收入水平的提高,劳动力首先由第一产业向第二产业转移,即传统的第一产业让位于第二产业,与工业化配套的交通、电信、商业、金融等行业得到迅速发展,使第三产业进入到仅次于第二产业、位居第一产业之后的位置。在这一阶段,第一、第二产业无论是劳动力,还是国民收入的相对比重都趋于下降,工业(特别是传统工业)在国民经济中的比重下降,而第三产业的劳动力和国民收入份额都保持上升趋势。随着服务行业的蓬勃发展,第三产业的位置将跃居第二产业前,呈现出从农村经济到工业经济、再到服务经济的产业结构。

在经济发展的过程中,第三产业的发展是建立在工业内部结构的有序演变基础上的。因为在第三产业中,多数属于新兴产业的关联产业,或者为这些产业服务的行业。所以,孤立地发展第三产业不行,光靠第一产业的拉动也不行,必须走工业化的路子,发展高加工化、高附加值和高技术化的工业产业。高加工化,意味着工业加工层次的不断深化,加工组装工业的发展大大快于原材料工业;高附加值,指随着高加工化带来的工业增加值的提高;高技术化,指建立在高新技术基础上的产业迅速发展,主要表现为新兴工业、高新技术产业越来越占据主要地位,而基础工业、传统工业比重逐渐下降。只有让第二产业得到充分发展,在数量与效益方面产生质的飞跃,才能真正带动、促进第三产业发展。在这种情况下,要使经济实现跨越式增长,就需要大量的人才,而且是生产第一线的高级技术人才。

2. 社会的不断发展,促使新技术、新工艺不断出现,人们需要不断学习

计算机技术,通信与信息技术,生物工程技术,新能源、新材料技术的发展,将进一步促进传统工业的升级改造和新兴技术型、知识型产业的发展,而这些改造和发展都将更多地依赖于人的知识和技能,依赖于对新技术的掌握和劳动者素质的提高,所以,人们要适应社会发展的需要,就要不断地学习新技术、新工艺。

中国有世界一流的科技人员,这是许多国家望尘莫及的,但中国的技术工人在有些方面甚至还不如某些东南亚国家。由此可见,中国缺少的并不是高科技开发人才,而是能够将高科技转化为生产力的技术人才、管理人才。中国要改变工业生产过程中出现的"一流设备,二三流产品"的现状,要改变粗放型经济增长模式,就需要充分发挥职业教育的作用,大力培养技能型人才,大力培养掌握新技术、新工艺的高素养人才。

3. 社会的不断发展,对社会主义新农村建设提出更高的要求

从全面建设小康社会的目标看,到2020年,中国城镇化水平要达到50%～55%,这意味着将有2亿农业劳动力转为非农劳动力,农村人口转为城镇人口,其中大多数是农村富余的青壮年劳动力。城镇化战略的实施赋予了职业教育新的使命,它通过职业教育、职业岗位培训帮助农民掌握劳动技术,提高从业能力,使他们能够顺利进城务工,将无序流动变为有序流动。职业技术教育是实现推进城市化进程的重要动力。在这一过程中提高了进城青年农民的素养,并推动了农村教育的普及,从而把沉重的人口负担转化为巨大的人力资源优势。

建设社会主义新农村,归根结底就是要做好农村人力资源的开发工作,要正确把握农村城市化的发展趋势和特点,找准农业和农村经济发展的关键,选择与之相适应的职业教育。农村城市化建设对农民提出了更新、更高的要求,不仅要求他们具备规模经营和提高附加值的能力,还要具备根据市场变化的需要自觉创新的能力,而且能够自觉学习,不断提高自身的技术水平和职业技能。这是一个对人的素养和能力的锻造过程,是一个对人的意志和品质的磨炼过程。要完成这一紧迫而艰巨的任务,职业教育必须制定前瞻性的发展战略,根据当地第二、三产业和优势产业的发展方向以及产业、产品结构调整优化思路,确定劳动力转移、转岗培训计划,有重点地开展农业劳动力转岗培训。

农村职业教育是中国职业教育的重点和难点。在中国,农业、农村和农民问题是关系改革开放和现代化建设全局的重大问题。而农村现代化建设是中国现代化建设的关键,也是难点。推进农村现代化建设,首先必须加快农业生产的现代化。科教兴国、科教兴农是促进中国现代化(特别是农业现代化)的重要战略措施。目前,以生物技术和信息技术为主的新的世界农业科技革命序幕已经拉开。在这种形势下,农村职业教育不仅要能够培养大批实用人才,而且要成为引进和应用技术的典范、创造效益的实体、推广技术的载体,真正发挥农村产业发展总链条中最基础一环的作用。加快农村职业教育的发展,对提高农村劳动力的素养和生产技能、加大农业的技术含量、促进劳务开发和农村剩余劳动力的转移都具有十分重要的现实意义。

二、职业教育对社会发展的作用

(一)职业教育是提高劳动者素养的根本

1. 职业教育的地方性特征表明,职业教育是为当地培养人才

从职业教育的地方性特征看,地方区域人口是当地职业院校培育的重要目标,职业教育要面向市场、面向社会、面向未来,必须紧密结合地方人才市场的需求,制定出符合当地行业、企业岗位标准的人才培养方案,设置相应的专业课程,突出地方特色。职业教育的办学目标是为企业提供定向的学历教育、技术人员的继续教育与求职人员的技能教育。一方面,当地职业院校接受地方企业委托,定向地培养人才;另一方面,当地职业院校为了满足在岗职工对较高层次的学历需求和技术人员的继续教育需求开展职业教育。从这两方面看,当地职业院校的培养对象大多来自区域人口。

2. 职业教育是提高区域人口素养的根本

对于一个就业者来说,既要具备社会层面的素养要求,又要具备职业层面的素养要求;只有满足了这两方面的素养要求,才能立足本职工作,适应社会,持续发展,实现自我。职业教育就是为了满足就业者的这一需求而不断发展自己、完善自己,以求更好地适应社会需要,适应就业者的需要,适应企业、行业的需要。当前,职业院校的首要任务就是以市场需求为目标,以就业需求为出发点,将素养教育、创业教育、职业指导教育等贯穿于整个课程体系的开发及课程教学的过程中,加强学生的职业道德培养和职业素养培养,加强学生的创新精神和实践能力的培养,在反复的学习与训练中打造出生产一线需要的实用型和技能型高级人才,从而提高区域人口的整体素养。

(二)职业教育的发展促进社会进步

随着经济体制改革的进一步深入和中国产业结构的继续调整,农村劳动力继续向城镇转移,新生劳动力源源不断地走向就业市场。紧迫的就业形势为职业教育的发展提供了强大的动力,给职业教育带来了前所未有的发展机遇。当今社会,通过多种岗位知识、岗位技能培训,不断提高从业能力已成为劳动者生存之必需,成为就业者发展之必需。职业教育提升的不仅仅是人的技能,它实施的是对人全方位的教育,包括人的意志品质、道德水准、职业素养、职业能力等。只有作为社会个体的人有了全面的发展,才能体现出社会的发展、进步。作为知识形态的、潜在的生产力的科学技术,只有通过职业教育,才能实现再生产;只有通过职业教育,培养出掌握科学技术和技能的劳动者,才能使潜在的因素转化为现实的因素,才能真正实现科技发达、社会进步、经济发展。

1. 个人的职业发展离不开职业教育

现代科学技术的发展速度可谓日新月异,那种一技学成、终身受用的时代已经成为过去,继续教育已成为现代社会人们普遍接受的教育理念。通过继续教育,人们获取与时代相适应的知识和必要的能力,更新职业知识和岗位技能,提升职业能力和职业素养。所以,从个人的发展角度来说,也需要通过职业教育为其奠定良好的职业知识基础和职业能力基础。再者,对一个从业者来说,职业培训将伴随其职业生涯的整个过程,可以说培训涵盖了一个人职业生涯的各个环节,与其工作历程的各种转折、升降密切相关,成为一个人继续教育、终身教育的重要组成部分。

2. 促进社会和谐发展,离不开职业教育

经济与社会发展的需求产生了各种各样的职业、专业,而各种各样的职业、专业的发展又创造出自身的人才和人才标准,并根据社会分工的历史法则和现代社会的发展变化,形成具有不同知识—技能结构的人才类型,从而形成了现代社会中人才需求的多样性。这些需求的满足,需要通过职业教育实现。普通教育是为知识型人才的成长提供全程的教育服务。职业教育是为技能型人才提供全程职业教育服务,并为知识—技能型、技能—知识型人才提供高中阶段及高中阶段以上各层次的职业教育服务,可以帮助更多的人就业。人们可以根据自身的生理、心理特点和生存、发展环境,以及各自不同的个性发展需求,接受相应的职业教育,形成不同的知识—技能结构,从而促进社会和谐发展。

(三)职业教育是建设和谐社会的根本

1. 职业教育是就业的根本

1)就业是民生之本

职业教育是扩大就业和再就业的重要手段。目前,中国就业和再就业的矛盾依然十分突出,就业和再就业的形势相当严峻。由于中国正处于经济结构战略性结构调整期,不可避免地带来一定数量的体制性和结构性的失业。同时,中国城镇每年新增大量需要就业的劳动力,农村大批富余劳动力需要转移安置,现有从业人员也需要提高技能以增强竞争力。要缓解这一巨大的就业压力,促进社会安定,普遍提高劳动力的就业、创业能力,从而就必须发展职业教育。通过职业教育,有针对性地进行在职、转岗、再就业的技能培训,全面提高人才的综合素养和专业技能,增强劳动者的就业能力、创业能力和转岗适应能力,从而增加劳动者的就业机会。让更多的劳动者就业,就是从根本上解决民生问题。

2) 有技能才能顺利就业

就业需要技能。严峻的就业形势,除了劳动力市场供大于求的矛盾外,劳动者的整体文化素养水平偏低,一些劳动者缺乏相应的劳动技能也是一个重要因素。一方面是大量的人没事干,另一方面是大量的事没人干。一些在岗人员由于缺乏应有的专业知识和技能,不但削弱了自身的职业岗位竞争能力,而且还严重影响企业产品在市场上的竞争力。因此,一个人要想在激烈的社会竞争中立有一席之地,要想在事业上取得异于常人的发展,就必须不断学习,自我加压,挖掘潜能,全面发展,提高素养,才能适应不断变化的岗位需要。

2. 就业才能安居,安居才能和谐

1) 职业教育促进社会公平化

职业教育是面向人人的大众化教育,能够相对保障公民受教育机会的平等权。由于公民所处的社会与家庭背景复杂多样,个体需求千差万别,要使每个公民都平等地获得接受教育的机会,就必须发展多样化的教育种类以供选择。在中国高等教育刚刚进入大众化初始阶段的一定时期内如此,在高等教育规模普及以后依然如此,无非是职业教育层次的重心有所高移罢了。职业教育的大众化将促进社会公平化的实现,使人们树立社会职业平等观,实现社会就业的公平与公正。高等职业教育的发展已经为职业教育大众化开辟了途径。

2) 职业教育是实现个人发展的重要途径

职业教育为人的终身发展提供了条件和可能。职业教育通过培养人们的职业能力,为受教育者摆脱不利处境和向上流动提供了智力和能力支撑。职业教育最现实、最实用的工具功能,体现在它将科学技术转化为直接生产力的桥梁和纽带的作用上。职业教育与普通教育相结合,实现社会公平竞争机制基础上的教育分流,是社会进步需要的教育措施,它有利于促进社会分工和不同发展程度个体的合理结合,两者并举。职业教育不只给学生带来了技能,也铸就了人的一生发展所需要的能力根基。它强调的能力本位改变了应试教育只重分数不重能力的状况,培养出的不再是单一的被束缚的"高分低能"的人,而是找准了自身特长与发展方向,得到了自由发展空间的技能型人才。

3) 职业教育促进社会稳定

就业压力问题是中国长期面临的一个重大社会问题。城镇新生劳动力和农村富余劳动力等,在缺乏必要的一技之长的情况下很难实现就业或再就业。如果长期成为无业游民,不仅没有经济收入,其基本生活没有保障,而且会给社会带来诸多不安定因素。要从根本上解决这一问题,就要通过职业教育和培训给他们创造更多的就业机会。大力发展职业教育,正是顺应这一形势做出的重要决策。高等职业教育得到快速发展,使职业教育在层次上相互衔接发展有了基础。中国城乡从业者可以根据不同的地区、不同的技术阶段需求以及不同年龄人群的接受能力,选择不同层次的职业教育形式。职业教育能使更多的人安居乐业,社会的管理成本将会因此大大降低,社会文明程度也将显著提高。实现全面建设小康目标,需要长治久安的社会环境,而职业教育对于促进社会稳定、构建和谐社会将起到非常重要的作用。

第二节 职业教育的个体发展功能

自马克思提出人类发展理想以来,全面发展的理论得到不断的充实和丰富,从"智力与体力的协调发展"到"德、智、体、美、劳全面发展"。随着人的主体意识在人的社会化进程中越来越受到重视,人们对于人的全面发展的含义有了更深刻的领悟,赋予了更为现实的意义。概括起来可分为三层含义:①强调个体发展的全面性;②强调个体发展的自由性;③强调人的各种潜能本质获得最充分的发掘,成为自身的主人。这三方面反映了人的发展的不同侧面和层次,体现了现代人科学、民主、平等的发展观,是人类的发展目标。在全面发展的背景下,职业教育对人的发展又有着独特的作用。

(1)现实条件下实现人的持续发展的理想途径。

(2)在一般发展的基础上满足人们特殊发展的需要。它包括珍视个性和发挥潜能两方面的内容。

(3)促进社会成员个体价值的实现。

由此延伸出职业教育在人的发展中的功能的三个方面。

一、职业教育以职业为载体促进个体社会化的功能

职业教育以职业为载体促进个体社会化的功能也称职业教育的"发展职业化功能",即"职业教育使受教育个体由自然人趋向并成为职业人"。这一功能是职业教育的本体功能,是职业教育区别于其他类型教育的功能。职业教育最主要的目的就是通过专门的职业院校和培训机构,进行职业教育和职业培训,使个体具备职业能力,实现谋生。

职业教育是社会发展的产物,始于 18 世纪 60 年代,英国的产业革命使大机器生产取代了传统的手工业劳动,为了适应生产发展的需求,职业技术学校应运而生。在我国,发

端于19世纪60年代清朝的洋务运动,促进了我国近代工业的发展,与之相适应,开始设立学堂,培养技术人员与技术工人。但总体而言,这一时期的职业学校数量少、规模小、质量低。中华人民共和国成立后,我们尽管有过短暂的大力发展职业教育的经历,但是更多的还是结构单一的普通教育和专业教育,初中后受教育者的人数比例很低,绝大多数人的全面发展几乎不可能。改革开放后,尤其是1985年《中共中央关于教育体制改革的决定》颁布后,职业教育开始步入良性发展的轨道,各地纷纷建立了以职业高中、职业中专为主体的中等职业学校和一定数量的高等职业院校,使莘莘学子有了更多求学的机会与途径。进入21世纪,特别是《国务院关于大力推进职业教育改革与发展的决定》颁布后,职业教育形势喜人:2010年,中等职业学校在校生为2238.5万人,与普通高中基本持平;高等职业教育在校生规模与普通高校大体相当。高中阶段教育毛入学率上升到82.5%,高等教育普及水平进一步提升,毛入学率达到26.5%,基本形成了一个以服务为宗旨、以就业为导向、中高等职业教育协调发展的具有中国特色的现代职业教育体系,培养了数以千万计的技术技能型人才,为社会主义现代化建设提供了坚实的人力基础的同时,也为上述受教育者的全面发展提供了可能。

通过职业教育,习得了知识与技能,提高了劳动生产率,生产了更多的物质财富,为人的全面发展创造了条件。相对于普通教育,职业教育的技术技能性、面向实践性特征显著。无论是学历职业教育,还是职业培训,受教育者都能获得不同程度的能力提升并在生产活动中产生增值效应,进而提高劳动生产率,创造更多的物质财富。研究表明,受过职业教育的工人的生产率要比仅受过一般教育的工人高6%~11%。只有生产出日益丰富的物质生活资料,才能使人摆脱贫困状态,满足物质生活需要,并在此基础上追求精神层面的享受和自由个性的发展,进而实现人的全面发展。正如马克思所说:"例如一个人,他的生活包括了一个广阔范围的多样性活动和对世界的实际关系,因此是过着一个多方面的生活,这样一个人的思维也像他的生活的任何其他表现一样具有全面的性质。"而这些需要生产力的发展和物质财富的丰富提供必要的条件。

二、职业教育以专业选择为中介促进个体个性化的功能

此为职业教育的"发展个性化功能",即"职业教育具有让人的发展更加适应个体兴趣、爱好、特长及愿望的功能"。这是职业教育的客观功能,能实现受教育者个性的全面发展。

实践导向的课程模式安排,使以形象思维为主的人才有了发挥潜能的平台,促进了人的全面发展。职业教育的本质特点决定了实践导向课程模式选择的必然。实践导向课程模式的目标可以简单表述为使受教育者能够掌握完成职业任务所需的技术实践能力,即"会做"。其课程内容主要强调实践知识的学习,而不是传统理论知识的学习。学习时,通常以实践任务为中心组织教学,并通过实践的过程学习。因此,这种学习方式对智力特征不是以逻辑思维而是以形象思维为主的学生来说,是一个福音。目前职业学校大部分学生的形象思维强于逻辑思维,因此职业教育使这些人才有了发挥潜能的机会与舞台。他们可能成不了爱因斯坦,也成不了钱学森、华罗庚,但却可以操纵最复杂的机器、制作最漂亮的衣服、烹制最可口的饭菜,同样可以成为社会的栋梁之材。可以说,职业教育促进了这类人的全面发展,体现了"有教无类""因材施教"的理念,保证了教育的公平。

职业教育最能体现教育与生产劳动相结合的原则,尤其是现代职业教育的成功发展模式无一不体现出这个原则,"以职业生活为中心组织教育教学工作,不囿于课堂、书本,而是到实践中体验实实在在的职业生活,既传授生产知识以发展学生智力,又注重生产技能训练以增强学生的体力,并有效地将两者在实践环节中融合起来,形成学生的综合职业能力"。这样既可以使职业教育获得科学实践的基础,使感性认识和理性认识、理论和实践结合起来,提高教育质量;又可以使生产劳动受到科学原理和智力活动的指导,广泛运用教育和科技发展的成果,进而促进社会生产力的提高,推动社会物质生产的发展,并最终促进人的个性化发展。

三、职业教育从个体谋生到自我实现的功能

职业教育从个体谋生到自我实现的功能也称职业教育的"发展持续功能",是职业教育的价值功能,是职业教育本体功能和客观功能的延伸和提升。"职业教育具有适应人的发展持续的功能",职业教育的终身化有利于人的可持续发展。职业教育本质上是一种终身教育。由于职业教育直接面向职业,而现代社会的发展从根本上改变了职业的形态,社会职业的变迁出现了前所未有的动荡、分化与重组,传统的职业种类消亡和迁移方兴未艾,新的职业种类层出不穷。1999年5月正式颁布的《中华人民共和国职业分类大典》并于2015年进行了修订,将我国职业归为8个大类、75个中类、434个小类、1481个细类(职业)。随后的8年里(截至2007年1月),有关部门又先后8次颁布国家新职业名录近百个,如健康管理师、公共营养师、宠物医师、可编程序控制系统设计师、轮胎翻修工、品牌管理师、会展设计师、珠宝首饰评估师、创业咨询师、手语翻译员等。与此同时,人们从事职业的变迁同样也在加快。美国劳工统计局经济学家彼雷特(Chuck Pierret)长期以来一直在进行一项研究,该项研究始于1979年,共有10000名14~22岁的美国人接受了调查,最近的数据显示,这组调查对象在18~42岁之间每人平均从事过10.8份工作。要适应如此频繁的职业变迁,接受再教育,掌握不同的知识和技能,必须终身学习。另外,现代社会生产力水平不断提高,人们的闲暇增多,许多原来意义上的休闲活动变成了职业活动,而职业活动却变成了休闲活动。有的人学习第二、第三职业,一是为了储备职业能力,追求更广阔的职业自由空间,同时也是为了挑战自我,追求自我实现,得到一种精神享受。还有的人由于客观原因在职业生涯中没能从事自己钟爱的职业,退休以后研修学习,老有所为,得到一种人格的完善和升华,使自己成为追求自由、幸福之人。正是在这样的过程中,个体的潜能得到发挥,适应不同岗位、不同职业、不同要求的能力得到提高,并在此过程中实现自我发展的不断超越。

第三节 职业教育与人力资源开发

《国家中长期教育改革和发展规划纲要(2010—2020 年)》指出:发展职业教育是推动经济发展、促进就业、改善民生、解决"三农"问题的重要途径,是缓解劳动力供求结构矛盾的关键环节,必须摆在更加突出的位置。可以看出,我国的职业教育被赋予了重大的使命和热切的期待,其中人力资源开发功能是社会对职业教育最重要的功能诉求之一,之所以这样说,是因为职业教育担负着培养数以亿计的生产、服务第一线高素质劳动者和技能型专门人才的重要任务,是全面提高劳动者素质、把我国巨大人口压力转化为人力资源优势的重要途径。职业教育制度作为人们之间进行互动的行为框架,通过对行为的规范从而实现人力资源开发等重要功能。

一、职业教育的人力资源开发功能

(一)职业教育是人力资本开发的重要途径

人力资本理论奠基人西奥多·W.舒尔茨认为,人们拥有的知识和技能是资本的一种形式,即人力资本,是投资的结果,而在各种人力投资形式中,教育投资是最有价值的,能够促进经济社会发展。马克思在《资本论》中也指出:"要改变一般人的本性,使他获得一定劳动部门的技能和技巧,成为发达的和专门的劳动力,就要有一定的教育或训练,而这就得花费或多或少的商品等价物。"职业教育是人力资本投资的一种重要形式,可以提高从业者的工作熟练程度、技术等级、敬业精神和责任感,增加员工人力资本的技术、技能含量,提高物质资本的使用率,提高劳动生产率,提高私人收益和社会收益。职业教育是使劳动者成为发达的和专门的劳动力的教育,因而是人力资本开发的重要途径。

（二）职业教育是使人力资本开发系统化、规范化的手段

一个社会的人才结构从根本上是由社会生产力水平和经济结构决定的，但由于社会职业十分庞杂，不可能也不需要一一对应进行培养，这就需要通过职业教育体系划分的层次、设置的专业、开发的课程，使千差万别的职业形成一个合理的人才结构层次和培养人才的科学系统；形成可以通过教育与培训达到的职业资格标准；为人力资源的开发提供准绳，为企事业单位提供用人的依据，使人力资本开发做到系统化和规范化。

（三）职业教育是形成社会合理的人才结构的基础

职业教育对人力资本开发的贡献主要是对应用性和技术型人才的培养。职业教育要培养大批高素质的劳动者和初、中、高级技术人才。通过各级、各类职业教育的发展规划和职业教育的发展规模，可以使国家研究型、工程型、技术型人才和高级专业人才、中级专业人才、初级专业人才保持一个合理的比例，使国家的人力资源能够构成一个知识技术结构合理、高效的智力群体。

二、人力资源需求与职业教育发展间的运行机理

探讨人力资源需求与职业教育发展间的相互关联，明确两者之间的运行机理，有利于发挥良好的系统效应。现阶段人力资源需求对职业教育的发展提出了许多更艰巨的要求，为了有效达到这一要求，有必要对人力资源需求和职业教育发展间的运行机理进行全面而深入的梳理。

（一）职业教育发展定位与人力资源需求结构

人力资源需求与职业教育发展之间不仅相辅相成、相互促进，还存在内部各要素的相互碰撞、有机结合。职业教育属于典型的需求推动型教育，必须主动适应经济社会发展的需要，紧紧围绕劳动力市场对人才的需求进行办学。职业教育发展的重要规律是它受经济环境、劳动力市场状况等的制约。随着高等教育的迅猛发展和劳动力市场人才需求结构的显著变化，大学生就业难问题日益凸显。一方面，大量毕业生难觅到合适的工作；另一方面，用人单位难以聘到满意人才。这种失衡型的人才供需矛盾已经成为制约经济社会发展的瓶颈。职业教育承担着培养高技能型人才的重任。人力资源供需失衡揭示了职业教育与产业结构升级之间的矛盾。作为社会经济重要组成部分的职业教育，应在人力资源供需失衡中承担一定的责任。

人力资源需求结构主要取决于经济结构中的产业结构和技术结构。产业结构决定了人力资源需求的类型，技术结构决定了人力资源需求的层次。产业结构、技术结构的发展

变化要求职业教育的体系和结构与其相适应。目前,在雇佣方市场占主导地位的劳动力市场环境下,由于产业结构和技术结构的变化引起了人力资源需求的变化,最终会促使职业教育的专业结构和层次结构进行调整与变革。因此,职业教育要对其自身的发展进行准确定位,紧紧围绕人力资源需求的结构和类型进行办学进程的调整,并结合国家经济结构中产业结构和技术结构的发展需要,着力培养技术型和应用型人才。

(二)职业教育发展程度与人力资源需求层次

职业教育发展程度指职业教育的层次结构,它是职业教育内部根据教育程度和水平的高低而划分的层次及其相互关系,呈现出一种纵向型结构的外在表征,其主要目的是最大限度地满足社会经济发展的需要,按照各层次人才需要的比例培养各种不同层次的高素质技能型人才,进而促进经济结构、产业结构、技术结构与职业教育层次结构协调发展。合理的职业教育层次结构有助于形成合理的劳动力供给结构,培养出社会经济发展所需要的、数以千万计的、不同层次和等级的高素质技能型人才。反之,不但会浪费教育资源,而且还会造成职业教育在满足社会经济需求方面的偏差,甚至出现人才过剩与短缺并存的局面,并最终影响社会经济的发展进程。职业教育通过对自身层次结构的调整,以培养技能型、应用型人才为目的,为受教育者提供相应的教育和培训,进而有效地保障劳动力充分就业。通常情况下,人力资源需求的层次结构是由经济结构中的技术结构决定的。人力资源需求的层次结构与职业教育层次结构的关系可以通过探讨技术结构与职业教育层次结构的关系来说明。产业结构的优化升级势必对劳动力的技术水平提出更高的要求,也要求职业教育提供更高层次的人才,因此可以说,技术结构影响着职业教育的起点和层次。同时,产业技术水平的优化升级也要求职业教育为其提供智力支持。我国已经初步建立了涵盖初等、中等、高等层次的职业教育体系,这一体系是职业教育系统完整性和科学性的外在体现,它在很大程度上满足了经济社会发展对各层次人才的需求。

(三)职业教育的专业结构与人力资源需求的变化

职业教育的专业结构是指人才群体中所需的各种专业人才的比例构成,是职业教育培养专门人才的横向结构,它包括专业门类结构的比例关系,以及专业门类与社会经济、科技、生产、就业之间的关系。合理的专业结构要求人才群体内各专业人才有一个合理的比例。专业门类的横向结构决定着职业教育培养人才的类型和专业结构本身的发展。专业结构按其目的和标准的不同,可分解为若干相互关联的要素,如各学科专业分类、各种类型人才、不同层次级别等。随着生产力的发展,社会分工日益细化,职业教育不可能为每一种职业培养人才。因此,职业教育在培养人才时一般把与工作岗位要求相近的职业进行分类,然后通过一定的专业设置或弹性较大的课程实施实现人才培养的目的,这对职业教育师资、设备、课程、教材等都有很大的影响。因此,职业教育的专业结构受社会生产分工和社会职业结构的制约。衡量专业结构是否合理的根本标准是职业教育的专业结构是否同社会经济发展相适应,尤其是专业人才结构是否与产业人才需求结构相协调。因此,职业教育的专业结构是关系到人力资源需求与职业教育发展是否协调的关键。

就河南省高职教育专业结构来说,现有高职专业结构比例与河南省的产业结构调整方向明显不吻合。国务院2011年发布的《关于河南省加快建设中原经济区的指导意见》中,中原经济区建设已提升至国家战略的高度。河南作为中原经济区重要的省份之一,是中原经济区建设的重要组成部分。职业教育作为人力资源开发的重要途径,是破解中原经济区建设难题的重要途径,也是提升中原经济区竞争力的重要途径。目前河南省的职业教育专业建设适应性不强,专业设置和课程建设仍不充分,职业教育在将河南省的人口优势转化为积极的人才优势、人力资源优势方面的作用还有待进一步发挥。针对此类情况,我们应以加快建设中原经济区为着眼点,明确专业调整目标,以专业布局和结构为抓手,根据市场变化不断调整专业结构,最终引导职业院校逐渐形成与人力资源需求相吻合的专业建设格局。

相关链接一:舒尔茨人力资本理论简介

一、西奥多·W.舒尔茨

西奥多·W.舒尔茨(Thodore W. Schults,1902—1998),美国经济学家,1979年因对发展经济学和农业经济学的贡献获得诺贝尔经济学奖,是公认的人力资本理论的构建者。1960年,他在美国经济协会的年会上以会长的身份做了题为《人力资本投资》的演说,阐述了许多无法用传统经济理论解释的经济增长问题,明确提出人力资本是当今时代促进国民经济增长的主要原因。这篇演讲震惊了西方经济学界,被称为是人力资本研究新领域的独立宣言,而舒尔茨也被誉为"人力资本理论之父"。

二、人力资本理论的提出背景

1945年二战结束以后,战败国德国和日本受很大的创伤。很多人认为,这两个国家的经济恐怕要很久才能恢复到原有的水平。但实际上,大约只用了15年,德国和日本的经济就奇迹般地恢复了,而且20世纪60年代以后,这两个国家继续以强大的发展势头赶超美国和苏联,并最终使经济实力上升为世界第二和第三的位置。这其中的原因让许多人迷惑不解,人们开始探究传统经济学的不足。

经济领域中这些难以解释的特殊现象的出现,引起西方经济理论界的高度重视,经济学家们纷纷提出自己的观点。舒尔茨的人力资本理论就是在这样的背景下应运而生的。他提出了著名的观点：在影响经济发展诸因素中，人的因素是最关键的，经济发展主要取决于人的素质的提高，而不是自然资源的丰瘠或资本的多寡。

在其著作中，舒尔茨首先分析了人力资本问题一直被忽视、没有纳入主流理论的原因。虽然经济学家早就意识到，人是生产中一个很重要的因素，但是，他们都回避这样一个问题，人类是不断地对其自身进行巨额投资的。回避这个问题的原因，一方面是因为人力资本这种要素在生产中的作用从来没有像今天这样重要；另一方面，也由于人们一直有一个传统观念，认为人不同于一般意义上的资本物品，不能把他当作一般要素分析，所以人力资本在很长一段时期都没有被纳入经济学的正规核心内容。

舒尔茨认为，人力资本是体现在劳动者身上的一种资本类型，它以劳动者的数量和质量（即劳动者的知识程度、技术水平、工作能力以及健康状况）表示，是这些方面价值的总和。人力资本是通过投资形成的，像土地、资本等实体性要素一样，在社会生产中具有重要的作用。

在人力资本的形成过程中，投资是非常关键的。舒尔茨指出，区分消费支出和人力资本投资支出，无论在理论上，还是在实践上都是很困难的。大概可以将人力资本投资渠道划分成几种，包括营养及医疗保健费用、学校教育费用、在职人员培训费用、个人和家庭为适应就业机会的变化而进行的迁移活动等。这些投资一经使用，就会产生长期的影响，也就是说，投资形成的劳动者素质的提高将在很长的时期内对经济增长做出贡献，这有点类似于物质消费品的耐用性。从此角度说，人力资本比物质耐用品更加经久耐用。

人力资本投资与其他方面的投资比较起来，是一种投资回报率很高的投资。舒尔茨对1929—1957年美国教育投资与经济增长的关系作了定量研究，得出如下结论：各级教育投资的平均收益率为17％；教育投资增长的收益占劳动收入增长的比重为70％；教育投资增长的收益占国民收入增长的比重为33％。与其他类型的投资相比，人力资本投资回报率很高。

三、人力资本理论的主要观点

（一）人力资本的积累是社会经济增长的源泉，其主要原因有三个

其一，人力资本投资的收益率超过物力资本投资的收益率。舒尔茨认为，人力资本与物力资本投资的收益率是有相互关系的，认为人力资本与物力资本相对投资量主要是由收益率决定的。收益率高说明投资量不足，需要追加投资；收益率低，说明投资量过多，需要相对减少投资量。当人力资本与物力资本二者间投资收益率相等时，就是二者之间的最佳投资比例。在二者还没有处于最佳状态时，就必须追加投资量不足的方面。当前相

对于物力投资来说,人力资本投资量不足,必须增加人力资本投资。

其二,人力资本在各个生产要素之间发挥着相互替代和补充的作用。舒尔茨认为,现代经济发展已经不能单纯依靠自然资源和人的体力劳动,生产中必须提高体力劳动者的智力水平,增加脑力劳动者的成分,以此代替原有的生产要素。因此,由教育形成的人力资本在经济增长中会更多地代替其他生产要素。例如,在农业生产中,对农民的教育和农业科学研究、推广、应用,可以代替部分土地的作用,促进经济的增长。

其三,具体数量化计算。进一步加以证明人力资本是经济增长的源泉。舒尔茨运用自己创造的"经济增长余数分析法"估计测算了美国1929—1957年国民经济增长额中,约有33%是由教育形成的人力资本做出的贡献。教育促进经济增长是通过提高人们处理不均衡状态的能力的具体方式实现的。所谓处理不均衡状态的能力,是指人们对于经济条件的变化、更新所做出的反映及其效率,即人们根据经济条件的变化,重新考虑合理分配自己的各种资源,如财产、劳动、金钱及时间等。舒尔茨称这种"分配能力"为处理不均衡能力。这种能力的取得与提高,主要是由于教育形成的人力资本的作用。这种"分配能力"可以带来"分配效益",从而促进个人或社会的经济增长,增加个人和社会的经济收入。

(二)教育也是使个人收入的社会分配趋于平等的因素

人力资本可以使经济增长,增加个人收入,从而使个人收入社会分配的不平等现象减少。因为通过教育可以提高人的知识和技能,提高生产的能力,从而增加个人收入,使个人工资和薪金结构发生变化。舒尔茨认为,个人收入的增长和个人收入差别缩小的根本原因是人们受教育水平普遍提高,是人力资本投资的结果。教育对个人收入的影响主要表现如下。

首先,工资的差别主要是由于所受教育的差别引起的,教育能够提高工人收入的能力,影响个人收入的社会分配,减少收入分配的不平衡状态。

其次,教育水平的提高会使因受教育不同而产生的相对收入差别趋于减缓。舒尔茨认为,随着义务教育普及年限的延长,随着中等和高等教育升学率的提高,社会个人收入不平衡状况将减少。

再次,人力资本投资的增加还可以使物力资本投资和财产收入趋于下降,使人们的收入趋于平等化。舒尔茨指出,在国民经济收入中,依靠财产收入的比重已相对下降,依靠劳动收入的比重相对增加,其中人力资本对经济增长的贡献也随之增加。

相关链接二:职业教育与二战后的德国发展

职业教育是国家教育事业的重要组成部分,是促进经济、社会发展和劳动就业的重要途径。按联合国教科文组织的名词解释,职业教育的内涵包括技术和职业教育(Technical and Vocational Education)两类,技术教育培养技术型人才,职业教育培养技能型人才。不同类别的职业活动都是我国经济和社会发展中相互关联、相互服务、不可缺少的社会活动,并都具有长时期的稳定性、规范性和群体性。这些不同的职业岗位对人才的知识和能力结构的要求也是不同的。各种类型和不同层次的职业教育,在培养不同职业岗位所需人才方面发挥了重要的作用。

职业教育是社会经济发展到一定阶段的产物,它的产生和发展是历史发展的必然。在工业革命前,起源于古希腊社会的博雅教育在西方发达国家占主导地位。18世纪,工商业及海外贸易迅速发展,大量的、传授实用知识的职业学校和职业补习所逐渐发展起来。19世纪中叶后,随着资本主义生产的发展,适应经济、科技和社会发展的需要,培养高级应用性技术人才的技术学院、多科技术学院、教育学院也在欧美发展起来。

二战以后,特别是20世纪60年代以后,经济全球化的趋势日益加强,经济的国际竞争日益加剧,德国和日本经济发展的奇迹让人们深刻地感受到职业教育的威力,促使世界各国从维护各自经济安全的高度发展职业教育,拓展了职业教育社会功能的内涵。

德国职业教育的主要特色

(一)以培养技术工人为主要任务

德国是一个非常重视培养技能人才的国家。"蓝领"和"白领"的社会地位、工资待遇等没有明显差距,同时立交桥式的教育体系畅通了各级各类学校毕业生进入下一阶段学习的渠道,所以德国大部分青年人选择中等职业教育成为技术工人。据了解,德国大约只有12%的学生能够进入高校,而"双元制"学徒约占51%,技术员学校和技师(师傅)学校学生约占7%。加上其他类型的职业学校,学生接受职业教育的比例超过70%,毕业后成为熟练工人。

(二)注重学生就业能力的培养

"双元制"教育体系围绕培养和提高学生就业能力组织教学和实训活动。即使是在理论知识学习阶段,职业学校也要根据企业的岗位技能要求采取"行动导向"的教学方法,培养和强化学生解决实际问题的能力。所谓"行动导向"教学法,就是教师向学生提供相关任务信息,学生通过个人学习、小组合作等方式进行学习,并制订计划、组织实施和检查评价的一种教学模式。学生变被动接受为主动探索,学习的自主性、积极性增强,在学到专业知识的同时,实践能力、动手能力以及学习能力、自我评价能力、团队合作能力都得到了训练,就业能力大大提高。

（三）行业协会负责"双元制"教育全过程的监督管理和协调工作

"双元制"教育企业资质的认定、教育合同的备案管理、企业教学的指导监督、教育纠纷的调解仲裁、毕业考试的题目命制和组织实施、毕业证书（职业资格证书）的印制发放等均由行业协会负责。这是德国职业教育的一大特色。行业协会都有稳定的经费来源，主要是企业会费、职业资格考试收费及研究咨询等收入。除此之外，行业协会还可以举办非营利性质的"跨企业培训中心"，直接组织教学活动。

（四）以企业为主实施"双元制"职业教育

参与职业教育，为学生提供学徒岗位和实训师资是企业必须承担的社会责任和法律义务。提供的学徒岗位数量由州经济劳动部门、文化部门及行业协会、企业、工会根据企业规模和生产经营状况协商确定。在"双元制"教育中，学生的主要身份是企业学徒，而不是职业学校学生。职业教育企业不仅要承担提供实训场地，购置教学设备、原材料，支付实训教师工资等费用，还要支付学徒工资并购买保险。在黑森州，建筑类岗位学徒工资第1~3年分别为每月580欧元、901欧元和1138欧元，均由企业承担，企业也从职业教育中获益。

（五）跨企业培训机构成为企业教育的重要补充

如果企业不能提供足够的职业教育岗位或一些中小企业的教育条件不能满足职业教育要求，学生可以到"跨企业培训机构"学习。跨企业培训机构是经行业协会认证的专业培训机构，有的由相关行业协会直接举办，通过模拟现场真实场景进行教学和实训。跨企业培训机构虽然不是政府主办的，但仍然可以得到政府资助。学生在跨企业培训机构学习的有关费用仍由企业负担，企业按规定标准将有关费用交给第三方的结算中心，再由结算中心拨付给培训机构，保证培训机构稳定的经费来源。

（六）多元提供、多方管理的经费保障机制

德国职业教育经费主要来自联邦政府、州政府和企业。联邦政府资金的主要用途是向职业学校的学生提供奖学金及建设职教设施、资助联邦职教所等。州和地方政府资金主要用于资助职业教育企业及职业学校的日常经费开支，包括教师工资、养老金及校舍建设维修、教学设备购置等。"双元制"教育经费投入主要由企业承担。德国的所有企业都必须交纳一定数量的职业教育基金，政府、行业协会再通过各自渠道将资金分配给企业。2008年，黑森州经济部对职业教育企业的资助为2910万欧元，对跨企业培训机构的资助为940万欧元。同时，德国构建了上下衔接、左右互通的"立交桥"式终身教育体系，只要学生愿意并付出努力，任何人都有上大学的机会。

第四章 职业教育培养目标与职业教育体系

学习目标
1. 明晰职业教育培养目标。
2. 掌握职业教育培养目标定位的依据。
3. 了解我国职业教育的培养目标体系。

第一节 职业教育培养目标

培养目标在教育工作中占有重要地位,它不仅是教育教学活动顺利开展的前提和基础,同时也是教育活动的归宿。培养目标具有一定的稳定性,它指导着日常的教育工作;培养目标又是动态的,它反映着时代的要求。职业教育作为整个教育体系中的一个组成部分,其培养目标既具有一般的通性,同时又具有其特殊性。职业教育培养目标的定位就是对职业教育应如何培养人才,以适应社会需求进行界定和规范。

一、职业教育培养目标定位的依据

职业教育培养目标的定位,从原来的感性思考向科学化的理性决定逐步发展。这使它越来越借助于各种理论,以使整个决断过程更加科学、正确。职业教育培养目标的定位主要借助于以下两方面的理论和方法。

(一)人才结构模型

职业教育是以客观的人才结构为依据,通过培养社会需要的各级各类人才而发挥其教育功能,从而服务于社会。对于社会人才类别与层次的不同看法,就构成了各种不同的人才结构模型。人才结构模型从"金字塔"形理论模式发展到"职业带"人才结构理论模式,直至现在最为广泛认可的"阶梯状"理论模式。"阶梯状"人才结构模型也成了现代人才分类及分层的主要理论。它认为现代人才结构主要是由人才的不同系列(或类型)、层次、素质要求,以及它们之间的组合比例构成的,不同系列、不同层次的技术人员的工作性质和特点存在着本质的差异。不同性质的工作岗位有不同系列的人才结构,每一系列的人才内部又可以分成从低到高的不同层次,各系列人员之间有交叉,每一系列内部不同层次之间相互衔接,构成一个完整的阶梯状人才结构模型。这种结构模型为我们设定各层、各类人才规格提供了很好的理论依据。根据这个理论,有专家把社会人才按其生产或工作活动的过程和目标分成四类:学术型、工程型、技术应用型、技能型。对职业教育而言,它通常是指向技术应用型及技能型人才培养的。职业教育机构可以根据这样的人才结构模型,考虑自己的人才培养目标的定位,并在全局上对受教育者的终身学习及可持续发展设计可能的通道。

(二)职业分析

职业分析是对从事某种职业所需知识、技能和态度的分析过程,即对某一特定职业的特质和内容所做的多层次程序分析。它对各项工作内容、任务、完成的难度、工作质量标准以及对工作者的要求等加以分析,从而制定出相应的标准。职业分析的基点是职业岗位,它一方面确定了特定工作在整个社会职业结构中的位置,另一方面确定了该工作的职能性质、劳动的具体内容和条件。这可以帮助我们克服职业教育的模糊性和随意性,为培养目标及整个教学设计提供准确的依据。目前,职业分析的方法日趋成熟,如任务分析表、艾莫门技术、工作要素法、PAQ 职业分析问卷、TTA 入门素质分析等。通过这些方法,职业分析的准确性和科学性大大提高。职业分析也成为职业教育目标设定过程科学化必须依赖的基本方法之一。国际劳工组织 1958 年就基于当时的职业分析,将职业划分为 8 个大类,83 个小类,248 个细类,1881 个职业,从而制定了《国际标准职业分类》。经 1968 年、1988 年两次修订后,《国际标准职业分类》已成为各国职业分类的重要参考。1999 年 3 月,国家技术监督局发布中华人民共和国国家标准《职业分类与代码》(GB/T 6565—1999),并于 2009 年和 2015 年先后进行了两次修订,为我国各级各类职业教育确定培养目标提供了很好的定位框架。

(三)学生个体发展需要

教育是培养人的社会活动,因此,教育应以人的发展作为首要任务,职业教育也是如此。马克思主义历来主张,人既是社会发展的手段,又是社会发展的目的,是手段与目的的有机统一。然而,这种统一并不是固定不变的,其重心会随着外部条件的变化而发生偏移。随着社会的发展进步,统一的重心将逐渐偏向于目的。康德提出的"人是目的,而不是手段"的原则从哲学层面印证了近代以来的这种转向。人们接受职业教育主观上是为了自己的生存和发展,而客观上也会促进社会的发展,这里存在着人与社会的发展谁为手段、谁为目的的问题,两者的发展最终将实现统一,最终统一于人的发展这一目的。这既符合社会发展的趋势,同时也体现了人的发展的内在要求。

黄炎培曾经将职业教育定义为"用教育方法,使人人依其个性获得生活的供给和乐趣,同时尽其对群之义务,名曰职业教育";同时,"职业教育,将使受教育者各得一技之长,以从事于社会生产事业,藉获适当之生活,同时更注意于共同之大目标,即养成青年自求知识之能力、巩固之意志、优美之感情,不惟以之应用于职业,且能进而协助社会、国家,为其健全优良分子也。"人的全面发展涵盖了身体、智能、道德、审美等方面的发展,这既是人发展的内在要求,也是职业教育发展的应有之义。和谐发展要求某一方面的发展不是以牺牲或者压抑其他方面的发展作为条件,各方面的发展都应促进或者推动人的整体发展。

二、职业教育培养目标的定位

现代职业教育培养目标的内涵,以及现代职业教育培养目标定位的基本理论方法,为我们确定其定位思路奠定了一定的基础。现代职业教育培养目标的定位,可以遵循以下三步进行。

(一)从教育分类看,应用型专业教育是职业教育的基本特性

教育作为上层建筑的一个重要组成部分,总是由国家对其进行总体规划和设计的。国家对教育具有总揽大局、分工统筹的职责。教育系统就是教育中具有相互联系的各个组成部分结合在一起的有机整体,表现为由各级各类学校组成的学校网络结构。教育系统的功能是根据社会的需要和个人的需要培养人,以促进社会的政治、经济、文化、科学技术和个人自身的发展。它具有一般系统的整体结构性、有机关联性、动态开放性、有序组织性和目的可控性等特点。职业教育作为整个教育系统中的一个组成部分,是与普通教育、特殊教育相对的,既有自己特殊的地位和任务,又与其他教育分工合作。因此,职业教育定位就应该先在国家制定的大教育体系中找到自己的位置,然后再把视角深入到职业教育自身的小系统内部。职业教育是具有职业定向性的专门教育。如前面所说,职业教育本身又是分类别、分层次的。因此,具体到某一特定的职业教育时,就必须对本职业教育机构在整个职业教育体系中的地位、层次及任务进行再一次的前期定位,以把握本职业教育机构的培养能力。长期以来,我国片面强调学术型人才的培养,忽视了应用型人才的造就,结果导致技能型人才和技术型人才持续缺乏。随着经济技术水平的不断提高,国际竞争的加剧,以及高等教育大众化的加速,这种矛盾将更加突出。因此,我国教育的重心必须从学术性教育向应用性教育转移,而职业教育(包括中等和高等)正有用武之地。

（二）从人才需求结构看，技能—技术型岗位是职业教育的基本定向

在确定自己在教育体系中的位置后，职业教育机构就可以将自己的目光投向劳动力市场了。我国自 1978 年开始就逐步由原来的计划经济向市场经济体制过渡。市场经济具有企业行为自主化、资源配置市场化、宏观控制间接化、市场体系完善化、市场管理法制化等一系列特点。市场经济的这些特征也对置身于其中的职业教育运行机制产生了重要的影响。职业教育必须引入市场机制，以求自身的生存与发展，同时它也是职业教育运行与发展的活力源。立足于市场经济中的职业教育必须或主动或被动地接受供求机制、竞争机制、风险机制等机制的作用。特别是劳动力市场供与求之间的关系更是职业教育机构确立自己的培养目标的重要依据。劳动力市场的需求分析就是要反映社会职业的结构、种类和不同类型职业的数量。进行市场需求分析的渠道是多样的，例如，利用国家劳动局、统计局提供的劳动力信息；对本地区的产业结构、人力结构的宏观分析；对本地的用人单位的中观调查分析等。就方法而言，又有雇主调查法、专家咨询法、趋势外推法、回归分析法、经济计量模型等。研究经济社会的市场需求，就可以使职业教育人才培养的要求体现得更加直接、具体和细化，从而使职业教育的人才"产品"更符合社会生产的需要。

目前，我国最缺乏的人才就是精于技能和技术的人才，如高级工、技师、业务员、技术维护和应用开发人员等。这说明职业教育不是不需要，而是需要瞄准技能型、技术型、业务型的岗位，抓紧用力，改革办学模式，提高教育质量，以培养过硬的、适合企业需要的技能型和技术型人才。

（三）从工作分析的角度看，职业实践能力的培养是职业教育的实施重点

如果说教育体系位置分析属于宏观战略，市场需求分析属于中观层面的定位，那么工作分析就是职业教育机构进行培养目标定位的最后一步，即微观部分的策略。前面已经提到，职业分析是现代职业教育培养目标定位的重要理论方法。工作分析就是职业分析岗位性的细化，它一般可以分为这样几个步骤：选定将要分析的工作；确定分析的精细程度；确定工作分析的人员和条件；确定样本容量和取样方法；搜集数据；分析数据；最后描述工作。工作分析的结果一般是形成工作说明书，对某特定工作岗位的性质、特征及担任此类工作应具备的资格、条件都做出详尽的说明和规定，这样就可以对培养目标的具体标准进行细化，由此对课程设置等方面做出相应的设计，并最终使培养出的人才与原来设定的培养目标在内涵上得到统一。因此，工作分析作为职业教育机构进行培养目标定位时的最后呈现以及微观部分，必须予以特别的重视。事实上，在我国的职业分类中，很多岗位都已经形成了比较成熟的工作说明书，职业教育机构可以利用这些现成的工作说明书，

定位培养目标。当然,时代及科技的进步也要求职业教育机构随之对原先的工作说明书进行调整和改进。

如果说当前职业教育水平不高,那么首先表现为实践和业务能力不高。究其原因,主要是没能摆脱学科性教育的框框,没有走出一条高效的、有职教特色的、能够强化技术与技能训练的教育模式。因此,全面强化职业实践能力,培养能够充分胜任技能型和技术型工作岗位的综合素质,是今后职业教育的发展方向。

三、我国职业教育的培养目标及实践基础

（一）我国中等职业教育的培养目标

在知识经济日益逼近、急切呼唤高素质劳动者的今天,社会经济对中等职业教育的培养目标提出了更高的要求和新的挑战。我国的中等职业教育主要由中等专业学校、技工学校和职业高中三类学校承担。中等职业教育到底应该培养什么样的人才,职业教育的培养目标究竟该如何界定,是一个长期处于争论中的问题。

1. 我国中等职业教育培养目标的发展过程

历史上中等专业学校教育的培养目标是:培养具有爱国主义和国际主义精神,具有共产主义道德品质,拥护共产党的领导,热爱社会主义,立志为社会主义事业服务,为人民服务,逐步树立无产阶级的世界观和人生观,具有相当于高中文化程度,并在此基础上掌握本专业现代化生产所需要的基础理论、专业知识和实际技能,具有健康体魄的中级技术、管理人员。

技工学校教育的培养目标是:培养具有社会主义觉悟、必要的技术理论知识、全面的专业操作技能和身体健康的熟练技术工人。1993年,劳动部颁发的《关于深化技工学校教育改革的决定》对技工学校教育任务提出了新的要求:"技工学校要按劳动力市场的要求,拓展培训领域,服务于社会,在以培养中级技术工人为主要目标的基础上,有条件的也可以培养高级技术工人、企业管理人员或社会急需的其他各类人员。"

职业高中从1979年兴起,为适应我国生产发展和人才结构调整的需要,由一部分普通高中改成职业(班)学校而来。职业高中教育的目标是:培养具有社会主义觉悟的、有相应文化程度的、掌握一定专业基础知识和生产技能的、德智体全面发展的劳动后备力量和初、中级技术管理人员。职业高中的发展大致可以分为三个阶段:一是20世纪80年代初,其特点是"双重"要求,既要求学生具有相当于高中毕业的文化程度,又要求学生具有扎实的专业基础和较强的动手能力;二是20世纪80年代后期,其特点是突出对学生动

手能力的培养,强调职业高中姓"职",注重学生所学知识(技能)的实际、实用、实效。

这三类中职学校的培养目标有如下共同之处:第一,都以初中毕业生作为教育起点,培养他们具有高中阶段学历的文化科学基础知识;第二,都以中等专业技术、技能作为职业教育的终极目标;第三,都以符合社会需要作为唯一目标形成评价标准。

但是,三类中职学校在长期的发展过程中经历了不同的历程,形成了各自的特色。中专培养技术员,中专毕业生由于在计划经济时代属于"国家干部"身份,因此被作为基层科技人员使用;技校培养技术工人,技校毕业生的身份是"工人",但按国家计划统一分配工作。只有职业高中由于起步较晚,定位不太稳定,培养目标介于二者之间,既培养"员"(初、中级技术管理人员),又培养"工"(劳动后备力量)。

在高等职业教育未受到普遍重视时,这三类中职学校各有侧重,共同构成我国职业教育的主体。其培养目标也从未受到社会和受教育者的质疑和挑战。20世纪末,我国高等教育全面发展,各类高校大规模扩大招生,尤其是高等职业教育受到国家和社会前所未有的重视,不仅使我国的职业教育层次高移,也直接冲击了三类中职学校的职业教育主体地位,迫使三类中职学校的培养目标发生变化。

1998年,原国家教委在《面向二十一世纪深化职业教育教学改革的原则意见》中指出"职业教育要培养同二十一世纪我国社会主义现代化建设要求相适应的,具有综合职业能力和全面素质的,直接在生产、服务、技术和管理第一线工作的应用型人才。"2000年3月,教育部《关于全面推进素质教育,深化中等职业教育教学改革的意见》中更具体明确指出"21世纪,我国既需要发展知识密集型产业,也仍然需要发展各种劳动密集型产业。我国的国情和所处的历史阶段决定了经济建设和社会发展对人才的要求是多样化的,不仅需要高层次创新人才,而且需要在各行各业进行技术传播和技术应用、具有创新精神和创业能力的高素质劳动者。中等职业教育担负着培养高素质劳动者这一艰巨的历史重任,是全面推进素质教育,提高国民素质,增强综合国力的重要力量。""中等职业教育要全面贯彻党的教育方针,转变教育思想,树立以全面素质为基础、以能力为本位的新观念,培养与社会主义现代化建设要求相适应,德、智、体、美等全面发展,具有综合职业能力,在生产、服务、技术和管理第一线工作的高素质劳动者和中初级专门人才。"

从以上两个文件的内容可以看出,国家对中等职业教育的培养目标做了较大的调整,由原来的"在生产、服务、技术和管理第一线工作的应用型人才"调整为"高素质的劳动者和中、初级专门人才"。

2. 我国目前中等职业教育培养目标定位的现实原因

我国政府部门将中等职业教育的人才培养目标从"应用型人才"调整为"高素质的劳

动者和中、初级专门人才",主要有以下两方面原因。

第一,为适应市场需求,调整培养目标成为必然。通过对毕业生就业市场的考察,我们发现,中国加入WTO后,越来越多的企业已经开始将生产一线的员工由过去主要招农民工和初中生转向成批量地招聘正规中等职业学校的毕业生。因为在企业看来,中等职业学校毕业生由于经过系统教育和严格的学校管理,相比较而言,其综合素质较高,动手操作能力强,很适合企业使用,企业也乐意招聘中职毕业生。因此,面向市场,面向企业,中等职业教育的培养目标就必须进行相应调整。

第二,生源素质变化促使中等职业教育培养目标必须调整。近些年,大学连续扩招,"普高热"随即形成,成绩优秀的初中毕业生都拥向普通高中,流向中等职业学校的生源往往基础知识较差,中等职业学校招生录取分数也是一降再降,甚至取消了分数线。生源质量的下降,导致中等职业学校毕业生不能再担负起中级管理人才和技术人员的使命。因此,当前中等职业教育不能不调整培养目标。

3. 中等职业教育人才培养目标的定位问题

一般中等职业教育的培养目标应定位在培养有较高素质的劳动者上,也就是说,要培养德、智、体全面发展的生产第一线所需的技术操作型人员。只有把教育着眼点放在培养生产第一线的操作人员上,才能使中等职业教育获得竞争力和生命力。

首先,学校要引导学生转变观念,从最基层——企业的第一线劳动者开始干起。其次,中等职业教育必须紧紧围绕学生的专业要求和未来的职业岗位需要,着手培养学生的职业能力。

总之,培养目标的定位关系到学校的发展,而培养目标的定位又必须适应市场的需求和学生的实际情况。只有与时俱进,面向市场,面向企业,找准定位,才能找到中等职业学校的发展出路。

(二) 高等职业教育的培养目标

长期以来,我国生产第一线的技术型人才主要由中等专业学校培养。自20世纪90年代起,我国开始大力发展高等职业教育。高等职业教育的发展已经成为我国职业教育不可或缺的重要组成部分。

1. 我国高等职业教育培养目标的发展过程

1996年,全国职业教育会议提出:高等职业教育人才的培养目标是培养"实用型、技能型人才,优先满足第一线和农村地区对高等应用型人才的需要"。

1999年,《中共中央国务院关于深化教育改革,全面推进素质教育的决定》中指出,

"要大力发展高等职业教育,培养一大批具有必要的理论知识和较强实践能力,生产、建设、管理、服务第一线和农村急需的专门人才"。因此,将高等职业教育的培养目标定位于"专门人才"。

2000年,《教育部关于加强高职高专教育人才培养工作的意见》(教高[2000]2号)中明确提出,"高职高专教育是我国高等教育的重要组成部分,培养拥护党的基本路线,适应生产、建设、管理、服务第一线需要的,德、智、体、美等方面全面发展的高等技术应用性专门人才"。此举将高等职业教育的培养目标进一步拓展,定位于"高等技术应用性专门人才"。

2004年教育部制定的《2003—2007年教育振兴行动计划》提出,"大力发展职业教育,大量培养高素质的技能型人才,特别是高技能人才"。至此,国家正式将高等职业教育的人才培养目标定位为"高技能人才"。2006年,教育部在《关于全面提高高等职业教育教学质量的若干意见》中更加明确指出,"高等职业教育作为高等教育发展中的一个类型,肩负着培养面向生产、建设、服务和管理第一线需要的高技能人才的使命"。

从上述高等职业教育培养目标的发展可以看出,我国政府部门对高等职业教育人才培养目标的认识经历了以下几个阶段:从1996年的"实用型、技能型人才"到1999年的"专门人才",到2000年的"高等技术应用性专门人才",再到2004年后的"高技能人才",尤其到2006年,国家进一步明确高等职业教育人才培养目标为"高技能人才"。这一演变过程体现了我国政府对高等职业教育人才培养目标的高度重视。

2. 目前我国高等职业教育培养目标定位的现实原因

为什么我国政府部门在近几年将高等职业教育的人才培养目标从"高等技术应用性专门人才"发展定位于"高技能人才"?这应从我国新时期人才需求的结构状况进行分析。

进入21世纪以来,经济全球化程度不断深入,科技进步日新月异,人才资源已成为世界最重要的战略资源。但是,我国人才的总量、结构和素质还不能适应经济社会发展的需要,特别是现代化建设急需的高层次、高技能和复合型人才十分短缺。尤其是当前我国全面建设小康社会,走新型工业化道路,推进城镇化,解决"三农"问题,提高产业竞争力,促进就业和再就业的社会发展状况,对提高劳动者素质、加快技能型人才培养提出了迫切要求。

高技能人才对于促进经济发展、提高企业竞争力、实现我国产业结构优化、推动技术创新和实现科技成果转化有重要作用,而当前我国面向生产、建设、管理、服务第一线的高技能人才十分短缺。因此,2003年12月,中央召开人才工作会议,发布了《中共中央国务院关于进一步加强人才工作的决定》,将高技能人才纳入国家"人才强国战略"的总体规划中。2004年9月,《教育部等七部门关于进一步加强职业教育工作的若干意见》提出,加快培养企业急需的技术技能型人才、复合技能型人才以及高新技术产业发展需要的知识技能型人才,推动技能人才队伍的整体建设,使技能人才(特别是高技能人才)的数量和所占比例有较大增加和提高,努力缓解劳动力市场技能人才紧缺状况。2005年,《国务院关于大力发展职业教育的决定》(国发〔2005〕35号)中指出,"以服务社会主义现代化建设为宗旨,培养数以亿计的高素质劳动者和数以千万计的高技能专门人才。"鉴于此,高等职业教育的人才培养目标必然应适应经济社会的发展而发展。国家将高等职业教育人才培养目标定位于"高技能人才",首先,弥补了当前人才结构发展不平衡的问题;其次,满足了经济社会对高技能人才培养的需要;再次,我国目前高等职业教育绝大部分是专科层次,没有本科层次、研究生层次,按照专科层次定位提出高等职业教育要培养高技能人才。所以,在当前经济社会发展的形势下,将高等职业教育的人才培养目标定位于"高技能人才"具有一定的现实意义。

3. 高等职业教育人才培养目标的定位问题

高等职业教育应成为培养"高技能人才"的摇篮,培养一批素质良好、知识够用、能力很强的面向生产、建设、管理、服务第一线的高素质、高技能人才是各高等职业院校的根本任务。

但是,高素质、高技能人才是宽泛的高等职业教育人才培养目标,具体体现在各学校、各专业,应具有各自的特色。不同区域、不同高等职业院校应有不同的培养目标定位,不同的专业应有不同的高技能人才类型和目标定位。所以,各高等职业院校应根据区域经济的发展需要,结合本校办学特色,对高职教育人才培养目标进行科学合理的定位,明确学校及各专业的人才培养目标。高等职业院校将培养目标定位于高技能人才,并不是说学生一毕业就具有高级工或技师的水平,毕竟有些技能等级证书需要有一定的工作经验。但我们在人才培养过程中要使学生在校期间完成高技能人才所需知识和能力的基本训练,在"应知"(即理论知识)方面达到高级工理论知识的要求,在"应会"(即技能水平)方面达到中级及以上水平,部分优秀学生可以通过高级工及以上认定。为实现上述培养目标,高等职业院校要以学生职业素养培养为主线,以职业能力培养为核心,形成符合高素质、高技能人才培养要求的理论教学、实践教学和素质教学三大课程体系,全面推进素质教育,强化职业道德教育,推动工学结合的人才培养模式改革,优化人才培养方案,以就业为导向加强专业与人才培养基地建设,深化教学内容和课程结构改革,加强校企合作,完善校内外实训基地建设,毕业证书和职业资格证书并重,加强"双师结构"专业教学团队建设,不断改革、完善教学质量保障体系,以保证高等职业教育高技能人才培养目标得以顺利实现。

4. 技术应用型人才的培养

第二次技术革命使工程师把一部分工作交给技术员完成,以实现工程师的升级和人力的高效使用。技术员需要掌握一定的理论知识,承担原来由工程师承担的理论要求较低但动手较多的工作,同时还要在现场解决生产实际问题,因此被称为"工程师助手"。第三次技术革命的兴起对技术人员又提出了新的要求,不仅需要能够策划、设计的工程师和能够实施操作的技术员,还需要介于两者之间的、能够独立完成一定项目的、主要面向应用第一线的人员。在美国企业的工程技术人员系列中,有工程师、技术师和技术员,其中技术师是典型的工程实践者,他们关注工程原理如何应用于实践,致力于如何组织生产人员从事生产准备工作和现场操作,专注于维护和改良生产设备、生产过程、加工方法和加工程序。

这里谈的技术师不同于传统大学培养的工程人才,也不同于我国目前职业院校培养的技能型人才,而是区别于两者的"中间桥梁式人才"。目前,越来越多的国家在高等教育层次上培养这些人才,并授予高等教育学位,如在德国,高等专科大学和科技大学是以培养企业和社会组织实际需要的技术应用型"高级桥梁式"职业人才为目标。日本实施高等职业教育的院校中,专修学校和短期大学主要以培养技能型人才为目标,高等专科学校则以培养技术型人才为目标。

综上所述,各国虽然办学模式不同,但其高等职业教育都分多种层次培养技术应用型和技能型人才,且以技术教育为主。然而,目前我国的高等教育主要培养工程人才,职业院校主要培养技能型人才,没有技术应用型人才的培养模式。

实际上,在任何一个国家的生产和服务过程中,学术型、工程型、技术应用型和技能型人才都是必不可少的。由于目前我国的高等教育仍然是双轨制,技能型人才和技术应用型人才是职业教育的培养范围,但如果职业教育只培养技能型人才,而普通高校不能培养技术应用型人才,必然造成技术应用型人才的短缺。就目前我国的经济发展趋势看,技术应用型人才短缺已成事实。因此,应该尽快建立起完善的职业教育体系,积极培养技术应用型人才是职业教育责无旁贷的。

(三)职业教育培养目标的实践基础

实现职业教育的培养目标,必须紧紧抓住两个前提:一是社会需要;二是个人需要。职业教育是社会与个人之间的媒介,当培养目标的界定充分兼顾了两者的利益时,对目标的实现就是职业教育的过程问题。在这个过程中有四个关键环节和一个有效途径需要特别重视。

1. 四个关键环节

1）职业教育的教育思想

职业教育人才的培养必须以能力培养为核心,能力培养在整个职业教育人才培养的过程中起着至关重要的作用。为了使学生将来在社会中有较强的竞争能力,在职业教育中,一方面要注重学生专业能力的培养,对职业岗位适应性的培养;另一方面要特别强调方法能力和社会能力的培养。

方法能力和社会能力前面已有论述,是指与纯粹的专业性职业技能和职业知识无直接关系,超出职业技能和职业知识范畴的能力。培养这种能力的目标是:当职业变更使劳动者原有的专业知识和技能不能适应新的工作时,这种非专业化能力可以使他们快速适应新的工作环境,又可称为跨专业能力。

由于方法能力和社会能力不断被认可,因此人才培养的能力观逐渐从"任务能力观"和"品质能力观"发展至"综合能力观"。

"任务能力观"重视实践活动对能力发展的重要作用,将能力的目标与职业岗位的具体工作任务联系起来,建立具有明确行为化目标的能力分解表,以此制订教学计划。该能力观认为技术应用能力是由若干项综合能力组成的,每一项综合能力又由若干专项能力组成,是由具体的任务描述和规定的,于是能力便成为一系列任务的组合,任务就是能力。这种过于实用化的"任务能力观"导致受教育者的职业迁移能力和可持续发展能力不足。

"品质能力观"重视人的个性品质在能力发展中的重要作用,将良好的个性品质作为推动实践活动,并能在实践活动中获得成功的条件。因此,兴趣、理解、感知、创新、进取、自信、忍让、合作等品质的塑造有利于学生获取职业能力,有利于个体职业能力的迁移,并获得较好的可持续发展能力。

"综合能力观"同时关注人的个性品质和人的实践活动在能力培养中的作用,认为任务不等同于能力。不是所有的能力都可以用任务目标描述,能力只能在一定的职业情境和完成任务的行为过程中得以体现。显然,"综合能力观"是将学生一般素质与其职业岗位或工作情境结合起来,突出知识、技能的素质培养,强调将这种素质结构与未来职业活动中的具体任务或工作情境联系起来。因此,"综合能力观"更关注学生方法能力和社会能力的培养。

比较上述三种能力观不难发现:"任务能力观"强调职业技能的训练,"品质能力观"强调任务技能的基础性训练,"综合能力观"则取二者之优,由狭隘的岗位技能拓展到综合素质,由单一的满足上岗要求转向适应社会发展需要。职业教育既要体现职业教育的职业性,突出实践能力的培养,确保学生毕业就具备一定的实际工作能力,还要高度关注受教育者整个职业生涯的可持续发展。

2) 职业教育的办学理念

过去,我国将职业教育当作一项社会公共事业办,这就形成了职业教育的政府性、公益性和无偿性特色。职业教育的政府性主要表现为由政府投资,由政府计划与管理;公益性主要表现为解决国有企业的人才缺乏问题,解决适龄人口的就业问题;无偿性主要表现为受教育者无须支付教育成本。由于上述特色的存在,我国的职业教育体现的主要是政府的意志,职业学校为政府办学,毕业生由政府统一分配工作、安排就业。整个教育过程,无论是社会、学校,还是受教育者,几乎没有任何自主的余地,培养目标是否达成以及达成程度也主要由政府进行评估。

现在,我国已明确将职业教育归入第三产业,而市场经济的发展及劳动力市场的确立使得职业教育具备了完全的市场属性。那么,产业化的职业教育能否从市场中获得相应的价值回报呢？回答是肯定的。因为无论是企业,还是个人,出于自身利益的需要,都必须对自己进行必要的人力投资,即对教育的投资,特别是对职业教育的投资。对企业来说,通过这种投资获得的高素质的劳动力可以使生产过程最优化,从而提高劳动生产率;对个人来说,通过这种投资获得的高素质的职业资格可以使自己的职业生涯更具竞争力。因此,职业教育必须将面向政府办学的理念转为面向市场办学的理念;将居高临下施教于受教育者的理念转为向受教育者提供优质教育服务的理念;将教育重点落在终结性教育评估的理念转为将教育重点放在过程性、发展性教育评估的理念。这样,职业教育培养目标的实现就会从根本上得到保证。

3) 职业教育的课程设计

过去我国在相当长的一段时期内,从政府到民众都将职业教育作为普通国民教育的一种附属、一种补充,其课程模式只是普通教育课程模式的简单移植,造成职业教育课程体系与培养目标脱节。

现在,世界上较为成熟的职业教育课程体系有三种:一种是以工作过程为导向的职业教育课程体系;另一种是能力本位课程体系;还有一种是"模块式"课程体系。这三种课程体系有如下几点共性:第一,以培养目标为核心;第二,打破了学科体系与结构;第三,突出操作技能的训练;第四,具有极强的职业针对性。这四点既是上述三种课程体系的特点,也是课程体系随时代与经济的发展而不断更新的原则,以确保所支撑的培养目标的实现。

我国职业教育课程体系的缺陷,使得职业教育一直无法准确定位。职业教育要准确定位并确保培养目标的实现,就必须对整个课程体系进行重新设计。

4) 职业教育的教学模式

教学模式是指在一定教育理念及教育理论逻辑的框架中,为完成某种教学任务而采取的相对稳定、具体的教学活动结构。最早系统地研究教学模式的美国教育家乔伊斯、韦尔提出四类基本模式,即信息模式、个性模式、社会交往模式和行为模式。

现代教学论把教学模式与一定培养目标下的课程结构相联系,归纳出三种课程实施形式,即演绎为主的课程形式、训练为主的课程形式和活动为主的课程形式。演绎为主的课程形式,就是教师采用讲授、演示、实验等方法将课程知识等信息处理后传授给学生。当然,在这种知识信息的传授过程中,有侧重单向传授的控制教学法,有注重学生能动性的发现教学法,还有从易于学习的角度进行传授的意义教学法等。训练为主的课程形式,就是教师采用分解、示范、组合、强化等方法将目标技术、技能处理后传授给学生。由于技术、技能的学习带有很强的实践性和经验性,因此,课程实施形式必须以训练为主,但这种训练也带有强烈的控制教学倾向。活动为主的课程形式,就是教师提供主题和评价标准,学生在自主的活动过程中感受主题并对自身行为不断进行自我修正,从而完成课程任务。在这种课程形式中,教师只充当组织者的角色,而学生则在活动中体验课程内容、完成学习过程。

我国的职业教育目前多采用以演绎和训练为主的课程形式,以活动为主的课程形式虽有试点,但成熟的案例并不多。这主要受制于课程设计的缺陷和教育理念的偏差。为什么这样说呢?因为作为职业教育培养目标第一层次的职业能力,其专业能力(包括专业知识和专业技能)可以通过演绎和训练的方式培养,但方法能力和社会能力是无法通过演绎和训练获得优化的,仅对受教育者讲授和训练是远远不够的,因为认知与职业能力的形成还有一段遥远的距离,而缩短这一距离的唯一方法就是让受教育者在职业活动中自己获得。德国"双元制"教育体系中,学生大部分时间都在工厂从事实际职业活动。事实证明,这是成功的职业教育教学模式。由于这种模式需要一定的社会、政治、经济、文化背景的支持,目前在我国职业教育中全面实施还不可能。但是,我们可以在校内建立仿真的职业活动情境,编写适合以活动课程形式为主的各类教材,同时将活动课程作为教学改革的一个方向加以倡导,并首先在有条件的职业院校中整体试行。

以活动为主的课程形式之所以作为职业教育主要的教学模式,是因为这种教学模式有其他两种模式无法替代的优势:第一,需要学生有主动的认知意识,并在活动中不断提高自己的认知能力;第二,需要学生有独立的计划与实施的行为,并在活动中不断地将其优化;第三,需要学生有相应的知识、技能及其应用能力;第四,需要学生有良好的工作态度、与他人交往的技巧;第五,需要学生有较强的成就动机与实现动机的活动过程。在职业教育对培养目标的达成过程中,这些优势恰恰弥补了另外两种模式的严重不足。因此,只有将这种活动课程模式与演绎、训练模式有机地结合起来,并以活动课程模式为主,职业教育的培养目标才能全面实现。

2. 一个有效途径——工学结合教育

工学结合教育是实现职业教育培养目标的有效途径。工学结合教育的要旨是通过学校、用人单位与学生的合作,把工作实践与教育结合起来,把在校的学习与未来的岗位工作结合起来,以培养既有理论知识,又有实践经验的专业人才,使学生成为有实际生产能力的、能负起社会责任的人。

工学结合教育不同于半工半读。半工半读的学生参加工作的目的是为了增加经济收入,以贴补求学费用,所担任的工作往往与所学专业没有关系。而工学结合是学校与校外机构密切合作,以培养职业人才的一种教育活动,因而称为工学结合教育,学生参加工作是整个教育过程的重要组成部分,是有领导、有组织、有计划、有步骤的教育行为。工学结合教育也不同于我们传统教育中的毕业实习(或称生产实习)。实习是一种专业知识的学习和专业技能的形成过程,它还不是一种真实的工作经历。工学结合教育中的工作是让学生在真实的工作环境中去锻炼,提高学生对社会的适应能力和工作能力。这里的"真实"是指有竞争、有报酬的市场环境。工学结合教育对学生的吸引力来自合作教育既能为学生提供经济来源以维持学业,又能给他们提供一个"预就业"的机会,为毕业后的顺利就业打下基础。

工学结合教育对于提高学生的职业能力,培养学生良好的职业道德,增加学生的就业能力、创新能力和创业精神有积极作用。

1) 工学结合教育有利于提高学生的技能

要把学生培养成高素质的劳动者和技能型人才,就必须让学生在职业工作情境或准职业工作情境中工作。虽然学校教学中也开设实验、实训课,但总是没有企业真实、生动的工作环境那么直接。要形成真正的职业能力,就必须深入到真正的职业活动中去。工学结合教育为学生创造了提前接触实际工作的机会,让学生在实际的工作环境中真刀实枪地干,在完成工作任务的过程中提高从业技能,为培养合格的技能型人才创造有利条件。

2) 工学结合教育有利于培养学生良好的职业道德

对学生实施以爱岗敬业、诚实守信、办事公道、服务群众、奉献社会为主要内容的职业道德教育,是职业教育应尽的职责。培养学生的职业道德,一是提高道德认识,二是养成行为习惯。工学结合教育为学生提供的工作环境有利于对学生进行职业道德教育,特别是对于培养学生良好的职业道德和形成自理自律、与人合作、完成任务、应急应变、耐劳耐挫品质,能起到学校教育不可替代的作用。

3) 工学结合教育有利于增加学生的就业能力

我国对技能型人才的需求正在增加,但职业院校毕业生的专业对口就业率却并不高。究其原因,一是职业院校毕业生普遍缺乏工作经历,企业录用后,不能零距离上岗,影响了企业使用职业院校毕业生的积极性;二是职业院校毕业生对自己未来的职业生涯缺乏认识,在应聘就业时缺乏必要的就业知识。而工学结合教育通过课堂学习与工作经历的结合,使学生提前进入职业领域,密切了学生与就业的关系。学生通过在企业有报酬、有计划和有督导的工作经历,一方面使自己对未来的职业有了较为全面的、客观的认识,增强了学生确定职业方向的信心;另一方面,也提高了自己对未来职业岗位的适应性,缩短了学习生活向职业生活的过渡,加快了实现从学生到职业人的转化,为今后顺利走向职业岗位做好了准备。

4) 工学结合教育有利于形成学生的创新能力和创业精神

工学结合教育使学生有相当一段时间在生产、建设、管理、服务第一线的岗位工作,而实际工作现场所遇到的问题是具体生动、丰富多变的,学生通过解决现场的实际问题更容易激发创新热情、强化创新意识,最终形成创新能力。工学结合教育通过学习与工作的结合,使学生加深了对社会的认识,增加了社会阅历,锻炼了学生对社会的适应能力,有利于强化学生的劳动观念,培养其吃苦精神,形成社会责任感;有利于学生学会忍耐和经受挫折;有利于他们形成迎接社会各种挑战的能力,从而养成良好的创业品质。

第二节 职业教育体系

体系是指若干互相关联的客观事物或作为客观事物反映的观念,在其发展过程中逐步形成一个有序的整体。一个体系应具备三个条件:相对独立性;很强的稳定性;形成了复杂而有序的内部结构。职业教育体系是指一个国家或地区各种类型、各个层次、各种形式的职业教育的实施机构以及各级行政管理组织组成的有机整体。它与基础教育体系、高等教育体系一起组成一个完整的大教育系统,根据社会和个体的需求培养人,促进政治、经济、文化、科技和个体的发展。

一、构建职业教育体系的依据与原则

（一）构建职业教育体系的依据

职业教育体系的形成是以一定的社会条件为依据的。职业教育既是国民经济的组成部分，又是教育的组成部分。因此，构建职业教育体系，必须以社会经济和教育条件的现实及其未来发展的需求为主要依据。

1. 社会发展对人才的需求是确立职业教育体系的首要依据

职业教育与经济发展有内在的联系。职业教育既是工业化大生产的产物，又是进一步发展社会化大生产的条件。现代化经济发展越来越受到科学技术和劳动力素质的制约，而科学技术现代化，劳动力素质的提高，必须依赖于职业教育。

当前，我国正处于社会主义初级阶段，发展社会生产力的任务十分迫切，发展职业教育是促进经济发展的一个重要突破口。农村正在从自然原始的农业经济向现代农业经济转变，从手工劳动向机械化、现代化方向发展。调整农村的产业结构，引导农民脱贫致富，都需要职业技术教育开路。城市工业正面临新技术革命的挑战，面临从粗放型工业向集约型工业的转变，面临提高经济效益的挑战；企业技术改造，提高企业经济效益，也要有一支具备现代化技术的中、高级技术工人。

我国社会生产力呈现出多层次、多类别、低水平、不平衡的状态。生产力和生产技术的多层次、多类别，决定了我国劳动力素质的需求也是多层次、多种类的。各类人才和劳动力的需求状况，决定了我国的职业技术教育必须有高等、中等、初等的层次，并且要有专业门类齐全、行业配套的体系和结构。

2. 国民经济结构是确定职业教育体系的重要依据

国民经济结构，指国民经济的各部门，社会再生产的各个方面的有机构成，其中包括所有制结构、产业结构、技术结构、劳动力结构、就业结构等。它们之间的相互联系及其各自内部的比例构成了一定社会的经济结构。在社会领域的多种结构中，经济结构是基础结构，居于支配地位。当一个社会的经济结构形成后，必将对社会总体结构中的其他方面产生直接或间接的影响。职业技术教育结构也必然要与经济结构的发展、变化相适应。

职业教育结构体系的确定要与国民经济的所有制结构和劳动就业结构、产业结构的发展变化、国民经济技术结构的发展变化等相适应。

随着社会主义现代化进程加快，科学技术日益进步，企业的技术改造必将引起生产设备和生产工具的日益更新，以劳动密集型为主的生产活动逐渐被技术密集型的生产活动代替。先进的机器设备需要有相应劳动技术的劳动者操作。社会主义现代化的发展、技术生产装备的进步,必然对劳动者素质的要求越来越高。高级技术、管理人员和高级技术工人将越来越多。职业教育结构必须以经济结构中不断变化的技术结构为依据进行不断调整。

3. 职业教育自身发展的要求是确定职业教育体系的必要依据

改革开放以来,我国的职业技术教育获得了空前的发展,基本上形成了普通教育与职业教育双轨并行的局面。在体系和结构上,逐渐形成以中等职业教育为主体的,并在已有一定数量的初等职业教育和中等职业教育的基础上,向高等职业教育伸展的格局,出现了学校教育与短期培训并存,职前教育与职后教育共同发展的新局面。这种体系和结构客观上反映了我国政治、经济、科技变化的需求。

但在我国职业教育发展过程中,就其体系与结构而言,也出现了一些较严重的比例失调、学制混乱、政出多门的问题。之所以如此,主要是因为构成职业教育的有关要素尚未纳入统一的体系。一个依据职业教育特点的,为我国经济建设总目标服务的,与所有制、产业、技术、就业结构变化发展相适应的合理结构尚未形成。从类型结构说,比例失调的突出表现是培养技术工人的学校过少。从有关数据对比中可以看出,技工培养人数还不及技术和管理干部培养人数的二分之一。从管理体制说,技工学校由劳动部门综合管理,职业中学、中等专业学校由教育部门综合管理,分属不同的管理部门,这就难免各自为政。

上述情况的存在必然导致企事业单位需要的各类技术和管理人员供过于求,而急需的技术工人供不应求,满足不了生产的需要。这些不合理的现象都需要职业教育在自身发展过程中主动调整自身的体系和结构。

(二)构建职业教育体系的原则

职业教育体系是指职业教育法规定的由一系列职业教育形式组成的职业教育整体。它由各种职业教育类别组成。职业教育体系反映了我国的职业教育整体结构和组成种类,有利于从宏观上考察我国的职业教育制度。构建职业教育体系应遵循以下原则。

1. 职业教育结构体系要适应社会发展的整体要求

教育结构体系应该适应我国社会生产力对教育提出的要求,为培养出促进社会生产力发展的劳动者而努力。同时,教育还应该体现我国先进文化的前进方向。因此,教育结构体系对社会发展的适应性是全面的、整体的,我们不应孤立地强调某一个领域的需要,而忽视其他领域的需求。随着21世纪科学技术和经济的发展以及人民生活水平的提高,人们对社会主义精神文明的建设和个人精神生活水平的提高,提出了更高的和多样化的要求,21世纪的职业教育结构体系必须积极适应这方面的要求。

教育结构体系改革对社会的适应,不仅表现在要适应社会当前发展的要求,而且更重要的是应该适应社会未来的需要,促进社会的可持续发展和进步。合理的教育结构体系必须具有引导和改造环境的能力。可以通过优化教育体系,培养高素质的劳动者和各类人才,影响社会各行业和企业事业单位的发展政策,引导社会对人才资源的需求;还可以创造新的就业岗位和新的产业;引导和促进经济、科技的发展和社会的进步。

2. 职业教育结构体系要满足受教育者对终身学习的多样化需求

教育既有促进社会发展的功能,更有促进人发展的功能。一个合理的教育结构必须体现广大人民群众的根本利益,有利于多出人才,快出人才,出好人才;有利于满足不同类型、不同岗位的人在其一生发展中对教育的多种需要。

各级各类教育虽然有不同的功能和分工,但都担负着为社会主义建设事业培养全面发展的人才的任务。不能把提高受教育者的全面素质与对受教育者进行职业准备教育或专业教育这两个方面截然分开。因此,基础教育、职业教育和高等教育都要重视受教育者的全面素质,特别是思想道德品质的提高,注意培养学生的学习能力、实践能力和创新能力。

当代科学技术的迅速发展,使知识发展和更新的速度大大加快,使终身教育显得比以往任何时候都更加重要。教育结构体系的设计和调整应该从学校教育、在职教育和社会教育的相互连接、相互补充的关系等方面,为贯彻终身学习的原则迈出新的步伐。

3. 职业教育结构体系调整要从我国社会现有人才结构和学历水平的实际出发

随着我国教育事业的发展,近20年来各行业劳动力的学历水平和专门人才的比重有较大提高。但由于人口众多和原有的教育基础比较薄弱,我国社会现有人才结构学历层次总体上还是比较低的,而且发展很不平衡。因此,我们一方面要把培养具有现代素质的高级专门人才摆在人才培养的突出位置,同时应重视和统筹研究各级、各类人才和劳动者的培养。在积极发展普通高等教育的同时,还必须根据我国工业化的进程和产业结构调整的需要大力培养高等职业技术人才,同时也必须十分重视中等职业教育的发展和改革,提高中等职业教育的质量。另一方面,要从我国的实际出发,努力避免和减少由于教育层次、科类结构上的不合理造成的在人才配置和使用上的浪费现象,充分发挥我国教育资源的效益。

4. 职业教育结构体系的调整要遵循教育自身发展的规律

教育结构体系改革虽然受到经济和社会发展的制约,但也必须遵循教育自身发展的规律。教育发展的规律与教育结构体系改革关系密切,主要表现在以下两个方面。

1) 改革创新与相对稳定的统一

进一步转变观念,解放思想,加大教育改革的力度,积极推进教育结构体系的改革和创新已经成为21世纪的重要任务。同时也要看到,受教育者身心发展的阶段、社会对人才需求的层次、师资队伍、办学条件、课程体系和教学内容等诸因素都有相对稳定性,教育周期又通常比经济活动周期长,改革决策上的成功与否往往要在若干年后才能表现出来,其效果会影响到一代人或几代人。因此,世界各国对于学历教育结构体系都采取积极和审慎的态度,都经过充分的科学论证,并进行必要的实验验证。

2) 多样化与规范化的统一

一方面,教育结构体系(尤其是普通高等教育和职业技术教育结构)应该多样化,这是教育发展的客观规律;另一方面,由于教育结构体系是一个有机联系的整体,为了更好地管理和发展教育,促进不同层次类型学校教育之间的相互衔接沟通,需要对不同层次类型学校教育的内容、层次进行一定的规范;为使相同学历、文凭、证书具有大体相同的价值,也需要对各种教育提出基本的要求。因此,教育结构的多样化并不排斥教育的规范化。通常情况下,越是基础教育、正规学历教育,越需要规范化。国际数据比较显示,科学划分教育的类型是教育结构合理化的重要前提。

二、我国职业教育体系的基本结构与特点

(一)我国职业教育体系的基本结构

逐步建立现代职业教育体系是我国职业教育发展的重要目标,早在1985年中共中央颁布的《关于教育体制改革的决定》中就已提出了这一目标。1996年颁布实施的《中华人民共和国职业教育法》又对其做出了明确规定:"国家根据不同地区的经济发展水平和教育普及程度,实施以初中后为重点的不同阶段的教育分流,建立、健全职业学校教育与职业培训并举,并与其他教育相互沟通、协调发展的职业教育体系。"2002年,《国务院关于大力推进职业教育改革与发展的决定》明确提出,到"十五"末期要"初步建立起适应社会主义市场经济体制,与市场需求和劳动就业紧密结合,结构合理、灵活开放、特色鲜明、自主发展的现代职业教育体系。"在国家政策的引导和扶持下,各地进行了有益的尝试和探索,初步建立起具有中国特色的现代职业教育体系。2012年,《国家教育事业发展第十二个五年规划》提出要完善职业教育体系结构,加快形成服务需求、开放融合、有机衔接、多元立交,具有中国特色、世界水准的现代职业教育体系框架。图4-1所示为我国现行职业教育体系。

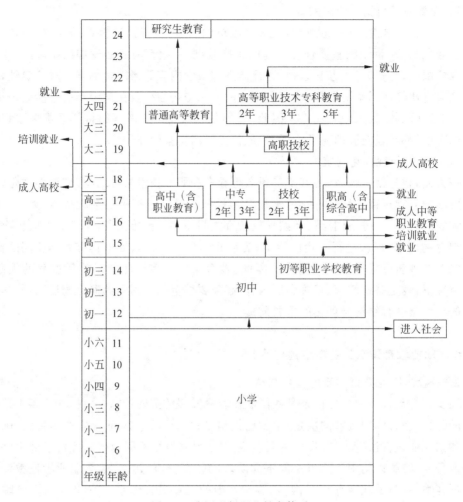

图 4-1 我国现行职业教育体系

我国的职业教育系统主要包括职业学校教育系统与职业培训系统。职业学校教育系统又包括普通职业学校教育系统和成人职业学校教育系统。普通职业学校教育系统包括初等职业学校教育系统、中等职业学校教育系统、高等职业学校教育系统;成人职业学校教育系统包括成人初等职业学校教育系统、成人中等职业学校教育系统和成人高等职业学校教育系统。职业培训系统包括职前培训系统、在职培训系统、职后培训系统(继续教育)。图 4-2 清晰地表示了我国职业教育系统的基本结构。

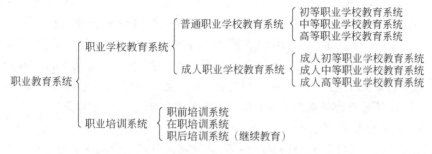

图 4-2　我国职业教育系统的基本结构

1. 职业学校教育系统

1）普通职业学校教育系统

（1）初等职业学校教育系统。

初等职业学校教育是最低层次的职业教育,主要设在一些九年制义务教育尚未普及的边远地区和农村,主要是培养初级技术工人、农民和从事其他行业的熟练劳动者。初等职业教育的招生对象为小学毕业生,学习 3～4 年的文化知识和专业知识、职业技能。有的地区普通初中采取 3＋1 模式,即初中普通教育 3 年结束后,第 4 年主要进行职业教育和训练,为就业做准备。对学生进行初等职业教育的学校统称为初等职业学校。

（2）中等职业学校教育系统。

中等职业学校教育是我国职业教育的主体和重点。中等职业学校的类型有中等专业学校、职业高中（或职业教育中心）、技工学校（或技术学校）等。这三类学校统称为中等职业学校。中等职业学校教育主要招收应届初中毕业生,学制一般为 3～4 年,以 3 年居多。随着社会经济发展对人才需求层次的高移,各类中等职业学校的培养目标已经趋同,主要是培养技能、技术型人才。

（3）高等职业学校教育系统。

高职高专院校主要属于大专层次,招收应届高中毕业生或中等职业学校毕业生,学制一般为 2～3 年,也有招收初中毕业生,即"五年一贯制"。高职高专毕业生还可以通过"专升本""专转本""专接本"考试（"专升本"属于成人教育,由国家统一组织考试;"专转本"属于普通高等教育,由地方教育主管部门组织考试;"专接本"属于自学考试范围,由地方自考管理部门组织测试）进一步取得本科学历和学士学位。

高等职业教育既有专科层次,学制为 2～3 年,也有本科层次,学制为 4～5 年。有的高校还有职业教育研究方向的职业教育硕士点和博士点。

高等职业技术师范学院(大学)20世纪80年代初开始逐步成立,近年来有的改称科技师范学院、工程技术师范学院等,是专门培养职业教育师资的普通本科高校。20世纪90年代,在一些普通高校的二级学院(如职业技术学院、职业技术教育学院等)也建立了为专业学校培养师资的教师教育类机构。这类院校的办学特色是技术性和师范性相结合,招生对象主要有两类:一类是高中毕业生;另一类是中等职业学校毕业生,学制一般为4年。目前,普遍开始探索培养具有职业教育特色的硕士和博士研究生。

2) 成人职业学校教育系统

成人教育(也称继续教育)有初等、中等、高等成人教育三个层次之分。成人教育不论学历教育,还是非学历教育,职业性和就业性都是其显著特征。

(1) 成人初等职业学校教育系统。

成人初等职业学校教育主要包括基层的职工业余文化技术学校、乡镇农民技术学校,以及各种技术推广、上岗前或再就业培训等,招收具有小学以上文化程度的社会人员,学制灵活,强调实用,培训结束发给结业证书或学历证书。它对于扫除青壮年文盲、提高其从业能力具有积极的意义。

(2) 成人中等职业学校教育系统。

成人中等职业学校包括职工中专、广播电视学校、函授中专、干部学校等。这类学校一般招收初中文化程度的社会人员,学制为1~3年,毕业考试合格后发给成人中专毕业证书。

(3) 成人高等职业学校教育系统。

成人高等职业学校教育包括职工大学、普通高校的成人(继续)教育学院、网络(远程)教育学院、电视大学、管理干部学院、高等教育自学考试、民办职业专修学院等,有全日制、业余、函授、网校等多种教育形式:现有专科、本科、专升本等层次和类型。这类学校一般招收高中阶段教育程度的应届和往届毕业生以及社会人员。入学须参加全国统一的成人高考,毕业考试合格后发给成人学历证书,本科毕业还可以参加学位考试,取得成人学士学位证书。从2001年开始,教育部和国务院学位办开通中等职业学校教师在职攻读硕士学位研究生培养教育项目,学制为3~5年,考试和论文答辩合格后,颁发相应学科的教育硕士学位证书。

2. 职业培训系统

职业培训是对从业人员进行的以从事某种职业所需要的职业知识、职业技能为主的培训活动。这种培训是有组织、有目的地进行的。职业培训可以由中等职业学校、就业培训中心、职工培训中心等教育、培训机构完成。职业培训一般由劳动行政部门、经济业务部门、企业和社会团体组织或实施。教育部门负有对培训学校和培训机构进行业务指导的责任,劳动部门进行统筹和综合管理。职业培训已经成为职业学校的重要组成部分,并将成为职业学校发展过程中新的增长点。职业培训不以取得学历资格为目的,一般经培训成绩合格者,可按国家有关规定发给相应的培训合格证书和技能等级证书。

职业培训根据不同的需要,分为职前培训、在职培训和职后培训(继续教育)等,分别由相应的培训机构、职业学校组织或实施。根据培训对象、培训内容的不同,职业培训还可分为初级、中级和高级职业培训。

1) 职前培训

职前培训是指按不同岗位的基本要求,对未上岗人员进行的教育和培训活动。对于技术业务要求高的行业或部门的人员,在上岗前都要进行职业技术基础培训。在关键设备、关键岗位上工作和从事危险性作业的工人,必须经过培训,并经考核合格取得从业资格后才能上岗。转换工作岗位和重新就业的人员也必须经过培训。培训的内容包括专业知识、操作技能、安全生产知识、职工守则和职业道德等。培训由企业或企业委托职业培训机构采取脱产、半脱产或业余方式进行。2000年,国家颁布了就业准入制度和职业技能等级制度,施行"先培训,后就业,先培训、后上岗"的就业制度。

2) 在职培训

在职培训是指对从业人员进行的不脱离岗位,以提高岗位工作能力为主的培训活动,也称在岗培训,是企、事业单位对职工进行职业教育活动的主要形式。在职培训的方式可以多种多样,如短期培训班、技术业务专题培训讲座、岗位练兵、技术比武、技术表演等。开展在职培训要注重内容的针对性和实用性,以及培训对象的全员性、培训过程的全程性;强调岗位工作的现实需要,全面提高在岗人员的岗位工作能力,在生产和管理中迅速发挥培训效果。

农民在职培训的主要内容是各类实用技术,要求通过培训,能根据各地农村资源的不同情况推广和应用实用技术,达到增加生产和帮助农民脱贫致富的目的。

3) 职后培训

在职人员的技术更新、提高,以及下岗、失业人员的再就业培训,成为职后培训的主要对象。职后培训的形式多种多样,可以是"工读交替""半工半读""脱产培训",也可以通过网络或多媒体教学等形式进行。培训的内容可以是针对单位员工的整体素质的提高,也可以是新技术、新工艺的介绍和推广等。随着我国社会经济的发展,职后培训将成为我国职业培训的重点。

当然,我国职业教育体系仍存在诸多问题,其中有两个核心问题没有解决:一是职业教育与普通教育相互渗透、相互沟通的问题;二是中等与高等职业教育的衔接问题。前者表现为职业教育与普通教育之间的渗透与沟通是单向的、有限的,后者主要表现为中等、高等职业教育之间的衔接不畅。

(二)我国职业教育体系的特点

我国职业教育体系经过几十年的建设、改革和不断完善,基本建立了一个体系相对完整,结构相对合理,教育机会相对公平,与区域经济发展紧密结合,与各级、各类教育相互衔接,正规教育与职业培训相互沟通,学历教育本位与职业能力本位并重,学校职业教育与社区教育结合的开放型体系。该体系具有以下五个特点。

1. 层次性

我国职业教育体系具有明显的层次性。职业教育有初等、中等、高等三个层次。三个层次之间,尤其是中等、高等职业教育之间的逐步衔接,使职业教育体系逐步完善。

2. 区域性

我国幅员辽阔,经济和社会发展极不平衡,经济和社会形态各异,教育普及程度差异较大,职业教育体系与地方的经济、政治、科技、教育发展水平基本适应,呈现明显的区域性特点。一般来说,经济发达地区以中等职业教育为主,高等职业教育比较发达,办学条件、办学水平也比较高;而经济不发达地区以发展中等职业教育为主,兼顾初等职业教育的发展,办学条件相对简陋。

3. 开放性

我国职业教育体系正逐步形成与普通教育和高等教育之间的衔接和沟通,并逐步形成与国家职业资格证书相融通的格局;同时,在吸收国内外职业教育先进理念的基础上,结合中国职业教育的实践,形成了私人办学、对外合作办学、联合办学等多种投资主体的办学形式。

4. 灵活性

我国职业教育的发展面向社会、适应市场,实行灵活的学制,采用学分制、工学结合、半工半读等多样化的办学模式,努力适应经济、社会发展对职业教育的功能和结构不断提出的新要求。

5. 统筹性

城乡职业学校依据各自教育资源优势和人力资源优势统筹办学,使农村(尤其是经济不发达地区)受教育者也能获得优质职业教育,劳动就业能力得以提升,并顺利实现劳动力转移。

三、我国职业教育体系的完善与优化

在现代社会,职业教育是以一个完整的体系为社会服务的。这个体系由多个具有不同功能而又分工合作的部分组成。随着经济的发展、科技的创新和社会的进步,职业教育体系必须做出相应的变革,否则就不能很好地实现服务经济和社会的功能。进入 21 世纪,我国经济、科技、社会环境都有了较大变化,现有职业教育体系难以适应新的社会发展环境的需求,因此必须重新审视现有职业教育体系,构建与我国社会发展相适应的职业教育体系。2005 年,《国务院关于大力发展职业教育的决定》中明确指出,要"进一步建立和完善适应社会主义市场经济体制,满足人民群众终身学习需要,与市场需求和劳动就业紧密结合,校企合作、工学结合,结构合理、形式多样,灵活开放、自主发展,有中国特色的现代职业教育体系。"

构建和优化我国职业教育体系的基本目标是建立一个层次分明、结构合理、行业配套、上下贯通、左右相连、统筹规划、协调发展,能主动适应经济社会发展对人才结构需求的现代职业教育体系。

(一)我国职业教育体系的变革趋向

1. 开放化

作为与社会经济发展紧密联系的现代职业教育体系,其本质应是开放的。也就是说,职业教育应面向全社会开放,使广大民众人人有学上,时时处处能学习,使社会成为"也许就是任何时候不只提供定时制的成人教育,而且以学习、成就、人格形成为目的而成功地实现价值的转换,以便实现一切制度所追求的目标的社会"(引自《学会生存》)。这是建立开放式职业教育体系的重要目的所在,也是未来职业教育发展努力追求的目标。

职业教育体系的开放性主要体现在学生来源和去向的开放、师资队伍的开放、教育设施的开放、办学主体的开放等。依靠这种开放可以实现对职业教育资源充分合理地配置与应用,做到资源互补,优势互补,使职业教育资源得到整体优化,并产生最大的教育效益。

2. 多样化

职业教育本质上就是满足所有人的教育,它应根据每个人的不同情况使人们都能得到合适的职业教育,都能获得成功。世界职业教育发展历史表明,单一化的职业教育既无法满足社会职业的多样化要求,也无法满足学习者多样化的个性要求。我国职业教育的区域性同样决定了职业体系必须多样化,应当允许不同区域根据自身的社会经济特点,选

择不同的职业教育办学模式、管理模式、课程模式和教学模式,形成多元并存、多元互补、多元整合的局面。职业教育培养目标的不同,专业门类的繁多,以及教育水平的不平衡,学生来源的多渠道,都要求职业教育的办学模式和学制年限必须灵活多样。职业教育体系必须是一个在目标、内容、形式、层次等方面提供多种选择,满足多种学习和发展需要的教育体系。

3. 终身化

工业化的本质决定了劳动的变换、职业的变动和从业者的全面流动。作为现代经济社会的客观发展趋势,就业者的岗位变换将不是简单的劳动工种的转换,全面及时的职业教育和职业培训将伴随始终。作为人力资源开发,不断使人力资源增值的职业教育,必须构建与人们的终身教育相适应,能够满足人们终身学习和教育享受需要的职业教育体系。通过职业教育与培训使劳动者由无序流动转向有序流动,促进每一位劳动者都能寻找到人生的最佳位置。

4. 规范化

职业教育体系是一个有机联系的整体,为了更好地管理和发展职业教育,促进不同层次、不同类型的职业教育学校之间相互衔接和沟通,需要对不同层次和不同类型职业教育的内容、层次进行一定的规范。为了使相同学历、文凭、证书等具有同等的价值,需要对各种职业教育提出基本的要求。国际职业教育比较显示,科学划分职业教育的类型、层次等也是职业教育结构合理化的重要依据,可以为我国职业教育体系融入世界职业教育体系奠定基础。国家职业教育主管部门出台的《关于中等和高等职业教育的专业设置要求、课程标准》等就是要使职业教育规范化。

5. 人本化

1999年,世界职业和技术教育大会提出了"全民的技术和职业教育"的口号,指出职业教育应面向所有人、面向各类人群,强调接受职业教育是基本人权。我国职业教育必须坚持"以人为本"的理念,在坚持强调人的全面发展的同时,积极促进人的自由发展和可持续发展,并落实到职业教育的所有方面。需要说明的是,我们强调"以人为本",并非否定职业教育以能力为基础、以就业为导向的职业教育特征,而是为了能及时跟上国际职业教育发展的潮流,为了学习者能够适应科技发展和资本流动的经济全球化的要求,以及为了满足学习者可持续发展的需要。

(二)优化我国职业教育体系的举措

1. 构建符合我国国情的现代职业教育体系,创新职业教育管理体制和机制

我国职业教育体系经过起步、发展、调整、改革等阶段,已经初步形成了具有中国特色的职业教育体系。但是,随着我国社会经济的发展,借鉴国际先进职业教育发展的经验,今后要形成以政府引导、市场调节为主,行业、企业和社会力量积极参与办学的职业教育体系和体制,构建结构合理、灵活开放、特色鲜明、自主发展的现代职业教育新体系。职业教育结构体系的建立与完善,政府部门主要起宏观引导的作用,主要由市场调节其体系结构的变化,充分发挥市场在职业教育结构调整中的资源配置作用,建立以社会发展需求为导向的职业教育结构运行和调节机制。

职业教育作为现代教育的重要组成部分,政府对其应实施统一的宏观管理,管理职能应归属于教育行政部门,改变职业教育和职业培训多方管理的局面,这样才有利于我国现代职业教育体系的形成以及职业教育协调、稳步地发展。

各级、各类职业教育机构要合理定位。职业教育办学机构要加强对人才市场需求的调研,面向市场的需求开设和调整专业,加快办学体制和办学形式的改革;要按行业和区域技术进步的要求,调整职业教育的专业和层次结构,切实加强行业、地区急需紧缺职业人才的培养,找到自身在市场中的合适位置。

2. 加强职业教育与其他类型教育的沟通

职业教育与其他类型教育的沟通也包括职业教育内部不同层次、不同形式教育之间的沟通,要建立四通八达的教育"立交桥"。世界各国都在着力调整普通教育与职业教育的关系,彻底打破普通教育与职业教育这两个体系的封闭状态,运用倾斜性政策支持职业教育与普通教育的互通。其特点是"普通教育职业化,职业教育普通化"。其沟通和衔接的途径主要包括以下两个方面:其一,建立多样化的中等教育结构。根据经济、社会发展的需要,大力发展中等职业学校,增加综合高中和职业高中,使普通学校和职业学校以及两类学生保持一个合理的比例关系。其二,职业教育的作用和特色决定了它不可能只是单一的低层次教育,而应是多层次、复合型教育。在职业教育系统内,不应该只有高中阶段和专科两个层次,还应该有高职本科、应用型硕士、博士等各种层次。除学历教育外,还应该有非学历的在职培训、转岗培训和继续教育,这些办学层次和办学形式之间不是孤立、割裂的,而应该是互相连接、上下贯通的统一整体。

3. 加快农村现代职业教育体系建设

开发农村人力资源,建设社会主义新农村,将为职业教育发展提出挑战和创造机遇。对于农村(特别是偏远地区的农村)职业教育体系建设,各级政府和教育行政部门要加大扶持力度。需要指出的是,必须从农村经济社会发展特点、发展现状和发展需要出发,建立一个既有别于传统职业教育体系,又有别于城市职业教育体系,符合农村人力资源开发和终身教育体系形成及学习化社会构建需要的现代农村职业教育体系;必须建立以发展农村职业教育（培训）为主体的新型农村教育结构，打破沿用城市教育模式和人力资源开发模式的教育结构；基础教育也必须广泛渗透职业教育因素，以提高农村人力资源的整体素质。

4. 职业教育与职业培训并举、交融，职业学校与企业紧密合作

加强职业教育结构体系与就业结构之间的有机联系，切实加强职业培训，实行学历证书与职业资格证书并重的制度。要按照市场经济发展的需要，逐步建立起由政府、行会和企业扶持的专业培训机构、职业学校，以及民间投资以盈利为目的的专业化培训机构，共同组成多元化培训机构体系，使其发挥各自优势，实现功能互补，建立在岗和转岗人员多形式教育服务的社区就业能力培训体系。

5. 加强与职业教育相关的其他体系的建立

健全与职业教育相关的法律体系、教育法规、劳动法规等。职业教育相关的法律体系现代化是现代职业教育体系建立的制度保证；建立人才需求预测体系，以及建立以社会劳动资源调查为前提的社会劳动力和各类人才需求预测体系，是职业教育系统工程中的一项基础工程；还要建立分层的、以劳动力市场为平台的人力资源评估与监管体系。完善职业教育经费筹措体系，放宽政策，多渠道吸引职业教育投资。职业教育师资培养的途径要进一步拓宽，要建立一支以专为主、专兼结合、行业配套、数量足够的高水平"双师型"师资队伍，这是现代职业教育体系建立的关键问题。

6. 借鉴国外现代职业教育体系建设的先进经验

国外现代职业教育体系的建立有许多成功经验，将国外的先进经验与我国国情相结合，如德国的"双元制"、美国的社区学院、澳大利亚的 TAFE（Technical and Further Education）、英国的 BETC 等，可以使我国现代职业教育体系的建立少走弯路。

<h3 style="text-align:center">相关链接：德国职业教育体系</h3>

一、德国教育体系的总体框架

德国的国民教育体系分为基础、中等和高等教育 3 个阶段。

（一）基础教育

基础教育学校为小学，儿童 6 岁入学，各州学制 4~6 年不等。这个阶段的最大特色是不给孩子分数压力，小学一、二年级甚至没有成绩单，小学高年级开始分流，学生根据兴趣爱好和特长选择中等教育。

（二）中等教育

中等教育分为初级和高级两个阶段。初级阶段包括主体中学、实科中学、初级文理中学和综合中学 4 种类型。

(1) 主体中学是以就业为导向的职业初中(职业预校)进行职业准备教育,毕业生主要进入下一阶段的"双元制"职业学校学习。在德国,大约有70%的小学毕业生进入主体中学学习。

(2) 实科中学被誉为德国中等教育的典范,学生主要来源于中产阶级家庭,毕业后有多种选择,既可以进入下一阶段的职业学校,也可以选择高级文理中学,从而进入大学。

(3) 初级文理中学是以升学为目的的完全中学。毕业生进入高级文理中学并通过毕业考试即可获得上大学的资格,可以申请所有类型的大学和专业。

(4) 为弥补上述3类学校过早地为孩子"定型"的弊端,一种新型的包含这3种形式的综合中学应运而生,目的是给学生更多的选择机会和时间,使成绩较差的学生也有机会进入下一阶段的学习。

中等教育的高级阶段分为5种类型,分别是"双元制"职业学校、职业专科学校、专科高级学校、职业高级学校、高级文理中学。

(1) "双元制"职业学校是以就业为导向的职业教育,也是德国职业教育的主要形式,任务是培养技术工人,学制一般为3年。学生首先要与企业签订职业教育合同,明确职业教育的形式、内容、期限及工资支付等各项内容。与企业签订职业教育合同经相关行业协会备案生效后,即确立了双方的职业教育法律关系。学生以企业学徒的身份分别在职业学校、企业学习理论知识和操作技能,大约30%的学习时间在学校,70%的学习时间在企业。"双元制"职业教育属于免费义务教育,学生在学习期间不仅不交学费,每月还可得到由企业提供的工资和法定社会保险。学生毕业要通过两次考试,期中考试一般在1年半后进行,由职业学校组织考试,成绩作为毕业考试的参考。毕业考试由相关行业协会组织,通过者将获得由行业协会颁发的毕业证书,全国通行。

(2) 职业专科学校也是以就业为导向的职业教育,学生以主体中学和实科中学毕业生为主,学制3年。但职业专科学校属于全日制职业教育,少数毕业生可升入专科大学。由于毕业生就业比较困难的原因,职业专科学校的数量越来越少。

(3) 专科高级学校和职业高级学校属于以升学为导向的职业教育,学制为2年。学生主要来自实科中学,其中专科高级学校实践与理论课程各1年,毕业生可升入专科大学。职业高级学校为全日制理论学习,毕业后可升入综合大学(有专业限制)。

(4) 高级文理中学是以升学为导向的普通高中,学制一般为3年,毕业后取得上大学的资格。各类职业学校学生还可以通过夜校和成人教育获得上大学的资格。

(三) 高等教育

到2008年,德国共有公办高等学校391所,学生总数约200万人,包括综合大学、理工大学、师范学院、艺术学院、神学院、专科大学、职业学院等。其中,综合大学104所,专科大学184所,在校生分别约为138万和53万,是德国高校的主体。与我国的高职教育有所不同的是,德国大部分专科大学不属于职业教育。德国高等职业教育的主要形式是职业学院。职业学院的专业设置集中在工程、经济、社会服务三大领域,招收高级文理中学毕业生,采取"双元制"培养模式,目标是培养职业型高级人才,学制为2~3年。以工程类专业为例,修完3年课程并经国家考试合格的,授予"职业学院工程师"称号,相当于本科学历;修完2年课程并经国家考试合格的,授予"工程师助理"称号,相当于专科学历。

此外,还有一种非高等教育的专科学校,属于高中后的职业进修教育,包括技术员学校和技师(师傅)学校两类,前者由州政府主办,后者由行业协会主办,任务是培养技术员和技师(师傅)。德国认为技术员和技师(师傅)的培养应在职后进行。这类学校学制一般为2年,入学条件是已接受职业教育并有1年以上工作经验,学习期间一般不需要到企业实习。学生修业期满并通过州文化教育部门或行业协会组织的毕业考试,分别取得技术员和技师(师傅)资格。技师再通过行业协会的相关资质审核,就可以担任"双元制"教育中的企业实训教师,成为"师傅"。

二、德国职业教育的法律法规体系

(一)《联邦职业教育法》及《州学校法》

德国是一个联邦制国家,各州享有文化教育主权。所有学校,包括中小学、职业类学校和高等学校,均属于州一级的国家设施。除《高等学校框架法》为联邦立法以外,各级各类学校教育的立法权均在各州,如《州学校法》。校外特别是企业的职业教育,则由联邦负责协调,按照《联邦职业教育法》的有关规定实施。

作为德国职业教育主体,"双元制"教育中职业学校这"一元"遵循《州学校法》,企业这"一元"则遵循《联邦职业教育法》。

(二)教育职业和《职业教育条例》

顾名思义,"教育职业"是指进行职业教育的职业或岗位,是职业教育开展的前提。这是德国的一大创新,他们认为职业教育的"专业"不是学科意义上的专业,而是对社会职业群或岗位群所需技能、知识、态度等职业能力的"集合"。到2008年,德国共有343个教育职业和相应的《职业教育条例》,规定了相关教育职业的名称、教育期限、知识和技能要求、框架教学计划、考试要求等,是企业、职业学校组织教学活动的直接依据。

(三)《框架教学计划》和《考试目录》

作为《职业教育条例》的配套文件,各州文化部长联席会议还要制订《框架教学计划》和《考试目录》,规定指导性的教学计划以及考试内容和要求,并向社会公开,供各方了解和参考。联席会议参与方包括各州文化部、经济部等有关部门以及行业协会、企业、工会、职业学校代表和联邦职教所等机构。各职业学校再据此制订《教学计划》,组织教学活动。

三、德国职业教育的管理体制

德国法律规定,所有企业都应是相关行业协会的会员。作为德国职业教育最重要的自我管理机构,手工业协会、工商联合会、农业协会、律师协会、医生协会等行业协会是相关领域"双元制"职业教育的主管机构(《联邦职业教育法》第71条)。行业协会设立职业教育委员会,负责协调和管理本协会辖区范围内职业教育的有关重大事项,委员会由6名企业(资方)代表、6名工会(劳方)代表和6名职业学校教师组成,企业和工会代表有正式投票权,职业学校教师只有咨询性投票权。1970年成立的联邦职业教育研究所则是协助联邦有关部门解决职业教育相关问题的决策咨询和科学研究机构。州文化部以及由行业协会、企业(资方)、工会(劳方)、职业学校代表组成的州职业教育委员会是州层面的协调机构。各州文化部长联席会议及其职业教育委员会是各州之间职业教育的议事协调机构,从而形成联邦与各州及各州之间、行业协会与教育主管部门之间上下协调、各方协作配合的职业教育管理体制。

第五章 职业教育专业论

学习目标
1. 明晰职业教育专业的内涵与设置依据。
2. 了解我国职业教育专业设置的演变过程。
3. 掌握职业专业建设的内涵与主要内容。
4. 掌握专业建设保障措施。

职业教育长期以来沿用普通高等教育"专业"一词的称谓，是对学生接受职业教育的"教学门类"的表述。然而，从社会学的观点看，职业教育的所谓"专业"实质上更多地与职业形式的工作紧密相连，它更多地指向职业，是动态的职业分析的结果，而非来自基于学科体系的专业科学的"专业"目录。澄清职业教育的"专业""专业群"以及"专业设置"等概念是职业教育有效实施的重要内容。

第一节 职业教育专业

一、职业教育专业介绍

（一）专业

普通高等学校的专业主要依据学科分类、社会发展和工作领域划分，其中主要依据学科分类，侧重于学术性。2012年，教育部颁布的《普通高等学校本科专业目录》显示，我国高校现行的12个学科门类为哲学、经济学、法学、教育学、文学、历史学、理学、工学、农学、医学、管理学、艺术学。其中，哲学门类下设专业类1个，4种专业；经济学门类下设专业类4个，17种专业；法学门类下设专业类6个，32种专业；教育学门类下设专业类2个，16种专业；文学门类下设专业类3个，76种专业；历史学门类下设专业类1个，6种专业；理学门类下设专业类12个，36种专业；工学门类下设专业类31个，169种专业；农学门类下设专业类7个，27种专业；医学门类下设专业类11个，44种专业；管理学门类下设专业类9个，46种专业；艺术学门类下设专业类5个，33种专业。

可以看出,普通高等学校的专业主要是依据学科门类设置的,学术性、系统性、逻辑性较强,比较有利于学科知识的讲授与学习,这也是普通高等院校不同于职业院校,培养学术性人才、研究型人才所需。

(二)职业教育专业的特点

职业院校的特点在于其鲜明的职业属性。职业院校的专业明显不同于普通高校,它不是学科型专业,而是与从事某种职业的人的职业活动联系在一起,它是对相关职业领域里的职业群或岗位群的从业资格进行高度归纳概括后形成的一种能力组合。下面首先分析"职业""工种""岗位""职业资格"等概念之间的相互区别与联系。

1. 职业

职业是指人们参与社会分工,用专业的技能和知识创造物质或精神财富,获取合理报酬,丰富社会物质或精神生活的一项工作。职业是由特定的社会分工而形成的具有专门的业务和特定职责的社会活动,也是人们在社会中从事的作为谋生手段的工作。从社会学角度看,职业是人们的生活方式、经济状况、行为模式和思想情操的综合反映,也是一个人的权利、义务和职责的体现,还是一个人的社会地位的一般性表征。职业同时具备如下特征:社会性、经济性、稳定性、技能性、规范性与群体性。处于同一企业或同一部门的从业者,总会形成语言、习惯、利益及目的等方面的共同特征,从而不断产生群体认同感。

根据《中华人民共和国职业分类大典》,我国现有的职业结构可划分为 8 个大类、75 个中类、434 个小类和 1481 个细类,分成党的机关、国家机关、群众团体和社会组织、企事业单位负责人,专业技术人员,办事人员和有关人员,社会生产服务和生活服务人员,农、林、牧、渔业生产及辅助人员,生产制造及有关人员,军人,不便分类的其他从业人员 8 个大类。其中,职业数量最多的是"生产制造及有关人员",占实际职业总量的 74.8%;职业数量最少的是"党的机关、国家机关、群众团体和社会组织、企事业单位负责人",占实际职业总量的 1.67%。

从我国现有职业结构看,职业的分布具有三个突出特点:第一,技术型与技能型职业占主导,如占实际职业总量 74.8%的职业分布在"生产制造及有关人员"大类,这一大类的职业分属我国工业生产的各个主要领域,从这类职业的工作主要内容分析,其特点是以技术型和技能型操作为主;第二,第三产业职业比重较小,仅占实际职业总量的 10%左右;第三,知识型与高新技术型职业过少。现有职业结构中,属于知识型与高技术型的职业数量不足实际职业总量的 3%,即使考虑到受保密因素等影响,这一比例仍然很低。

职业结构的现状客观反映出我国市场经济发展正经历由低水准向高水准的过渡,产业结构的变化正由第一产业占优势的比重逐渐向第二、第三产业占优势的比重演变,劳动密集型产业的比重向技术、知识密集型产业的比重转化。

2. 工种

工种是根据劳动管理的需要,按照生产劳动的性质、工艺技术的特征或者服务活动的特点而划分的工作种类。目前,大多数工种是以企业的专业分工和劳动组织的基本状况为依据,从企业生产技术和劳动管理的普遍水平出发,为适应合理组织劳动分工的需要,根据工作岗位的稳定程度和工作量的饱满程度,结合技术发展和劳动组织改善等方面的因素进行划分的。《中华人民共和国工种分类目录》把我国的工种基本分为46个大类,4700多个工种,每个工种都含编码、工种名称、工种定义、适用范围、等级线、学徒期、培训期、见习期和熟练期等内容,如建筑业的主要工种包括瓦工、混凝土工、钢筋工、抹灰工、管道工、架子工、装修工、水电工等;制造业的主要工种包括电焊工、电工、钳工、车工、铸工、锅炉司炉工、汽车维修工、汽车驾驶员等;服务业的主要工种包括餐饮服务员、客房服务员、家政服务员、中式烹调师、中式面点师、美容美发师、家用电器维修工、保安员等。

3. 岗位

岗位是企业根据生产的实际需要而设置的工作位置。企业根据劳动岗位的特点对上岗人员提出的综合要求形成岗位规范,它构成企业劳动管理的基础。

岗位是随事定的,也就是我们常说的因事设岗。岗位是组织要求个体完成的一项或多项责任以及为此赋予个体的权力的总和,一般是指由一个人从事的工作。

岗位与人对应,通常只能由一个人担任。一个或若干个岗位的共性体现就是职位,即职位可以由一个或多个岗位组成。例如,制造型企业的生产部门的操作员是一个职位,这个职位由很多岗位的员工担任。如果具体到某个工序,就是岗位了。例如钻孔操作员,操作员的职位可能由钻孔操作员、层压操作员、丝印操作员等岗位组成。

4. 职业资格

职业资格是对从事某一职业所必备的职业劳动知识、操作技术和其他能力的基本要求,是指劳动者达到的从事某种职业的最低要求,即起点标准。职业资格分为从业资格和执业资格两类。其中,从业资格是指从事某一专业(工种)应具备的学识、技术和能力的起点标准。从业资格通过学历认定或考试取得,供用人单位参考;执业资格是指政府对某些责任较大、社会通用性强、关系公共利益的专业(工种)实行准入制度,是依法独立开业或从事某种特定专业(工种)的学识、技术和能力的必要标准。

绝大部分的职业资格证书证明的是从业资格,并不作准入控制。在特定领域,在一定的范围内实行强制性就业准入控制的是执业资格。国际通行的是注册会计师、执业医师、执业护士、执业药师、律师等有限的几个行业。执业资格实行登记注册制,即考试取得的执业资格证书必须经过注册后才能生效。

职业资格分别由国务院劳动、人事行政部门通过学历认定、资格考试、专家评定、职业技能鉴定等方式进行评定,对合格者授予国家职业资格证书。

5. 职业教育专业定位分析

职业教育的所谓"专业"实质上是从一组已有的或新出现的相关岗位或职业分析入手,调查并确定这些岗位或职业需要的知识点、技能点以及对工作态度的要求,再根据职业情境和职业能力,特别是工作任务与工作过程的同一性原则,对其共同点进行归纳后形成的"教学门类"。这意味着,职业教育的"专业"是对社会职业的"岗位群""职业群"所需的技能、知识与态度的一种"科学编码",是一种建立在职业分析基础上的"教育载体"。因此,学生接受职业教育的"教学门类"在德国被理性地称为教育职业(Ausbildungsberuf)。应该说,它突显了职业教育专业的本质,深刻揭示了职业教育专业的本源是职业。因此,职业教育的"专业"并非普通高等教育所指的学科意义的"专业"。

目前,德国"双元制"职业教育共有"教育职业"约 355 个,分属 13 大职业领域,以姜大源教授为首的职业教育研究者将后者称为"教育职业群"。

职业、工种和岗位之间有着密切的内在联系。一般一个职业包括一个或几个工种,一个工种又包括一个或几个岗位。因此,职业与工种、岗位之间是一个包含和被包含的关系;同类接近的数个岗位、工种、职业又分别形成岗位群、工种群与职业群,而从事某种职业的最低要求形成职业资格;职业教育专业则是建立在对岗位群、职业群所需的技能、知识与态度的一种综合设置,接近的若干个专业集群形成专业群,成为建立在职业分析基础上的"教育载体"。图 5-1 所示为专业、职业、工种与岗位之间的关系图。

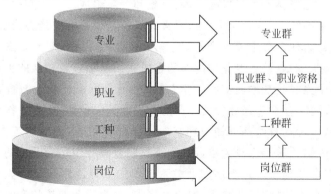

图 5-1 专业、职业、工种与岗位之间的关系图

二、职业教育专业群

专业是为适应经济社会需要而设立的,但在市场机制作用下,专业外延往往发展较快,一方面专业的大量增加造成专业单体资源的稀释;另一方面,专业的过细分化限制了专业的服务能力,专业基本建设和内涵建设往往滞后,影响了人才培养质量的提升。跳出具体的专业,以专业群为单位统筹专业的基本建设和内涵建设,是建设高水平专业的重要途径。

（一）专业群

专业群是指由若干个专业技术基础相同或紧密相关、表现为具有共同的专业技术基础课程和基本技术能力要求、并能涵盖某一技术或服务领域的、由若干个专业组成的一个集群。

专业群中的各专业可以是同一专业大类中的专业,也可以是不同专业大类中的专业,能否归为一个专业群,主要以是否拥有共同的专业技术基础课程和基本技术能力(技能)要求划分,并且专业群中的各专业或专业方向、面向企业中的岗位群,均能在同一个实训体系中完成其基本的实践性教学。这才是专业群概念要表达的本质含义所在。专业群概念蕴示着职业教育教学组织观念的转变,是当前经济社会发展背景下专业发展方式的转变。

（二）专业群设置的现实依据

与产业、职业岗位群对接的"职业联系"是职业教育专业群设置的现实依据。"职业联系"的本质是工作要素的关联。不论哪种成分的职业能力,都是在知识与具体的工作要素之间形成的联系。工作要素由工作的设备、对象和关系组成。工作知识中最基础、最直接的是关于工作要素的知识,因此包含工作要素的工作情境是职业能力成长的环境和基础,这是解释职业教育为什么必须校企合作,企业本位的职业教育为什么优于学校本位的职业教育的关键因素。职业教育专业群内部的本质联系是相近或相似的工作要素,能否"在同一个实训体系中完成其基本的实践教学"是一种衡量标志。职业教育存在的基础是工作体系,职业教育要求存在于区域发展产业的相近职业岗位群中,在工作要素上具有密切的联系,需要其从事者具有的基础知识和基本技能常常相通,从事的工作内容、社会作用和从事者所需的人格特质等也较为接近。这正是职业教育组建专业群的现实依据。对接区域产业、优化专业结构布局是当前职业教育改革的重点。用区域产业相近的职业岗位群组建专业群,符合专业群"职业联系"的内在要求,并为职业院校的专业建设提供了新的思路。

(三) 职业教育专业群设置的意义

对接区域产业发展的专业群对于学校集聚专业资源、增强与产业界的合作有明显的优势,但专业群的意义远不止于此。专业群本身就是一个人才培养模式创新平台,构建专业群的目的归根结底是为了提高人才培养质量,从而促进人力资本增值,实现教育价值的最大化。优化培养模式、提高学生的职业能力和发展能力,更具有教育意义和社会意义。

根据相关第三方机构的调查显示,目前高职院校的毕业生就业去向主要集中在中小型企业,而中小型企业在人员分工方面与大型企业相对细化、专业化的人员分工不同,中小型企业往往要求员工除了具有主要岗位的胜任能力外,还具有相近领域的多岗位适应能力,即一个员工的工作内容和范围往往覆盖了大型企业几个员工的工作范围。因而,基于专业群的人才培养模式的综合改革有利于在强化学生主要目标岗位工作任务胜任能力的同时,兼顾相近岗位工作任务胜任能力的培养。目前国内一些学校开展的基于专业群的跨专业综合实践教学模式的改革,就是专业群人才培养模式综合改革的一项创新和突破。依托专业群综合平台的建设,构建从单门课程实训、综合实训、仿真实战到跨专业综合实训等系统化的实践教学体系设计,实现从单项技能培养、专业综合技能培养到跨专业技能培养的递进式提升,从而培养学生面向中小型企业的多岗位胜任能力,增强自身的就业竞争力。

(四) 职业教育专业群的组建与设置

1. 学校对接产业的选择与专业群的组建方式

学校的办学特色取决于专业特色,专业特色主要取决于所对接的产业,选择对接产业是职业院校专业结构布局的首要问题。目前的行业性职业院校有明显的特色优势,学生的就业对口率、薪酬水平普遍高于平均水平。其主要原因是因为有清晰的对接产业及其行业支持。以现有专业为基础,针对区域主导产业、新兴产业及周边同类院校的专业布局,"有所为有所不为"和"差异化发展"是职业院校专业发展的战略选择。对接区域产业发展的专业群组建有多种方式,如"一对一""一对多""多对一"等。从产学合作、资源利用、专业影响力和社会适应能力看,以多个专业群对接产业群(链)的方式有许多明显的优势,这是职业院校优化专业结构布局的改革方向。

2. 对接产业的专业群设置与数量

影响学校专业群设置的核心因素是群的内在联系,不存在职业联系的专业群"形聚神离"。但专业群的设置与数量还与对接产业的发展规模和技术含量有着密切的关系。发展规模决定了人才的需求数量,技术含量决定了人才的需求规格。地处省会城市的行业性职业院校有较强的区域辐射优势,较大区域的行业产业链保证了需求的数量,专业的职业联系自然较为密切,此时的专业群设置及其数量主要取决于群内专业的学生数量、管理因素和确保就业优势;地方综合性职业院校因办学的经济效益,专业群常常存在一个专业群对接多个相近产业的情况,尤其在经济欠发达地区的地市级职业院校会长期存在,但从办学质量的角度,这样的专业群常常处于竞争的劣势。因此,只有针对有明显发展前景的产业才能设置这样的专业群,并随着区域产业的发展、生源规模的扩大而加以分化。

3. 群内专业的设置

目前,大多职业院校的商贸类、营销类、管理类专业都采用单独组群的方式,并将生产、制造类产业中涉及商贸、营销和管理岗位工作的人才全部纳入这类专业群培养。这与基层一线经营、管理类人才的成长规律不符,也造成了这类人才成长的单一性。随着我国职业教育体系的建立与完善,培养懂技术、会操作、能管理的生产、建设、服务、管理一线高素质技能性人才将成为职业教育专业培养的重要特色。职业院校学生既要学会企业主体性岗位的基本操作,同时还要具备技术人员或企业现场管理人员的工作能力,但其操作能力、技术能力是这类人才成长的起点。因此,一线经营管理类人才的培养应主要纳入生产、建设类专业群的培养,削减单独设置的商贸、营销、管理类专业,增加生产、建设类专业群内的专业方向是群内专业设置的客观要求。

第二节 职业教育专业设置

职业教育专业设置相对于职业教育专业,是一个动态概念,它是指职业学校专业的设立与调整,包括专业的新建、开设、变更以及取消等内容。专业设置是职业学校区别于普通学校的主要标志,它是连接教育与经济的纽带,是职业教育为经济发展服务的具体体现,是职业学校适应社会需求、保证人才培养、适应经济社会需求的关键环节。要根据职业教育的培养目标,针对地区、行业经济和社会发展的需要,按照技术领域和职业岗位(群)的实际需要设置和调整专业。没有科学合理的专业设置,不能从经济社会的有效需求出发设置专业,必然会造成人才供求的失衡与错位,影响经济的发展和职业教育的生命力。

一、职业教育专业设置的依据

职业教育专业的开设与调整不是职业院校或者某个人随意设置的,而是有充分依据和合理规划的。职业教育专业设置的主要依据包括理论观点、经济社会发展状况与教育条件等内容。

(一)职业教育专业设置的理论观点依据

1. 终身学习理论

1999年,联合国教科文组织在韩国的汉城举办的第二届国际技术与职业教育(TVE)大会上围绕一系列有关全民终身教育与人才培养的问题,对21世纪的职业教育提出了不少全新的观念和要求,把职业教育在未来的终身教育体系中的位置提到"核心地位"的高度,成为实现终身学习理论的基本条件。因而,在职业教育专业设置的理论研究与具体实践过程中,始终贯彻终身教育和终身学习理论,树立"全民职业教育"和"大职业教育"的国际职业教育新观念。坚持政府主导,多方参与,统筹管理的职业教育;坚持面向市场、工学结合、校企合作的职业教育;坚持"以服务为宗旨,以就业为导向"的办学方针,满足最广大人民群众广泛而充分就业和终身学习需要的职业教育。为更好地发挥职业教育功能的全效性,各地区和行业在整合职业教育和成人教育资源的基础上,构建综合性的职业教育集团或社区开放学院,在市场化运作机制下推行多种学制相结合的多元化办学模式,努力办成全员性、全程性、全效性的多功能教育培训中心,以弹性学习制度满足社会大众不同的学习需求,进一步强化职业教育在终身学习体系中的核心地位。

2. 多元智力理论

"多元智力"(Multiple Intelligences)最初由美国哈佛大学教授、发展心理学家霍华德·加德纳(Howard Gardner)提出。按照加德纳教授的多元智能理论,个体身上至少独立存在着与特定认知领域或知识范畴相联系的八种智能,分别为语言智能、逻辑—数学智能、视觉空间智能、身体运动智能、音乐智能、人际关系智能、自我认识智能和自然观察智能。并且,加德纳认为人的智能只有强项、弱项之别,没有好坏优劣之分;每种智能代表一种不同于其他智能的独特思考模式。然而,它们不是独立运作的,而是同时并存、相互补充、统合运作的;每个人都具备至少八项智能,每个人在各种智能的发展程序上有所不同,人人都有优势智能。

这意味着,个体的智能倾向是多种智能集成的结果。多元智力观的核心在于认真地对待个别差异。职业教育的学生相对于普通高等教育的学生来说,他们是同一层次不同类型的人才,没有智力的高低、贵贱之分,只有智能的结构类型的不同。他们在语言智力和数学逻辑智力方面或许表现为弱项,但这并不代表他们在其他方面也呈劣势,他们的优势完全有可能表现在动手操作能力、人际交往能力、空间能力、资质能力等智力方面。因此，职业教育要根据自身的办学条件和优势教育资源，紧跟时代的要求，创办多个专业，善于发现学生的优势智能，有意识地开发学生优势智能方面的潜力，积极引导其向相应的职业方向发展。职业院校要根据专家们的指导，在教学中根据学生的智能和学习内容的特点选择不同的专业学习，给职业学生指出其相对有效的学习方式，建议其向与自己优势智能相符的职业规划方向发展。如让身体运动智力特别好的学生就读体育、保安专业，让音乐节奏感觉敏锐的学生学习音乐艺术、幼儿教育专业，让人际关系智力较突出的学生就读导游、营销专业等。根据不同学生的智力特点和学习风格开设相应的专业，给予每个学生最大限度的发展机会。

3. 素质教育理论

素质教育是针对我国教育的实际状况而提出的教育改革的理论观点，其实质是以人为本全面发展教育的理念。具体到职业教育，实施素质教育的目的就是全面提高职业教育学生的整体素质和综合能力，使其成为综合发展的技能型人才。职业教育的对象——人，既要适应周围环境对自身进行改造，又要改造周围的环境。也就是说，职业教育培养的人不是被动的存储器，也不是被动的技能机器人。一个生物人只有经过职业教育，才能成为一个社会需要的职业人，但又不仅仅是一个纯粹的职业人，而是一个要生存、要发展的活生生的社会人。

素质是人内在的、稳定的、经常起作用的基本品质结构，技术属于知识的范畴，是人的外在之物。技术不等于素质，要把科学技术转化为人的科技素质，要经过内化(理解)、固化(巩固)、外化(应用)，如此循环往复，科学技术才能转化为人的科技素质。职业教育要求把提高学生的基本素质和职业素质作为根本，因此，职业教育的专业设置及其调整必须着眼于学生的全面发展，在能力取向的基础上，以提高综合职业能力为核心，以致力于人的素质完善为目标，不断提升知识、情意、人性在职业教育专业设置中的地位，以确保学生素质的整体性发展。

(二)职业教育专业设置的经济社会依据

1. 经济发展水平

职业是社会分工的产物，社会分工是建立在私有制所有权与劳动分工基础上的，私有制所有权的独立出现了商品交换，为获得更多的利益，会不断扩大商品生产，也就导致出现更多的社会分工。社会分工要求相适应的劳动分工，劳动分工的要求导致劳动者素质提高需求的产生。由此可见，职业是在私有制出现以后产生的，并非人类与生俱有。

人类社会初期，社会生产力十分低下，原始人群内部只存在按性别和年龄划分的自然分工,没有社会分工。在生产力不断发展的推动下,出现了三次社会大分工,且每次大分工都推动新的产业和职业的产生。发生在原始社会后期的第一次社会大分工使游牧部落从其他部落中分离出来。发生在原始社会末期的第二次社会大分工使手工业从农业中分离出来。随着生产力的发展,特别是金属工具的使用,当时出现了各种各样的手工业生产,如纺织、榨油、酿酒、金属加工和武器制造等,它们逐渐从农业中分离出来。原始社会瓦解、奴隶制社会形成时出现的第三次社会大分工,社会上出现了一个不从事生产,专门从事商品变换的商人阶级。可见,随着社会生产力水平的不断提高,职业是不断变化的。

经济发展水平不同,其产业和职业存在较大的差异。正如经济学家亚当·斯密所言:各种行业之所以各个分立,似乎也是由于分工有这种好处。一个国家的产业与劳动生产力的进步程度如果是极高的,则其各种行业的分工一般也都是极高的。之前一人独任的工作,在进步的社会中,一般都成为几个人分任的工作。

2. 技术水平

技术水平决定了专业设置的广度和深度。18 世纪 60 年代,以蒸汽机的发明和使用为标志的第一次产业革命,使人类的生产技术由手工技术过渡到机械技术,由工厂手工业过渡到大机器生产的工业技术体系。蒸汽机的发明和应用带动纺织机、鼓风机、抽水机等机器发展,进而带动纺织、印染、冶金、采矿和其他工业部门迅速发展。

另外,由于蒸汽机的发明促使社会生产力发展很快,使棉花、布匹、煤炭以及各种原材料和产品与运输成为十分突出的问题,直接导致轮船、火车的发明,从根本上改变了交通运输技术的面貌,第一次产业革命使整个产业结构发生了巨变。第一产业的产值和劳动力的比重不断下降,劳动力数量绝对减少,大部分流向第二产业,小部分流向第三产业,第二产业的比重迅速提升,第三产业的比重也稳步提高。第二次产业革命使新兴工业部门异军突起,导致电气工业、石油工业、汽车工业、化学工业、电子工业和电话通信业等新的产业部门诞生,并在国民经济中逐步占据主导地位。

3. 产业结构

产业结构是指国民经济各个产业部门之间以及各产业部门内部的构成比例关系和结合状况,一般用产业增加值在 GDP 中的比重表示。产业结构是经济结构的重要组成部分,是构成一个国家或地区经济发展的核心内容。社会经济无论处于哪个发展阶段,无论达到什么样的发展水平,都会形成一定的产业结构,产业结构高级化程度标志着一国或一地区经济发展水平的高低、发展阶段和方向,是生产力发展水平的集中体现。

产业结构对专业设置的影响主要表现在以下几个方面:

(1)产业结构决定专业设置的分布结构。产业结构是一个动态发展的过程,始终处于不断调整和升级中。产业结构的调整意味着资源在各产业部门之间的重新调整与配置,每一种产业结构要求根据产业的特性配置一定的劳动力,从而形成与这种产业对应的职业结构,决定了人力资源的流动方向,职业教育的专业设置结构也要进行相应的分化、重组、升级。所以,产业结构决定专业设置的布置结构,即专业设置门类在一、二、三产业之间的比例。

(2)产业结构决定专业设置的多样性。随着产业升级和技术创新过程的加快,产业结构呈现出高级化的趋势,产生了一些新的职业。专业设置为了满足从业者多样化的需要也日益丰富起来。

(3)产业结构决定着专业设置的区域性。受地理条件、自然资源、政治环境、经济基础、人文积淀的影响,某一地区的产业结构呈现明显的地域优势和特色,职业教育的专业设置要充分考虑地方、行业经济结构调整的趋势、特点,以区域支柱产业和高新技术产业发展为主导,本着为地方、行业经济服务的宗旨设置专业。

(三) 职业教育专业设置的教育条件依据

1. 教育资源

必要的教育资源是教育活动开展的前提条件,职业院校的专业设置与教育资源有密切关系。教育资源不仅是专业设置的基础,也影响专业建设的水平和质量。在设置专业时,必须充分考虑现有的资源条件及一切可以利用的资源。从职业院校教育资源看,不仅包括学校内部固有的物质资源(主要是现有的校舍、场地、教学设施、实验实训设备等)和人力资源(教学管理人员、专业理论课教师、实习与实训指导教师的数量和质量等),还包括本地可以利用的社会资源。除此之外,教学管理体制、运行机制、管理制度等相关的软件资源都是必不可少的。当然,这并非说学校必须完全具备了资源条件才可开办新专业,也不是说学校有什么样的条件就办什么样的专业。

教育资源不仅包括学校内部资源,也包括学校外部资源。外部资源主要指政府的投入与学校所办专业相关的企业或社会组织等。政府投入是学校开办专业的重要资源,为促进区域经济主导产业的发展,地方政府往往投入一定的资金支持学校兴建新专业。与学校所办专业相关的企业或社会组织的存在就可以满足工学结合和校企合作的需要,开办新专业一定要考虑这些因素。

2. 相关专业

职业学校开办新专业应充分考虑学校现有的专业结构,如果有相近的专业,就可以在师资和实习实训设备等教育资源方面实现共享,有助于短期内增强专业的办学实力。如果设置的此专业与现有专业跨度较大,相关性差,各种教育资源需要全部进行新的投入,一方面,投资比较大,如果投资不足,影响专业发展;另一方面,有些教育资源不是短期内能够满足的,如师资。硬件条件即使能够满足了,但由于是新专业,刚开始招生量比较小,资源的利用率比较低。因此,要尽可能在学校现已开设的专业类别内发展新的专业,以便优化教学资源配置,实现教学资源共享。现实中一方面可以在基础稳固、经验成熟、具有优势的老专业的基础上延伸,派生出一些与老专业性质相近、相关的专业,形成专业系列或专业群;另外,根据市场需求也可以利用现有专业复合一些新的专业,如利用现有的计算机专业和艺术专业复合出动漫设计专业等。

二、职业教育专业设置的基本原则

（一）区域性与开放性相统一

区域性就是指职业教育在专业设置时要充分发挥当地自然资源的优势,按当地经济和社会发展的需要设置专业,这是由职业教育的职业性与经济性决定的。需要注意的是,职业教育与区域经济社会发展紧密结合,不是指职业院校所设的专业、所培养的人才仅局限于当地区域经济所需,为当地区域经济所用。在市场经济条件下,尤其是在经济全球化、市场一体化的大背景下,一个人、一所学校,其发展空间已打破了地域限制,当地经济发展的空间和内涵也随之扩展到更大的范围,这就是要建设职业设置的开放性原则。开放性原则是指面向国内市场、兼顾国外市场,专业设置要打通毕业生出省创业、出国就业的渠道。因此,职业教育在专业设置考虑区域需求性的同时,也应兼顾专业设置的开放性原则,在立足为当地经济建设和社会发展培养人才的基础上,根据全国经济发达地区对人才的需求,面向经济发达地区甚至海外设置专业,向经济发达地区及海外进行劳务输出。因此,职业教育的专业设置的首要原则是要兼顾区域性与开放性相统一。

（二）需求性与前瞻性相统一

职业教育作为现代社会经济发展的产物,它与经济社会天然的密切关系决定了它的社会需求性特征更为突出。职业教育要与社会的经济、政治、文化等相适应,培养出适应社会需要的人,这是职业教育工作的一个根本出发点。因此,不管是过去、现在和未来,社会需求性都是职业教育专业设置调整过程中的一个重要原则。

但是,职业教育专业设置在遵循需求性原则的同时,更要根据社会发展的趋势,及时更新补充新知识、新技术,把相近专业进行规范、归类,提升学生掌握新知识、新技能、新工艺的能力,以便毕业后能更好地适应社会的迅猛发展。在职业教育中设置专业,体现超前思想做得较突出的是新加坡。新加坡政府明确提出,职业教育专业设置一定要有强烈的超前意识和市场意识,能否通过有效的、积极的措施,主动而不是被动地适应乃至于促进国家经济的发展,应该是一个国家或地区发展职业教育时必须考虑的一个重要问题。他们的口号是"以明天的技术,培养今天的学员,为未来服务"。这也是对职业教育设置专业适应性与前瞻性统一原则的最佳诠释。

(三)效益性与发展性相统一

我国职业教育的专业体系从中华人民共和国成立以来基本上保持了小专业模式这种专业体系,其特点是专业目标比较窄,针对性较强,直接对应于相应的具体职业。采用这种专业模式,是与我国长期以来以计划经济为主、重视统一性的特点相吻合的,并且对于培养急需的建设人才也起到了积极作用。但是,当代世界经济一体化,产业结构的迅速变化,对专业划分过细的小专业模式提出了挑战。我国职业教育现行的专业设置的调整改革势在必行。这是从专业设置现有的弊端看调整专业设置的必要性,此为其一。其二,从专业设置自身发展完善的角度看,社会经济的变化与科学技术的革新使教育革新成为迫切需要着手进行之事。主动面向市场,以市场需求为导向灵活设置专业,是职业教育进行专业设置与调整的一个首要前提。这一前提意味着职业教育必须紧追社会经济发展的步伐,动态设置专业,根据需求适时地调整优化组合,实现效益最大化。

显然,设置和调整专业时要考虑是否切实可行,学校自身要量力而为。职业院校在进行专业设置和调整前,必须进行大量的调查研究,分析学校的人、财、物等状况,充分考虑开办某个专业能否实现学校资源的优化配置,发挥最大效益;根据学校所在的地区经济发展和行业构成状况,发现学校专业的服务层面;分析专业的内涵(即具体的培养目标能否有效实现)等。如果盲目迎合社会和市场需求,而不顾学校自身是否有基础开办某个社会需求量大的专业,是否有师资力量进行该专业的教学活动,是否有教学设施及相应的配套管理等保证该专业的顺利设置及调整。如果超出学校的实际能力范围,毕业生的能力素质不高,市场竞争力不强,如此必将适得其反,不如不设。因此,职业教育专业设置也要兼顾效益性和发展性相统一的原则。

(四)稳定性与灵活性相统一

保持相对的稳定性对职业院校及其专业设置的形成和完善是非常重要的,也是人才培养质量和教学工作良好秩序的保证。但相关调查表明,专业数量增长过快,变化频繁,缺乏相对稳定骨干专业是目前职业院校在专业设置上存在的较突出的问题。因此,职业教育的专业设置必须考虑教育的连续性和周期性以及专业的相对稳定性。但是,稳定长久了也有弊端,必然带来滞后,适应不了与社会联系更为紧密的行业和企业的要求,从而产生断裂。坚持专业设置的稳定性与灵活性相统一是避免这种断裂的产生的有效途径。灵活性是指职业教育专业设置主动适应社会经济的发展,与市场接轨,及时调整。由于市场的千变万化,需求情况可能与预想不合,必须建立灵活的反应机制,增强专业设置的灵活性,可以在主干专业、长线专业设置的基础上,增设短线专业、热门专业和新兴专业,及时调整专业方向,使专业设置积极适应社会需要。如果一味追求专业设置长期稳定,培养的学生专业技能单一,就不能适应市场变化对人才的需求,更无法适应当今经济结构大调整的就业新形势。

三、我国职业教育专业设置的演变历程

职业教育专业设置是根据社会职业分工、经济建设与社会发展需要、学科分类、科学技术和文化发展状况而设置和建设的。回顾我国职业教育专业设置的演变历程,总结其中的经验、规律和教训,对当今职业教育专业设置有重要的现实意义。

(一)清末时期中等实业教育专业划分的回顾

我国的职业教育创始于清朝末年,当时称为"实业教育",学校称为"实业学堂"。1904年,清政府颁布了"癸卯学制",提出了较为完备的实业教育制度。

1. 专业划分的基本情况

实业学堂分为农业、工业、商业、商船学堂,各项实业学堂均分为高、中、初三等。其中,中等实业学堂包括中等农业、工业、商业、商船四类。以授农、工、商业必需的知识技能或驾运商船的知识技术,使将来能从事农、工、商业或商船等行业的工作为宗旨。学制中制订了专业类、培养目标、教学内容等方面的基本内容,是我国中职教育专业目录的雏形。

2. 专业划分的特点

(1)专业划分凸显时代性。商船是清末职业教育的重要专业大类,这一时期各地的水师学堂都设置了与轮船相关的驾驶、管轮、设计等专业。因为清末水师的建立需要大量能够驾驶,并具备舰船知识的人才和技术工人。除了军事上的需要,随着1872年轮船招商局的建立,中国近代航运业得到快速发展,这同样需要大量商船人才。商船成为当时职业教育四个专业大类中的一类,顺应了政治、经济和社会发展的要求,有突出的时代特色。到1933年的《职业学校规程》之后,它再也没有作为单独的专业大类出现过。

(2)专业划分体现国家需求。清末时期的实业教育主要是政府兴办的,所设专业反映的也主要是政府对教育的需求。农、工、商、运输都是社会发展不可或缺的组成部分,除商船专业外,机器制造、电信、铁路、矿务等工业类专业都是在洋务派大臣们的主张下设置的,体现政府希望在这些方面发展本国力量,摆脱外国列强控制的意愿。但当时的职业教育发展处于初始阶段,没有形成规模和系统,因此工业、商船类实业学堂主要依附于企业兴办。这是初始的"校企合作"的职业教育模式。优势在于,有利于快速、有针对性地培养企业需要的人才;劣势在于,没有统一规划,容易造成重复建设和资源浪费。

(3)专业划分意识不清晰。由于处于职业教育发展初期,所以,这时从国家的角度进行专业划分的意识不清晰,只是进行了专业大类的划分,而在大类下进一步划分专业的工作是由各个实业学堂自行完成的。这样的专业划分方式缺乏应有的规范性。

(二)中华民国时期中等职业教育专业划分的回顾

1. 专业划分的基本情况

1913年《实业学校令》和《实业学校规程》颁布,1932年、1933年《职业学校法》和《职业学校规程》颁布,下面重点分析后两个法令。职业学校法规定:职业学校以培养青年生活知识与生产技能为宗旨。职业学校分为初级、高级,高级职业学校招收初级中学毕业生或具有相当程度者,修业年限为3年,相当于我们今天的中等职业学校。高级职业学校授予青年较高的生产知识与技能,以养成实际生产及管理人才,培养其向上研究的基础。高级职业学校分为农业(农业、森林、蚕桑、畜牧、水产、园艺等)、工业(机械、电机、应用化学、染织、丝织、棉织、毛织、土木、建筑、测量等)、商业(银行簿记、会计、速记、保险、汇兑等)、家事(缝纫、刺绣、看护、助产等),其他职业视地方需要酌设。两个法令中虽然没有出现专业目录的形式,但总体教育目标、专业大类、专业名称、学业基本年限、主要课程以及实习等方面都已有明确规定,较之清末有了很大进步。

2. 专业划分的特点

(1)专业与岗位开始对接。专业划分更为详细明确,贴近社会分工。例如,家事中的看护专业,《中华人民共和国职业分类大典》(以下简称《大典》)中属于 4-10-01-05 养老护理员和 4100106 家政服务员这一细类职业中,照顾儿童、老人、病人的工种,或属于 4-14-01-00 医疗临床辅助服务员细类职业中的护理员工种。专业与社会中的岗位实现了对接。

(2)专业划分体现社会需求。首先,体现社会经济发展的需求。这一时期随着帝国主义的资本输入和在华企业的建立,大工业生产方式进入到中国。大工业生产的分工精细,专业化程度高,专业划分与社会职业岗位的对接体现出经济发展对职业教育的需求。其次,体现社会文明进步的需求。在1933年颁布的《职业学校规程》中,顺应女性社会地位的提高和经济独立的要求,家事成为一个专业大类,其下设专业对应的也都是典型的女性职业岗位,这是人类文明发展和社会进步在职业教育上的体现。再次,体现教育救国的思潮。当时工业大类下的专业中,纺织业占有重要地位。背景在于:中国结束了一战前后约10年的民族资本主义发展的黄金时代,日本在积极酝酿侵略战争的同时,在经济上迅速扩张,加上其他西方国家对我国经济上的侵略,使我国曾兴盛一时的民族纺织业摇摇欲坠。这样,希望通过职业教育提高技术,拯救民族纺织业,成为教育救国的一个现实性表达。

(3) 专业划分原则不明确。职业教育的专业划分一般要参照国民经济活动、社会劳动结构、企业经济活动和个人职业生涯等方面因素,按照一定原则进行。1933年颁布《职业学校规程》中的专业划分没有统一的原则。以农业为例,农业类专业划分为农业、森林、蚕桑、畜牧、水产、园艺等,对照《大典》,农业、林业、畜牧业、水产对应的是5-01至5-04的中类行业,而桑蚕可对应5-01-03-03 果、茶、桑园艺工细类职业中的工种,园艺可对应5-01-03 园艺作物生产人员小类行业。可以看出,在农业大类的专业划分中,是与行业还是与职业接轨并没有一定原则,这种情况在其他几个专业大类的划分中体现得更为突出。

(三)中华人民共和国成立以后中等职业教育专业划分的历史回顾

中华人民共和国成立以后我国开始制定中等职业教育专业目录,下面主要对1963年、1993年、2000年和2010年目录进行比较和分析。

1. 1963年专业目录分析

1963年《中等专业学校专业目录》共8科348个专业。特点在于:

(1) 以专业与岗位对接为基本原则。以农科25个专业为例,对照《大典》,农作物可对应5-01-01-01 种子繁育员和5-01-01-02 种苗繁育员;植物保护可对应5-01-02-05 林木种育工L、5-02-01-00 造林更新工L和5-02-02-00 护林员;蔬菜、果蔬、蚕桑、茶叶可对应5-01-02-01 农艺工;亚热带作物可对应5-01-04 热带作物生产人员小类行业;药用植物栽培可对应5-01-05-01 中药材种植员等细类职业;畜牧、兽医、畜牧兽医、水产品加工、农田水利、水土保持对应小类行业,兽医、淡水养殖、海水养殖、水产捕捞对应细类职业,等等。

(2) 专业与小类行业或细类职业对接,以与职业(岗位)对接为主。这种专业划分在当时有较为充分的合理性。1963年,我国刚刚经历了大跃进、三年自然灾害和中苏关系破裂等一系列挫折,社会和经济要稳步发展需要我们独立培养大量各级各类具备专业技能、能够直接在工作岗位中发挥重要作用的人才。由于当时我国受中等以上教育的人口比例低,中等专业学校的任务在于培养中等专业干部,这些人的职业稳定性高、流动性低,更需要他们具备某一岗位的专门技能。所以,与职业对接的专业划分原则符合我国当时以及之后一段时期社会和经济发展的要求。

2. 1993年专业目录分析

1993年《普通中等专业学校专业目录》共9科49类518个专业,其特点在于:

(1)专业划分注重与行业对接。1993年,专业目录修订工作的总原则是以宽为主,原因是现代生产对科技的强烈依赖,以及现代科技在高度分化的基础上高度综合的发展趋势,现代生产越来越要求从业者有尽可能宽的知识面。这里的以宽为原则是相对于20世纪80年代专业设置的种类说的。到1985年,我国中专的专业种类达到600多种,专业面过窄成为突出问题。因此,拓宽专业面成为1993年修订专业目录时的重要任务。但改革比较谨慎,与岗位接轨的原则没有完全改变,可以说这个专业目录是以宽窄结合为原则的。下面仍以农科为例,包括5类31个专业,与1963年专业目录相比,有12个专业没有变化,其基本原则是专业与岗位对接。新增或修订的大部分专业与职业分类体系的小类或两个以上细类结合对应,呈现出综合化特征。对照《中华人民共和国职业分类大典》,其中园艺可对应5-01-03园艺作物生产人员小类行业;茶业、果树与茶业、果树与林业、蚕业可对应5-01-03-03果、茶、桑园艺工和5-01-06-03茶叶加工工等细类职业;热带作物可对应5-01-04热带作物生产人员小类行业;草原与饲养可对应两个小类行业;蜂业、动物防疫检疫、水产养殖、药用动植物生产,农村能源开发与利用,农、牧、渔业机械化基本可对应一种小类行业;航海捕捞可对应两种以上细类职业等。从以上分析可见,这一专业目录在拓宽专业面方面进行了一些探索,部分专业实现了与行业或岗位群的对接,但部分专业仍保持了与职业的对接,专业面过窄的情况没有得到根本改变。

(2)专业划分体现社会需求。随着改革开放和社会经济的发展,就业市场对人力资源的要求不断变化,专业面过窄,综合素质不高,适应能力不强,反映到工作中就是职业能力不足。但当时中专教育仍然实行统一分配,社会要接收全部毕业生,在这种背景下,专业划分的改革主要体现用人单位和社会的需求。随着统一分配制度的改革和招生计划的逐步放开,学校和学生面临着生存和就业压力,成为专业改革的主要动力。

3. 2000年专业目录分析

2000年《中等职业学校专业目录》共13类270个专业,其特点在于:

(1)专业划分的综合性增强。这一专业目录调整、合并了原有的面向较窄的专业,适应了全面推进素质教育的需要。仍以农林类为例,专业数量从1993年的31个减少到19个,专业有种植、农艺、园艺、蚕桑、养殖、畜牧兽医、水产养殖、野生动植物保护、农副产品加工、棉花检验加工与经营等。专业划分基本是以与岗位群或行业对接为主进行的,拓宽了专业业务范围和教学内容。1999年开始高校扩招,普通高等教育招生159.68万人,录取率达到49%,我国教育开始进入大众化时代。顺应社会和教育发展的形势,中等职业教育的培养目标也从原来的培养中等专业干部转变为培养数以亿计的生产、服务、技术和管理一线高素质劳动者和中、初级专门人才。这种专业划分原则符合当时社会和经济的发展趋势,能为提高学生的全面素质和综合职业能力创造条件,具有较好的前瞻性和导向性。

(2) 专业划分关注个人需求。1963年和1993年,中等专业学校专业目录更多地反映了国家和社会对职业教育的要求,随着改革开放的不断深入,我国的社会制度、教育制度改革也随之深化,职业教育从以国家、社会为本开始向以人为本转变。2000年修订的中职学校专业目录中,专业进一步的综合化倾向主要是从促进学生就业、激发学校活力为出发点的,开始反映学生个人发展的需求。原因在于:社会对人才综合能力的需求不断提高,人们职业的流动性增强,终身从事一种职业的可能性逐渐减小。专业划分决定学校的培养目标、教学内容,决定学生的素质和能力,必然影响到学生就业和终身职业发展,影响到学生对学校的选择以及学校的生存和职业教育的发展。社会的发展要求教育必须关注个人需求。

(3) 专业划分改革现实性不足。2000年,专业目录与之前和之后专业目录的最大不同在于专业划分原则是与岗位群或行业对接,拓宽了专业业务范围和教学内容,目的是为了提高学生的全面素质和为学生适应将来职业变化打下良好的基础,增强职业学校的活力和吸引力。这种专业划分的原则和思路符合社会发展对复合型人才的需求和教育大众化发展的总体趋势,具备了职业教育应有的前瞻性。但10年的实践证明这种专业划分针对性不强,现实性不足,对学生吸引力不够,没有给中职教育带来期望的生机和活力。原因:首先,目标难以实现。综合化专业划分的教育目标在于提高学生的核心能力和行业通用能力,为就业和终身的职业发展打下基础。但当时我国理论界对核心能力和行业通用能力的研究不足,虽然专业划分实现了综合化,所实现的只是对培养学生综合能力的诉求。实践中,核心能力和行业通用能力包含的内容、在教学中怎样培养这些能力、配套的教材改革、教师教育等方面的问题都没有明确的解决思路,结果导致不能达到专业改革的预期目标,学生仍然难以适应职业变化的要求。其次,学生和企业的需求难以满足。教学中,专业与职业岗位对接的教育目标是提高学生的职业特定能力,教学内容和学生就业前景比较明确。综合化专业的目标是提高学生的核心能力和行业通用能力,但这两方面能力的内涵和教学内容不够明确,教学针对性不强,造成学生的职业技能不突出,难以满足企业用工的要求。多种原因造成2000年中职专业改革不够成功,所以2010年的专业目录又回到了与职业岗位对接的道路上。

4. 2010 年专业目录分析

2010 年《中等职业学校专业目录》共 19 类 321 个专业,其特点在于:

(1) 专业体系与产业结构和职业岗位对接。与原来专业目录不同的是,本次专业数量增加不多,但专业(技能)方向增加了近一倍,由原来的 470 个增加到 927 个,即专业比较宽泛,但在学校设置专业的过程中,同一专业可以根据需要按照不同方向设置。这样,以就业为导向,学校设置的专业可与职业岗位对接,解决了学生就业和企业用工等问题,转变了 2000 年专业较为综合、缺乏吸引力、难以给中职学校带来生机和活力的现实问题,具备了现实性,但同时也难以避免专业口径窄、学生全面素质的提高和能力培养关注不足、难以适应现代社会职业分工综合化的发展趋势,在培养学生职业能力方面缺乏应有的前瞻性。

(2) 专业划分体现个人需求。2010 年专业目录以就业为导向,以有利于学生就业和职业发展为原则,更加强调适应、服务人才市场用人需求,强调学生就业创业能力、继续学习能力的培养,即更多关注个体人全面发展的需求。这表明,随着社会的发展,以人为本的价值原则在职业教育中更为突出地体现出来。

通过简要梳理可以看出,1963 年的中等教育专业划分主要是体现国家需求;1993 年,专业划分的指导思想是更好地适应社会主义现代化建设的需要,有利于贯彻党的教育方针,符合科学技术的发展趋势和中等专业人才的培养规律,注重社会需求;2000 年,专业划分的目的是更好地适应经济和社会发展的需要,适应经济结构、产业结构调整和职业变化的需要,体现社会需求,开始关注个人的需求;到 2010 年,专业划分既重视社会需求,又强调人的需求,呈现出我国中职教育实践经历了一个从不成熟到逐渐趋于成熟的发展历程。其中体现的教育价值观念经历了一个从为无产阶级政治服务,到为社会主义建设服务,再到为社会和人的全面协调发展服务的转变历程;职业教育专业设置的需求导向逐步从单一的国家需求到关注社会需求,再到综合考虑到个人需求,越来越注重社会价值与个人价值的统一,这种转变体现出我国社会和职业教育的全面进步。

第三节 职业教育专业建设

职业教育的专业建设是一个系统工程,对外讲,职业教育专业建设是职业院校适应社会人才需求和引导社会人才消费的一个基本尺度,反映学校对社会经济发展、科技发展和职业岗位的适应程度,关系到职业教育与经济社会协调发展的问题;对内讲,专业建设是职业院校教学改革的切入点,是职业院校办学特色的集中体现,决定着一所学校的办学性质、办学实力、办学特色、办学质量与效益,决定着人才培养的质量,是保障职业教育优质发展、使培养的人才适应社会需求和满足学生个性需求的关键性环节。为此,提高对专业建设重要性的认识,加强专业建设,是当前职业教育进行教育教学改革、提高教育教学质量的首要任务。

一、职业教育专业建设的内涵

从概念上讲,职业教育专业建设的界定并没有一个统一、权威性的说法。比较有代表性观点的如姜大源教授认为"专业建设是指职业院校依据教育主管部门和行政主管部门所提供的专业目录进行专业设置与调整的过程。本质上看,专业建设包括设置专业与调整专业的过程,也是调整学校与社会之间关系的过程。"另外,雷正光教授认为"职业教育的专业建设是指某专业根据社会经济和科技发展需要而开发、设计、实施的全过程。其包括通过社会调研确立的专业种类、名称、培养目标、课程设计、教学文件、实施条件和教材建设。"

可以看出,以上两种观点都强调了专业建设和社会经济与科技发展有着极为密切的关系,突出专业建设的过程性。但是,本书认为第一种观点和"专业设置与调整"概念区别不大,没有突出专业建设的特有内容;而第二种观点则较为全面,不仅包含了专业设置,更强调了培养方案、师资建设、课程建设、教学过程、教学条件、质量保证体系等内容的建设。本书认为专业建设应包括"建什么"和"怎么建"两大体系,其中"建什么"主要指专业的设置、更新、取消与调整,这是专业建设的逻辑起点;"怎么建"是指专业建设的重要内容和具体过程,包括人才培养目标和规格的确立、课程与教学改革、师资队伍与实训基地建设、专业管理机制建设等内容,其中,人才培养目标和规格的正确确立是专业建设的方向指引,课程与教学改革是专业建设的核心领域,师资队伍与实训基地建设是专业建设重要条件,专业管理机制是专业建设的重要保障。由于专业设置与调整在本章第二节已有专题论述,因此本节不再赘述,这里重点论述在专业设置之外的专业建设内容。

二、专业建设的方向指引:正确定位人才培养目标和规格

人才培养目标是培养者对所要培养人才的质量总规定,人才规格是人才培养目标的具体化。人才培养目标与规格一方面要反映社会对学生的要求,反映学生职业生涯发展的需求;另一方面要引领课程与教学改革,进而规定教育资源的配置;因而在专业建设中具有关键性作用。职业教育就是要培养一大批在生产、技术、服务、管理等一线工作的各级各类中、高级应用型技术人才。但是,可以看出这种培养目标过于迎合用人单位的需要

而忽略了社会和学生的需要,有"单面人"培养的倾向。职业教育培养目标的厘定应从职业人、社会人、和谐发展的人的综合维度进行。

(一)职业人应具备的职业素养

职业素养是保证社会职业活动顺利开展并且取得成效的基本能力。职业素养具体表现为职业能力、职业道德和职业意识等。职业素养的培育是职业学校教育对用人单位给予的最重要职责之一。

1. 职业能力

职业能力是指从事某种职业所必须具备的,并且在职业活动中表现出来的多种能力的综合,是职业素养的核心。职业能力一般包括专业能力、方法能力和社会能力。专业能力一般包括专门知识、专业技能和专项能力等与职业活动直接相关的基础能力,这些能力是职业活动能够开展的基本条件;方法能力包括思维能力、分析能力、判断能力、决策能力、获取信息的能力、继续学习能力、开拓创新能力、独立制订计划能力等;社会能力包括组织协调能力、团队协作能力、适应社会能力、表达能力、心理承受能力和社会责任感等。用人单位对职业学校毕业生的要求不仅是达到一定的职业技能标准,还包括职业能力发展和职业岗位转换能力等方面的要求。随着科技的进步以及生产方式的变化,职业岗位的转换和流动性增强,即使是相同或者相近的岗位,也会不断发生变化。在此情况下,用人单位不会热衷于通过频繁地更换员工应对这种变化,而是希望在职员工能够迅速地适应工作岗位的变化,这就要求员工要具备较强的职业发展能力。因此,职业教育应在培养学生职业能力的基础上加强对学生职业发展能力的培养。

2. 职业道德

教育人类学家奥茨达齐尔认为:"正在为职业做准备的青年人不仅必须获得职业知识和技能,而且必须学专门的职业'道德',即立场和态度,应当形成那种有望获得未来职业地位和对他有利的个性特征。"职业学校教育的主要职责在于为学生的职业生涯发展做准备,因此,职业道德的涵养培育是职业学校教育中的重要内容。职业道德是社会道德规范在职业生活中的具体体现,是从业人员在职业活动中遵循的道德准则和行为规范,它有助于协调工作中人与人、人与工作、人与环境、人与自身等多方面的关系。职业道德主要体现为职业道德意识和职业道德行为能力,而职业道德意识的培养是学校职业道德教育的首要目标。人在职业活动中的道德行为受到道德意识的支配,职业道德意识表现为职业道德观念的形成,即形成一种定向性的道德判断,要培养敬业、乐业、勤业、精业的价值观。

职业道德行为是指在职业活动中，人们在职业道德意识的支配下自觉采取的符合职业道德理念和规范的职业活动，它是职业道德意识外化的结果。职业道德水平是通过职业道德行为体现出来的。因此，职业道德行为能力的养成是更高层次的目标。职业学校要培养学生养成敬业、爱业的道德行为习惯，这也是用人单位对学生职业道德的内在要求。

3. 职业意识

职业意识是个体自我意识在职业领域的体现，经过职业认识、职业情感和职业理想等阶段。职业意识是个体职业行为和职业活动的调节器，它包括创新意识、竞争意识、协作意识和奉献意识等。职业意识也是人们职业认识、职业情感、职业理想的综合反映，它对个体职业生涯的发展具有重要意义。因此，职业学校培养学生具备职业意识是必要的，因为学生应当对目前所学的和将来所要从事的职业有所理解，并树立一种为此职业服务终身的理想，以便更好地规划未来的职业生涯。

（二）社会人应具备的公民素养

教育社会学家确证，学校教育是现代社会中个体社会化最重要的媒介。职业学校培养出的学生最终要走向社会，因此，社会对职业学校教育的社会化功能具有共性的要求。

1. 掌握社会规范

社会规范是对社会成员思想和行为方面进行的规约，人们在进入社会前应该对社会规范有一定程度的掌握和理解。由于职业教育的职业性与经济性，职业学校教育在促进学生社会化方面具有无可比拟的优势。职业学校教育更加强调社会化内容的系统性和整体性，教育内容是经过选择、加工和整理的，是根据知识传播规律和学习规律、根据一定的意识形态和社会价值观念进行编排的。职业学校教育具有系统性、连续性的优势，它可以在短时间内对社会行为规范进行系统讲解和传授，从而为学生行为的塑造和转变奠定基础。另外，职业学校教育还具有可控性的特点，它可以在某一特定的时间内选择专门的内容进行针对性的讲解或者训练，从而使学生能够获得深刻的认识和理解。

2. 培养社会角色意识

职业学校的许多方面与社会结构类似，从某种意义上说，职业学校也可以称为小社会，因为学生要在学校中扮演多种角色。学生在职业学校中要扮演学生角色，在用人单位要扮演"员工"角色，这些角色与某些社会角色之间具有相似性和一致性。学生角色的体验和角色意识的培养是通过师生和同学之间的交往活动实现的；员工角色的体验需要通过工作岗位的实践获得，这是学生社会角色意识培养的重要途径。职业角色无疑是诸多社会角色中最重要的一个,职业学校教育是以职业角色的体验和培养为主线,通过让学生参与不同的活动实现对学生社会角色意识的培养。

(三) 个体应具备的和谐身心素养

杜威认为,职业教育应"训练未来的工人适应不断变化的情况的能力,使他们不会盲目地听天由命"。这种适应不断变化现状能力的获得是以人的全面和谐发展为根基的。黄炎培曾经将职业教育定义为"用教育方法,使人人依其个性获得生活的供给和乐趣,同时尽其对群之义务,名曰职业教育";同时,"职业教育将使受教育者各得一技之长,以从事于社会生产事业,藉获适当之生活,同时更注意于共同之大目标,即养成青年自求知识之能力、巩固之意志、优美之感情,不惟以之应用于职业,且能进而协助社会、国家,为其健全优良分子也。"人的全面发展涵盖了身体、智能、道德、审美等方面的发展,这既是人发展的内在要求,也是职业教育发展的应有之义。和谐发展要求某一方面的发展不是以牺牲或者压抑其他方面的发展作为条件,而是各方面的发展都应促进或者推动人的整体发展。

"全面发展"首先是指人的"完整发展",即人的各项基本素质都要得到发展;"全面发展"也是指人的"和谐发展",即人的各项素质的发展要协调,不能由于某一方面发展的不足而影响到人的整体发展;"全面发展"同时还意味着人的"自由发展",它并不意味着所有个体的发展都必须遵循相同的模式,因为个体的发展具有自主性和独特性。职业教育培养目标应以综合职业能力的培养为主导,兼顾其他方面的协调发展,将各方面的发展融为一体。

三、专业建设的核心工程:课程与教学改革

职业教育的课程改革主要是课程体系和课程标准的改革,教学改革的实质是教学模式的优化设计。课程体系改革的主要任务是课程的调整,新课程的性质界定、课时安排和序化,目的是形成课程体系合理的类别、形式和逻辑结构。要实现高素质技能型人才的培养目标,职业教育课程应包含职业技术课程、思想道德课程、基础文化课程、体育课程、心理课程、创新创业课程等类型。其中,职业技术课程是主干课程;课程形式应是必修课程与选修课程结合,理论教学与实训实践教学融合,党团活动、班级活动、社团活动、知识讲座等课外活动与课堂教学协调;课程的编排要合乎知识、技能、态度发展的内在规律,合乎学生的认知规律和职业成长规律。

课程标准改革的主要任务是设计、选择符合社会需求的有利于学生发展的教学目标、内容、教材、教学方法、评价手段。职业教育的课程标准应体现如下特点:一是全面性。

课程标准要强调学生职业知识、技能、态度的全面发展，强调形成学生的职业能力。二是协调性。行业企业标准是检验职业教育质量的首要标准，课程标准要注重将行业、企业标准融入教学标准。三是时代性。课程标准的制定要瞄准区域产业发展需求，吸纳先进技术，保证学生学习的知识与技能跟上技术的进步和发展。四是一体性。课程标准要注重理论联系实际，突出做中学、学中做，教学做一体化。五是渗透性。职业道德培养要渗透在每一门课程的标准中。

教学模式优化设计的主要任务包括四个方面：一是教学目标设计。制定充分、适宜的知识、技能、能力、方法、态度、情感、价值观发展目标，这是师生双边活动的准绳，也是衡量教学质量的标准。二是教学内容设计。通过对课程标准、教材的充分研读，通过对现代生产技术及发展趋势的研究，二次开发基于工作过程课程体系，选择、组织符合课程标准要求、具有时代特征的教学内容。三是教学方法设计。遵循学生认知规律，突出学生主体地位，选择体现"做中学、学中做"的行动导向教学方法。四是学习成绩评价设计。紧扣教学目标，开发体现全面性、突出能力评价的评价标准，选择笔试、口头交流、论文写作、实践操作相结合的多样化评价手段。

四、专业建设的基础条件："双师"队伍与实训实践基地

"双师型"师资队伍与生产型实训实践基地是职业教育专业建设的重要基础条件，属于专业建设的"两翼"。"双师型"教师是职业教育教师队伍建设的特色和重点。就目标而言，师资团队建设要优化群体的"双师结构"，提高个体的"双师素质"；就内容而言，要有计划、有步骤、有针对性地提高教师的师德水平、知识水平、实践能力以及教学教育技术和生产技术创新、开发能力；就手段而言，要建立和落实专兼职教师"双向流动"制度，学校教师要深入到企业一线，研究和掌握生产过程，锻炼实践能力，帮助企业解决技术问题；就来自企业的兼职教师而言，要积极投身专业课教学、人才培养方案制订、课程开发、实训基地建设等工作。

职业教育培养技能型人才决定了构建与专业建设相配套的实训实践基地建设的重要性。职业教育实训实践基地要能尽量模仿企业真实的工作场景乃至真实的工作条件，既能满足学生技能训练需求，又能有效开展基于工作过程系统化项目教学，达到理论与实践一体化的"做中学、做中教"的教学目的。

实训实践基地建设要遵循以下原则：一是课程导向。要对课程体系和课程标准中的实训实践内容、要求做出正确判断，据此建设基地，以保障课程目标的实现。二是学产一体化。以专业群为单位建设基地，拓展基地功能，既考虑学生技能训练、鉴定、顶岗实习，又考虑行业、企业职工培训，还要考虑教师锻炼、技术研究，谋求共享共用。三是校内与校外结合。校内基地方便教学、管理，校外基地真实、贴近工作过程，两类基地的互补性极强，要协调推进建设工作。四是"硬件"与"软件"结合。不仅要着眼场地、设备、环境等"硬件"建设，同时要考虑教师、管理制度、教材、校企文化融合等"软件"建设。

五、专业建设的保障措施：质量评估与管理机制

（一）专业建设的质量评估

专业建设质量的评估主要是针对专业运行质量的评估。质量评估的内容不仅要考量专业设置的目标，即结果是否实现，还要考量专业运行的过程中对质量的控制是否有效。结果是过程的集成，过程是结果的保证。长期以来，专业建设的质量评估多数注重结果的完美，忽略对过程的监控。特别是，由于过程的质量保证是结果质量达标的基础，因而专业建设质量的优劣不能完全等到该专业毕业生就业后再作评论。正如美国质量管理专家戴明所说："质量的改进是通过过程实现的"，所以，职业教育专业建设的评估既要重视结果评估的科学性、全面性，又要重视过程评估的调控性、适时性。

要做到过程评估和结果评估相结合，就要把专业建设的质量保证、过程控制与结果评价融为一体。因为目标承诺中有成果要求，条件与运行中融入质量保证，终结评价中又融入过程控制要求。因此，适合职业教育专业特点的质量评估体系应呈现"纵向评价"——终结性专业目标的实现结果与"横向评价"——形成性专业目标的实现过程交叉进行、互相渗透的架构。

1. 专业建设质量评估的目标

质量评估是提高专业建设效益的有力促进手段。通过专业评估，包括对专业建设运行的过程和结果的评估，既可找出学校自身办学条件方面的优势与不足，教学管理方面的特长与弱点，又可发现专业建设的数量、质量和所培养目标的能力结构与社会需求、市场需求和个人需求之间吻合与差异的程度。结论为"优势、特长与吻合"的评估结果是"正反馈"，将增强学校的办学信心；"不足、弱点与差距"的评估结果是"负反馈"，将提供调整、改进学校专业建设和办学方向的有用信息和措施。通过评估还可以吸引社会各界的参与，增强社会对学校的了解，拓展投资渠道，加大资金投入和政策支持的力度。

专业建设质量评估的目标应综合考虑社会效益和教育效益两个方面。首先，从宏观角度看，专业建设是一种社会化行为，因此要讲求社会效益，要满足经济发展对人才的需求，要有利于提高社会就业率，同时也要讲求教育效益。

2. 专业建设质量评估的制度

各级教育部门应根据《中华人民共和国职业教育法》有关督导评估的规定，制定相应政策和措施，使专业建设的质量评估制度化。学校外部评估应定期举行，如每隔2～3年组织一次职业教育专家对学校的评估，其中包括对专业建设的质量评估。学校内部评估也应形成制度，根据有关评估标准和办法，每年对专业建设进行一次综合评估，适时找出差距和不足，及时进行修改和完善。在我国加入世界贸易组织后，大量的评估工作由社会服务机构完成。

（二）专业建设的管理机制

新世纪职业教育的一个显著变化表现在：伴随办学主体和服务客体的多元化，随之而来的是教育资源的多元化。由于利益主体不再只是政府和行业的教育部门，还有政府非教育部门、社会团体、民主党派和私人机构，这就必然导致专业建设管理机制的多元化取向。

1. 一元结构——"教育管理者推动式"机制

在计划经济时期，专业建设的管理是指令性计划导向的，教育主管部门或行业主管部门对专业设置行使行政管理权。用人单位的人才需求结构要由相应的政府职能部门的人才投资结构适配，而满足这些需求的供给同样由政府教育主管部门和行业教育主管部门的指令性计划对职业院校专业设置予以认定，职业学校只对政府教育部门负责，与用人单位无直接联系。这样形成一种单极"教育管理者推动式"机制，呈现一元结构的态势。可见，这一管理型的环路机制是在教育内部封闭运行的，社会用人单位的人力需求结构与政府教育部门的人力供给结构只能通过政府职能部门的人力投资结构匹配。

2. 多元结构——"市场受益者推动式"机制

市场经济条件下，专业建设的管理是劳动市场导向的，用人单位对人才的需求以及为保证供给的职业院校的专业建设均由市场杠杆进行调节。市场注重效益，政府则要保证公平，这是专业建设管理应遵循的一个基本准则。由职业院校专业设置提供的人力供给结构，应通过劳动市场的供需结构与用人单位的人力需求结构匹配。但这一匹配环路机制要有政府的调控手段，如通过产业结构调整对劳动市场的实施调控进行合理干预，通过构建教育外部框架条件确保专业建设的健康发展。由于多元办学主体和多元服务客体的利益制约着职业院校的专业建设，所以教育部门对职业院校专业建设的管理是开放的，形成一种多极"市场受益者推动式"机制，故出现多元结构的态势。

（三）专业建设与调整的预警机制

根据职业教育专业设置的需求性与前瞻性相统一的原则，职业院校专业的设置与调整要符合职业发展的总体趋势并积极跟进,需要建立一套自适应机制和运行控制机制。面对21世纪高新技术迅猛发展的势头和知识技术半衰期进一步缩短的趋势,应加强专业与职业动态跟进机制的研究,并逐步建立"专业预警机制",以加强专业建设的宏观引导,对专业实施"预期诊断"和"预后诊断"。

当以就业为导向的高职专业设置"预警监测模型"监测出专业设置产生报警警示时,高职院校需要一个有力的专业设置调整组织保障系统,以保证就业为导向的专业设置预警机制有效实施。

1. 实施流程

以就业为导向的高职专业设置预警机制由以毕业生就业质量信息为基础的就业质量指标监测信息系统和毕业生需求预测系统、专业设置警报系统以及以专业设置调整为主要内容的机制框架构成,如图5-2所示。

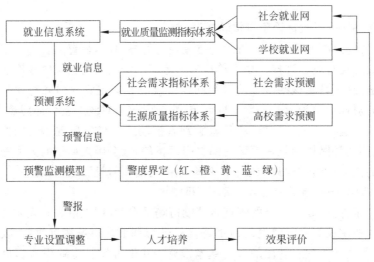

图5-2 以就业为导向的高职专业设置预警机制

第一步,获取毕业生就业质量信息,此部分信息由毕业生就业质量监测指标体系反馈生成,而毕业生就业质量监测指标体系信息主要通过高职院校就业信息调查和搜集获得;第二步,对毕业生需求进行预测,预测信息分别由社会需求指标体系和生源质量指标体系反馈生成,这两大类信息的获得分别可通过社会需求预测和高校需求预测调查获得。就业趋势的预测,"由于就业形势在一定程度上受国家宏观经济状况和政府相关产业政策的影响,在预测系统中必要的宏观经济分析和产业政策预测分析对于就业有积极的作用";

第三步,根据毕业生就业质量信息和毕业生需求预测指标,通过预警监测模型进行计算,呈现专业预警警报;第四步,针对警报情况对被警报的专业采取根据不同级别的警报标示指示做出相应的调整措施,然后经过人才培养,对实施效果进行评价,轮回反馈到以就业效果为核心的第一步骤流程中,形成专业设置预警机制监测评价循环系统。

2. 保障系统

以就业为导向的高职院校专业设置预警机制是建立在多元化监测指标体系上的宏观全局性的预警系统,它的实施与运行不是一个部门或者两个部门的工作,而是几个部门相互协作、相互配合的复杂系统运作过程。因此,构建、组织有力的保障系统成为专业设置预警机制成功实施的关键。

1)构建便捷翔实的就业调查信息网络

一是高校自身建立完备的就业调查网络信息数据库,在毕业生就业信息收集、分析、评估的过程中,实现科学有效管理;二是与第三方数据调查与评价机构建立合作关系,完善毕业生就业信息的获取和筛选。现在很多高校都与麦可思公司建立了合作关系,麦可思公司专精于就业能力测量与评估,近年来连续出版《中国大学生就业报告》,为各高校提供基于数据库的就业能力评估报告和教育咨询服务,效果良好;三是建立稳定充分的校企合作企业,可以使高职院校及时了解行业、企业的人才需求情况,为人才需求预测提供及时的预警依据。

2)建立科学有效的专业预警组织机构

一般来说,"专业设置预警组织机构可以分为决策层、管理层、执行层"。决策层由分管教学的主管校领导、职能部门负责人及高职教育专家组成,对专业设置管理起总决策作用。管理层由教务处处长、就业处处长、招生处处长及相关责任人组成,负责专业设置工作的日常风险预警管理与风险预警信息收集管理工作。执行层由就业处、招生处、专业所在系主任及具体责任人组成,负责具体收集预警信息以及将"警报"传递到管理层,负责把具体处理措施落实到位。

3)制定规范完善的专业预警管理制度

一套规范完善的预警管理制度应包括"预警工作职责划分、预警响应处理工作程序、预警信息采集与报送制度、预警的分级制度等"系列制度。毕竟构建以就业为导向的专业预警机制还是一个运作中的新生体系,只有逐步建立规范的管理制度,才能使专业设置预警系统的相关职能机构做到职责明确,应急协调系统有序,决策执行顺畅,预警保障措施有力。

在职业教育专业预警机制建设方面,德国的做法值得学习和借鉴。一方面,德国劳动部门设有专门研究劳动市场变化与相应对策的科研机构——劳动市场与职业研究所，不仅从经验层面开展研究，而且还建立了劳动市场中长期预报的数学模型，在理论层面运用定量方法保证研究的科学性和严密性。另一方面，德国教育部门为适应劳动市场变化所蕴含的职业资格的变化，由教育部门的研究机构——联邦职业教育研究所建立了"职业资格早期监测系统"，成员包括德国所有最有影响、代表德国经济发展方向的企业和有关机构，目的在于对未来职业资格的变化实施监测，从经验层面运用定性方法为面向未来的专业划分与专业设置提供可靠的数据支持。欧盟各国也仿照德国的做法建立了类似的系统。对此，我国应加强在人才市场预测与专业设置走向方面的国际合作，在东、中、西部尝试先在一些地区建立这种预警机制，然后逐步推广，最终实现联网，以建立全国性系统，使人才市场的结构趋于合理，形成人才的有序与理性的流动和迁徙。

相关链接：论德国职业教育专业的职业性模式（姜大源）

在国际职业教育的专业建设研究领域，德国走在各国前列。其研究方法先进，内涵丰富，极具思辨色彩。经过长期理论研究及不断付诸实践的过程，逐步形成了独具特色的德国职业教育专业模式，即所谓的"职业性模式"。

德国职业教育专业的职业性模式包括两个基本内容：一是专业划分的核心思想——职业性原则；二是专业划分的基本方法——职业性方案。

一、德国职业教育专业划分的核心思想——职业性原则

德国职业教育专业划分的核心思想——职业性原则，建立在德国人对"职业"概念理解的基础之上。

在德国，从职业学的观点分析，宏观层次上职业必须具备四个特征：集群式的工作资格（由专业能力、方法能力、社会能力决定的职业从业资格）、规范性的工作领域（由职业资格以及工作手段、工作对象、工作环境决定的职业劳动分工）、层级型的工作空间（由从业者具有的职业资格与工作岗位所提出的基本要求并根据劳动组织结构决定的职业活动范围）、社会化的工作价值（由劳动者的职业贡献决定的社会价值认可）。而在微观层次上，职业也必须具有四个特征：确定的工作对象（包括材料、产品或人）、确定的工作手段（包括机器、工具或仪器）、确定的工作地点（包括产业分支、行业领域和工作条件所决定的工作场所，如矿山、工厂、农田、机关等）、确定的工作岗位（包括机构、部门或单位里的具体的劳动位置，如操作、检验、维修、管理等）。

除此之外，在德国，职业还更多地具有社会学的意义，即职业是现代人在现代社会里具备的最重要的社会保障因素之一。职业不仅是个体所获得的职业资格与所获得的工作

经验的一种组合,更重要的是,职业是个体与社会融合的一种载体,是个人社会定位的一种媒介,也是个体与社会交往的最本质的一个空间。正是通过专门的职业劳动这样一种特殊的社会组织形式,才能对社会环境稳定与个人心理稳定实施有效的调节与控制。这表明,职业是社会安全、社会稳定和社会融入的最本质的要素。

综上所述,职业至少具有三个维度,这就是:职业资格,即个体从事该职业所必备的能力资格;职业功能,即该职业在劳动分工中的地位所体现的个体功能;职业形态,即个体通过该职业实现自我纳入社会价值体系所具有的社会形态。

正是基于对职业这一极富理性的理解,德国人对职业教育的目标也提出了极具理性的概括。职业教育的目标应包括八个方面:通过职业教育应使受教育者能够长期从事一项职业并有意义地工作,从而在职业中确立自己的生计中心;能够胜任有别于其他职业的专门任务,并通过继续学习获得进入新职业领域的前提条件;能够根据法律规定纳入社会保障网络并确定和改善自己的社会形态;能够在自由占有与支配收入的基础上开拓新的前景,并获得更多的经济收入;能够不断改善自己的职业地位,并通过继续教育进入更高的职业层次;能够通过社会认可和社会融入开展并维持社会交往,从而了解职业的整体与内涵;能够具备基本的职业资格并随时更新,以开发新的职业能力;能够构建自我实现,并通过参与职业自身的发展获得社会认可,具备重新寻求职业的定位能力。

除了前面从职业学和社会学的观点谈论的职业内涵以外,在德国职业教育学领域,职业的概念还具有两个范畴的意义。

第一,职业是社会职业的泛称。其名称与职业培训无关,而是伴随整个职业生涯的、实际从事的职业劳动。根据德国联邦劳动总署的统计和分类,德国总共有约3万个社会职业。关于社会职业的分类,德国存在两套体系:一是德国联邦劳动总署1988年公布的职业分类标准;一是德国联邦统计局1992年使用的分类标准。这些标准是根据社会职业的功能进行分类加以确定的。关于德国职业分类的具体情况,本文不作详述。

第二,职业是培训职业的特称。其名称与职业培训紧密相关,是规范整个培训过程的。按照中国的习惯,可将其称为专业。但是,如前所述,由于整个培训是以职业的形式运行的,所以德国称之为培训职业。鉴于培训既包括职前培训(职业教育),也包括职后培训(职业继续教育),所以培训职业又可分为两大类:一是职前培训职业,简称培训职业;二是职后培训职业,简称进修职业。培训职业是为构建职业从业资格基础的职业教育(即职前教育)设置的标准专业,其中包括:①国家承认的培训职业,即以联邦法律为基础的、在培训企业与职业学校实施的"双元制"职业教育的专业,截至1999年底共355个;②学校型培训职业,即以州法律为基础的、只在职业类学校实施的职业教育的专业,截至1999

年底共122个；③高校型培训职业，即以州法律为基础但在联邦框架法律范围内、在研究型大学（大学、技术大学、工业大学等）和应用型大学（应用技术学院，或称专科大学）实施的高等教育（广义的职前教育或广义的职业教育）的专业。

进修职业是为实施职业适应、职业晋升以及职业改行教育，即职业继续教育设置的标准专业。其中包括：①进修职业，以联邦法律为基础，如"师傅"（高级技术工人或称管理技术工人）专业，截至1998年6月有手工业"师傅"类进修职业125个，工业"师傅"类进修职业27个，家政及农业"师傅"类进修职业12个。此外，还有如"经济信息技术师"等联邦规范的进修职业20个。以上总计184个进修职业。②继续教育职业，以州法律为基础，特别是由行业协会规范的继续教育职业。由于终身教育伴随整个职业生涯，德国将对目前由行会规范的2570个继续教育职业进行法律调整，预计规范后的数量约为387个。

据此，在德国职业教育（包括职业继续教育，但不包括高等教育）领域，由国家规范的培训职业和进修职业，或称专业，总计约1000个。其中培训职业，即按中国理解的职业教育专业共约475个。其中，"双元制"职业教育专业355个，学校型职业教育专业120个。

根据职业性原则，职业教育的专业设置应实现下述六大目标：接受宽厚的基础培训，而不是狭窄单一的技能；构建有机的就业衔接，而不是难以逾越的门坎；确保规范的职业教育，而不是无章可循的短训；掌握实际的职业经验，而不是脱离实践的理论；了解未来的生计发展，而不是盲目无奈的选择；融入现实的社会生活，而不是闭门造车的苦学。

二、德国职业教育专业划分的基本方法——职业性方案

1. 职业性方案的基本形式——国家承认的培训职业

职业性方案的基本含义是：以职业和职业性原则为核心思想，按照统一的国家标准、规定的培训时间、权威的国家证书划分专业，相当于我国的专业目录。这一全国统一的专业目录由德国联邦职业教育研究所制定并由联邦经济部与联邦教育部会签后颁布，其培训内容也由具有法律效力的、全国统一的"职业培训条例"规范。德国职教办学机构（包括培训企业和职业学校及其教育主管机构）再根据国家公布的专业目录以及相应的主客观条件，选择和决定企业或职业学校开设的专业。所以，在德国，专业划分是联邦政府行为。而在办学机构专业设置的过程中，有根据自身教育条件的企业行为，又有学校行为与地方政府行为，但学校的专业设置主要是由州教育部根据区域经济结构决定的专业布局确定的。

1）职业性方案的类型

德国"国家承认的培训职业"（即专业）不是针对实际的工作岗位，而是针对职业群设计的专业。根据专业划分的职业性原则及其规范性的结构，这些专业可分为两大类型：

阶梯贯通型专业和阶梯分流型专业。这里的所谓阶梯,意思是各培训以阶梯方式递进、叠加,前一阶段的培训内容是进入后一阶段的阶梯。全部阶段或部分阶段结束后可获得相应的职业资格。关于专业划分的过程,在职业性方案的设计方法中详述。

(1) 阶梯贯通型专业。

阶梯贯通型专业指在国家规定的培训年限内各阶段(可称之为阶梯)的职业培训全部结束后才可取得最终职业资格的专业。其特点在于,培训内容纵向叠加设置,各阶段不构成完整的职业资格,即其相应的阶段(阶梯)不是封闭的,阶梯的叠加只是内容的深化或专门化,并不提升就业后职业的层次。

阶梯贯通型专业又可分为单一型、重点型、方向型三种。

单一型:无专业重点或专业方向,在规定的培训年限内完成各阶段(阶梯)培训后即可获得该专业的职业资格证书的专业。截至2000年1月底,单一型专业共计176个。

重点型:设置专业重点(还未构成完整的专门化),在规定的培训年限内首先接受共同的基础培训及专业培训后再选择相应的专业重点培训,各阶段(阶梯)结束后方可获得相应专业的职业资格证书的专业。截至2000年1月底,重点型专业共计25个。

方向型:设置专业方向(专门化),在规定的培训年限内首先接受共同的基础培训及专业培训后再选择相应的专业方向培训,各阶段(阶梯)结束后方可获得相应专业的职业资格证书的专业。相对于重点型专业,其专业内部的纵向划分相对严格。截至2000年1月底,方向型专业共计61个。

(2) 阶梯分流型专业。

阶梯分流型专业指在国家规定的培训年限内各阶段(阶梯)的职业培训内容结束后即可获得相应的职业资格。其特点在于,培训内容横向分段设置,各阶段构成完整职业资格,即其相应的阶梯是封闭的,阶梯的纵向叠加提升该专业就业后相应职业的层次。截至2000年1月底,阶梯分流型专业共计36个。

2) 职业性方案的结构

(1) 阶梯贯通型专业结构。

阶梯贯通型专业的培训内容在国家规定的培训年限内安排,其基本结构分为由职业基础培训、职业专业培训组合的"二段式"以及由职业基础培训、职业专业基础(分业)培训、职业专业(专长,或称专门化)培训组合的"三段式"。各个阶段结束并叠加后可获得职业资格证书。这就是所谓"二段式"或"三段式"的阶梯贯通型专业结构。

阶梯贯通型专业至2000年1月总计为262个,在德国国家承认的培训职业(专业)中占70%以上。现以服务领域的"厨师"、农业领域的"渔业经济师"和工业领域的"工业机械工"为例分别对单一型专业、重点型专业和方向型专业的结构加以说明。单一型的"厨师"专业不设置专业重点或专业方向,而重点型的"渔业经济师"专业设置有"鱼类养殖""咸水及淡水鱼加工""海洋渔业"三个重点,方向型的"工业机械工"专业则设置"运行技术""仪器与精细技术""机械与系统技术""生产技术"四个专业方向。

阶梯贯通型专业中的重点型及方向型专业,尽管其专业的重点或方向不同,但在第一年却具有共同的基础培训,在第二年具有共同的专业培训,从第三年起培训才按各自的专业重点或专业方向进行。这就是专业设置的所谓"宽基础,复合型"的职业资格结构,其目的是为了应对日益激烈的产业结构调整和劳动组织变化,适应转岗、改行、进修的需要,以增强自身的竞争力,不至于过早地被社会淘汰,这正是职业性原则要实现的目标。

对工业领域里机械行业的六个专业,即"工业机械工""工具机械工""切削机械工""结构机械工""设备机械工""汽车机械工"的进一步分析表明,六个专业第一年的职业基础培训内容完全一致,第二年的职业分类培训除"切削机械工"(第二年后半年与其他五个专业有所区别)外也完全一致,只是在第三年才按职业专长实施各自职业方向的培训,由此可以更深刻地体会到这一结构在"宽基础"方面的优越性。

(2) 阶梯分流型专业结构。

阶梯分流型专业的培训内容在国家规定的培训年限内安排,其基本结构分为职业基础培训与职业重点培训叠加的第一阶段,第一阶段结束后可获得第一级职业资格证书;接着是实施职业专长培训的第二阶段,是进一步的专业分工,第二阶段结束后可获得第二级的职业资格证书。这就是所谓的"二一分段"的阶梯分流型专业的结构。

阶梯分流型专业至2000年1月总计为36个,在德国国家承认的培训职业(专业)中占10%。这36个专业包括:工业领域里建筑行业的18个专业、工业水暖绝缘行业的2个专业、纺织行业中纺织机械操作的12个专业、服装制作的2个专业以及服务行业中邮政业务的2个专业。

阶梯分流型专业的结构很有特色,以建筑行业的15个专业("瓦工""混凝土及钢筋混凝土工""高温建筑及烟囱工""建筑木工""石膏花蚀粉刷工""建筑贴面工""地面敷设工""建筑绝缘材料敷设工""干燥材料安装工""筑路工""管道工""下水道工""轨道工""特种地下建筑工""水井工")为例,第一年具有共同的职业基础培训,第二年按三大专业领域,即"地上工程""装修工程"和"地下工程"进行职业重点培训。第二年培训结束后,参加由建筑行会举办的考试。学生对这一考试可以有两种选择:一是将其作为进行第二级培训的"中间考试";一是将其作为第一级培训结束后的专业"结业考试",学生按照第二年不同的专业重点参加考试。作为结业考试通过的学生,可获得相应的"大专业"(如"地上工程工”"装修工程工"或"地下工程工")的职业资格证书,实现分流。参加中间考试进入第二级(即第三年学习)的学生,则可在上述"大专业"领域内进一步选择专门化的专业,接受职业专长培训,如"地上工程"有3个专门化专业,"装修工程"有6个专门化专业,"地下工程"有6个专门化专业。学习结束时参加并通过相应专业的结业考试后可获得该专门化专业的职业资格证书。15个专业具有共同的职业基础培训、3个地上工程专业、6个装修工程专业、6个地下工程专业又各自具有共同的职业重点培训。这是"宽基础、复合型"思想在阶段分流型专业结构中的体现。

2. 职业性方案的设计方法——国家层次的职业分析

德国职业教育专业划分的方法,即职业性方案的设计方法,其核心在于职业分析。北美加拿大的职业学校在课程开发时常用的以能力为基础的 CBE_DACUM 方案也使用了职业分析的方法。但需要特别指出的是,在加拿大,这种职业分析是学校层次的职业分析,而在德国,由于专业划分是联邦政府行为,所以作为职业教育的专业(即国家承认的培训职业)实施的职业分析,是国家层次的职业分析,更具有科学性、权威性和规范性。完成这一重要任务的是德国教育部系统的联邦职业教育研究所,并得到德国劳动总署系统的劳动市场与职业研究所的大力支持与协作。可以这样认为,与加拿大的课程开发方案相比,德国职业教育专业划分与专业设置的方法以及与此相关的课程开发的方案《职业培训条例》是国家层次的 CBE_DACUM。

德国职业性方案的设计方法包括三个步骤。

(1) 职业分析——技能知识点的确定。

职业分析是专业划分的依据。职业分析的基本含义,是对社会职业或劳动岗位的工作性质、工作内容及从业者应具备的职业能力,在内容(从业者职业活动内容的整体与核心)、空间(从业者职业活动空间的范围与边界)、时间(从业者职业活动时间的持续与数量)三个维度上,实施多层次的分析:从该社会职业或劳动岗位所包含的若干项主要工作、各项主要工作所包含的若干项作业乃至每项作业所包含的各项操作,逐级加以解析,得出该社会职业或劳动岗位从业者必须具备的主要操作技能、专业知识和行为方式。

这一分析过程也包括三个步骤:

第一步是工作分析,或称任务分析,即确定该社会职业或劳动岗位的主要任务以及承担这些任务的从业者所必需的职业资格,列出其实际的工作内容(业务规范)。

第二步是作业分析,或称操作分析,即确定各项任务所必需的操作,并对诸操作单元(作业)对从业者的职业资格进行三方面的分析。

技能要求:通过观察、录像或电影(慢放)等手段,对完成该作业进行细致分析,删除所有不必要的,甚至错误的操作动作,制定出最有效的动作序列作为规范的操作技术。

知识要求:完成该作业所必须具备的专业知识,包括有关工作场所、工具与设备、材料、工艺与原理、质量标准、安全规程以及能源、环保等方面的理论知识。

行为要求:对从事该社会职业或劳动岗位的劳动者的行为要求,主要指从业者必须具备的方法能力及社会能力,如逻辑思维能力、分析概括能力、人际交往能力、心理承受能力等。

第三步是资格综合,即通过删除、合并、重构、简化等处理,获得完成该作业的最终操作程序以及一系列相关的"技能—知识—行为"组合,即从业者基本的职业资格。

完成对该社会职业或劳动岗位的职业分析以后再加以综合,可获得对应于该社会职业或劳动岗位所有工作必需的"技能—知识—行为"组合,或称"技能—知识点",即从事该社会职业或劳动岗位的职业资格。

(2) 职业归并——职业群的确定

将要研究的同一职业领域里彼此相关的社会职业或劳动岗位对应的"知识—技能点"(职业资格)置于一个以社会职业或劳动岗位为横坐标,以"知识—技能点"为纵坐标的坐标系中进行分析,并根据"技能—知识点"的分布情况加以概括,按照职业能力同一性与培养目标同一性原则,采取归并方法确定覆盖若干社会职业或劳动岗位的"职业群"或"岗位群"。

(3) 专业设置——培训职业的确定

对已确定的职业群及其"技能—知识点",根据教育学和职业教育学的规律,按照教学内容同一性与培训过程同一性的原则再予以分析与概括,是将社会职业衍生的职业群向培训职业(专业)转化的关键。这里主要的工作是对职业群进行纵向分组与横向分层的分析与概括。

所谓纵向分组,就是对同一职业群中各社会职业的相邻职业,按照前述的工作分析的结果确定各自的工作范围、内容及相应的职业重点或职业方向,从而归纳出该职业群中各职业分组在职业发展方面的单一性、重点性、方向性。

所谓横向分层,就是对同一职业群中经纵向分组后得到的各职业分组,按照各自单一性、重点性和方向性的特点,从共同的文化教育起点、共同的基础技能与知识、共同的专业技能与知识、不同的专长技能与知识的角度,进行横向层次上的归并,以确定各职业分组在教育培训阶段(阶梯)上的贯通、分层或分流性。

最后,完成专业划分工作,即在上述纵向分组与横向分层的基础上根据学科领域、技术领域的划分原则,由职业群职业导出培训职业,确定在职业性原则框架下的、符合教育规律的培训职业名称。

(4) 专业结构——培训职业的形式

根据对1996—2000年颁布的"国家承认的培训职业(专业)"的架构分析的结果,德国联邦职业教育研究所制定的职业性方案的具体形式,即其"专业形式"一般包括四小项内容:一是"专业名称";二是"培训年限";三是"工作领域";四是"职业资格"。其中,第三小项的"工作领域"实际上是岗位群或职业群;而第四小项的"职业资格"在1996—1998年称为"职业能力",自1998年才改称为"职业资格"。自2000年起,又增加了一个内容,即"专业结构"。

从职业分类学考虑职业分析的结果,德国职业教育领域中,"双元制"职业教育由国家承认的培训职业以及其他按照国家承认的培训职业进行规范的专业(多为全日制学校型职业教育专业)共450个,被分为13大专业领域,68个职业群。

1988年确定至今仍使用的13大职业领域是:经济与管理(包括三个职业重点,即营销经济与顾客咨询、商行经济与商务管理、法律与行政管理),机械技术(包括三个职业重点,即生产与切削加工、安装与金属结构、机动车技术),电气技术,建筑技术,木材技术,纺织技术与服装,化学、物理与生物(包括两个职业重点,即实验室技术、生产技术),印刷技术(包括两个职业重点,即印刷制版、印刷技术与加工),色彩技术与房屋装修,健康,保健护理,营养与家政(包括三个职业重点,即旅店与家政、糕点与甜食、肉类加工),农业(包括两个职业重点,即动物、植物)。

职业群的数量原为92个,现为68个,这是由于技术、经济及劳动组织的变化使得社会职业呈复合趋势,至1988年职业减少了24个。但是,建立在德国职业分类基础上的培训职业的系统目录(专业目录)中,仍按原92个职业群排序,只是将减少的24个职业群作空号处理。在该目录中,每一职业群包含1个至数个培训职业,最多的职业群,如金属精细加工职业群,包含24个培训职业(专业)。如前所述,德国"双元制"专业教育的专业,随着职业综合的趋势,由1950年的776个减至2000年2月的355个,少了一半以上。

3. 职业性方案的实际应用——职教机构的专业设置

如前所述,德国职业教育的专业划分是政府行为,德国职业教育的办学机构(包括培训企业和职业学校)只须根据国家颁布的专业目录,企业根据行业经济发展对劳动力市场的需求及自身的实际条件选择相关专业,学校根据州教育部依据地区经济发展的需求决定的专业布局确定相关专业,不搞"大而全""小而全"的专业设置。

在具体的设置过程中,一般遵循下述四条准则。

一是规范性,即以"国家承认的培训职业"为标准设置专业。由于国家颁布的培训职业都是具有法律效力的,适用于培训企业的《职业培训条例》(其中包括培训企业的"框架培训计划"和适用于职业学校的"框架教学计划"),从而对专业名称、培训年限、培养目标、培训内容、考试要求都有国家统一的规定,这就保证了毕业生获得的职业资格在全国的规范性和一致性,保证了向经济界和劳动力市场提供职业人才的质量,也有利于全国性的劳动力市场的形成与运作。

二是效益性,即以企业发展的实际需求为宗旨设置专业。培训企业要根据企业发展的现实需要和中长期前景结合企业生产规模、经济效益以及劳动组织结构的调整情况,有针对性地选择和确定专业。这是企业人力资源开发的极其重要的一环。专业的数量还要在对本企业历年的培训经验、成本效益、就业状况进行分析的基础之上加以确定,既要考虑显性的成本与效益,又要考虑潜在的成本与效益,以培养适合企业劳动岗位所需要的职业人才,为企业创造尽可能多的经济效益和社会效益,使企业在激烈市场竞争中立于不败之地。

三是合理性,即以区域经济的整体布局为基点设置专业。在德国,职业学校是州一级的国家设施,因此州教育主管部门在确定本州各地的职业学校的专业时,要从区域经济的整体布局考虑,包括本地区的经济总体水平、支柱产业类型、产业结构调整方向、未来发展趋势等综合因素。专业设置要有区域经济特色,区域强项特色、区域创新特色,不仅要面向大型骨干企业,而且要面向广大的中小型企业;不仅要面向工商业、手工业企业,更要面向服务型企业。

四是可行性,即以办学机构的客观条件为依据设置专业。职教办学机构包括私立的培训企业和国立(即州立)的职业学校,在确定专业时必须考虑自身的办学条件,特别是培训手段。一般来说,要注重三个要素:第一是职教培训人员,包括职业学校的专业教师和实验室教辅人员,企业的专职、兼职实训教师的人数与素质;第二是职教培训资料,包括符合《职业培训条例》要求的教学资料,如学生练习册、教师参考书、实训教材、专业教科书以及教学方法等软件;第三是职教培训设施,包括培训企业的生产岗位、培训中心以及职业学校的专业教室、教学车间等场所以及相应的教学设备和教学技术,要确保培训工位的数量。

第六章 职业教育课程论

学习目标
1. 明晰职业教育课程的特殊性。
2. 了解当代职业教育的主要课程模式。
3. 了解职业教育课程开发的不同模式。
4. 掌握职业教育课程的开发方法。

职业教育课程论是职业教育学体系的重要内容之一,也是体现职业教育学具有独特性的重要内容之一。体现职业性的职业教育课程论是职业教育实施的关键内容。本章内容首先厘清关于职业教育课程相关的基本概念、基本特征,然后尝试深入分析职业教育课程开发和基于工作过程的学习领域课程开发与实施。

第一节 职业教育课程

一、职业教育课程的基本概念

（一）课程

1. 概念

"课程"一词在我国始见于唐宋时期。唐朝孔颖达为《诗经·小雅·巧言》中"奕奕寝庙,君子作之"句作疏:"维护课程,必君子监之,乃依法制。"但这里课程的含义与我们今天所用之意相去甚远。宋代朱熹在《朱子全书·论学》中多次提及课程,如"宽着期限,紧着课程""小立课程,大作工夫"等。虽然他对这里的"课程"没有明确界定,但含义是很清楚的,即指功课及其进程。这里的"课程"仅仅指学习内容的安排次序和规定,没有涉及教学方面的要求,因此称为"学程"更为准确。到了近代,由于班级授课制的施行,赫尔巴特学派"四段教学法"的引入,人们开始关注教学的程序及设计,于是课程的含义从"学程"变成了"教程"。从这个角度定位,课程是指学校为实现培养目标而选择的教育内容及其进程的总和,它包括学校老师所教授的各门学科和有目的、有计划的教育活动。也有人认为,狭义的课程是指某一门学科。

在西方英语世界里,课程(curriculum)一词最早见于英国教育家斯宾塞(H. Spencer)的《什么知识最有价值?》(1859)一文中。它是从拉丁语的"currere"一词派生出来的,意为"跑道"(race-course)。根据这个词源,最常见的课程定义是"学习的进程"(course of study),简称学程。这一解释在各种英文词典中很普遍,英国的《牛津词典》、美国的《韦氏词典》《国际教育词典》(*International Dictionary of Education*)中都是这样解释的。但这种解释在当今的课程文献中受到越来越多的质疑,并具有不同的理解。"currere"一词的名词形式意为"跑道",由此课程就是为不同学生设计的不同轨道,从而引出了一种传统的课程体系;而"currere"的动词形式是指"奔跑",这样理解课程的着眼点就会放在个体认识的独特性和经验的自我建构上,就会得出一种完全不同的课程理论和实践。

可以看得出,课程的内涵与外延十分丰富,既包含静态的"教程"和"学程",也包含动态的"过程",既强调"道"的系统性、存在性,又重视"跑"的生成性、过程性。因此,广义的课程是指所有教与学的总和,是学生在教师指导下的各种教学内容与进程的总和;狭义的课程则特指一门学科或一类活动。

2. 课程类型

按照不同的分类标准,课程有不同的分类。这里按照课程的组织方式与设计方式划分为学科课程、活动课程、综合课程、核心课程与模块课程。

1) 学科课程

学科课程也称分科课程、文化课程,是一种主张以学科为中心来编定的课程。主张课程要分科设置,分别从相应科学领域中选取知识,根据教育教学需要分科编排课程,进行教学。中国古代的"六艺"、西方古代的"七艺",大概是最早形态的学科课程。近代以来,夸美纽斯所倡导的"泛智课程",赫尔巴特根据人的"六种兴趣"设置的课程,斯宾塞根据功利主义原则设置的课程,都属于学科课程。

学科课程是每门学科知识体系的科学安排,易于使各级学校的相同或相近学科领域的知识连接起来,使它们成为一个体系,如初中的物理、高中的物理,直至大学的物理,实际上是一个逐步递进的连续系列。学科课程易于保证所授知识与技能的完整性、连续性和严密性。同时,学科课程也给教师的教学带来方便,教师具备学科专业知识和借助课本往往就不难完成教学任务。因此,学科课程在古今中外的教育发展中一直居于显要地位。学科课程的特点在于:它是依据知识的门类分科设置的;它是将人类活动的经验加以抽象、概括、分类整理的结果;它往往是相对独立的、自成体系的;它通常按特定知识领域内在的逻辑体系来加以组织。逻辑性、系统性和简约性是学科课程最大的特点。学科课程有助于人类文化遗产的完整保存与传递;有助于学习者获得系统连贯的文化科学知识;有助于教学的组织、评价以及教学效率的提高等。但是,其弊端也是必须要面对的。

第一,科目繁多的学科课程导致总体课程体系臃肿不堪,同时也会加重学生的课业负担;第二,学科课程以分门别类的方式组织和编排,而学生的现实生活却是完整的,这种课程上的人为的割裂,造成学生认知结构的支离破碎,不利于学生综合能力的培养和发展;第三,由于学科划分过细,造成知识面过窄,内容偏深、偏难;第四,各学科相互分离,彼此孤立,造成学习内容相互分离,甚至脱节;第五,具体的某门学科课程对于该学科的一位未来专家或专业工作者来说是必备的,但对其他学生来说也许是多余的,因为它们与日常生活和学生的经验缺乏联系。学科自身的需要与学生的需要和兴趣往往有冲突,学科教师面临这种冲突时,往往容易牺牲学生的利益,迫使学生服从学科的要求。

目前,由于模仿普通教育教学方式,中国的职业教育课程教学中,大多数仍然采用学科课程授课的形式。这与职业教育培养应用型人才的知识能力结构要求存在较大偏差,与职业教育课程定向性的要求相距甚远,也与职业实际相距较远,与社会需求脱节。学科课程的职业教育不利于学生把握职业活动的整体发展规律,不利于培养学生用全面的观点分析实际问题和解决实际问题的能力。因此,结合职业教育的特点,弥补学科课程的不足,改变我国职业教育机构以学科课程为主的课程设置的状况,是当前一项重要的课程改革任务。

2) 活动课程

活动课程也称经验课程,是与学科课程对立的课程类型。它以学生从事某种活动的兴趣和动机为中心组织课程。活动课程的基本特征是:第一,主张一切学习都来自于经验,而学习就是经验的改造或改组;第二,主张学习必须和个人的特殊经验发生联系,教学必须从学习者已有的经验开始;第三,主张打破严格的学科界限,有步骤地扩充学习单元和组织教材,强调在活动中学习,而教师从中发挥协助作用。活动课程的局限主要表现为过分地夸大了学生个人经验的重要性,忽视系统的学科知识的学习,往往把学生日常生活中个别经验的作用绝对化而不顾及这些经验本身的逻辑顺序,结果学生只能学到一些支离破碎的知识,降低了学生的系统知识水平。另外,对于习惯了学科课程的讲授方式的教师而言,活动课程的组织较困难。

分科课程与活动课程是学校教育中两种基本的课程类型,我们可以把它们两者看作一种相互补充的关系,而非相互替代的关系。分科课程将科学知识加以系统组织,使教材依一定的逻辑顺序排列,以便学生在学习中可以掌握一定的基础知识、基本技能。但是,它由于分科过细,只关注学科的逻辑体系,容易脱离学生的生活实际,不易调动学生的学习积极性。而活动课程则可以在一定程度上补救这一缺失，但同时，由于活动课程自身往往依学生的兴趣、需要而定，缺乏严格的计划，不易使学生系统掌握科学知识。一正一反，利弊兼具，任何一种在张扬其特长的同时，也就将其弊端暴露无遗。所以，这两类课程在学校教育中都是不可或缺的。

但是，职业教育强调课程要在学生生活经验、学习动机、实际需要和接受能力的基础上，以掌握职业技能为主。所谓职业技能，就是职业需要的"在一定的知识基础上，通过反复练习而形成的自动化的动作方式和智力活动的方式"。因此，职业技能的训练和习得是一种典型的实践活动，具有明显的过程属性。这表明，职业教育最有条件采用活动课程的形式，但职业教育的活动课程具有鲜明的职业导向性，即具有明确目标。实际上，职业教育课程完全可以设计成基于工作任务组织形式的活动课程。课程内容要针对实际的职业工作过程，注重直接性的职业经验的选择与编排，开发出体系相对稳定的教材。课程实施可以采取项目法、任务驱动法等教学方法，采用个人计划的独立作业、小组计划的独立作业、小组计划的分步作业等教学形式，以技能训练为主的职业教育的活动课程，完全可以发展成为一套与学科课程体系并行不悖、相互补充的课程体系。

3）综合课程

综合课程是在学科课程基础之上发展起来的。综合课程意在打破传统分科课程的知识领域，组合两个或两个以上的学科领域构成的课程。综合课程的特点在于：它试图把具有相关性的学科知识整合起来，形成一种新的综合学科。例如，将植物学、动物学、生理学、解剖学融合为生物学，将地质学、自然地理、人文地理、历史地理融合为地理学。

综合课程根据其综合程度及发展轨迹，可分以下3种。

一是相关课程（correlated curriculum），就是在保留原来学科的独立性基础上，寻找两个或多个学科之间的共同点，使这些学科的教学顺序能够相互照应，相互联系，穿插进行。二是融合课程（fused curriculum），也称合科课程，就是把部分科目统一兼并于范围较广的新科目，选择对学生有意义的论题或概括的问题进行学习。三是广域课程（broad curriculum），就是合并数门相邻学科的教学内容而形成的综合性课程。

综合课程首先顾及学科之间的相互交叉、渗透和融合，这是人类知识发展本身的内在要求和客观趋势。自20世纪中叶以来，人类知识的发展呈现出两种相辅相成的趋势：一方面，随着人类认识世界的程度不断加深，各门学科不断分化，分支学科不断涌现；另一方面，学科的综合趋势也相当明显，新兴的交叉学科、横断学科、边缘学科的诞生层出不穷。事实上，学科之间相互隔绝与封闭，不利于学科自身的生长与发展。这一点同样适用于学生认知的发展与生长。其次，综合课程的学习有利于消除学生孤立地看待各门学科知识的现象,形成完整的世界观;有助于学生探寻各门学科知识之间的内在联系,以发现新的知识;有助于培养学生广阔的认知视野,提升学生的知识整合能力,使学生学会综合性地解决问题等。

由于综合课程强调知识的整体性,因此职业教育经常采用这种课程形式。设计职业教育综合课程的基本思路是:围绕职业技能或职业能力的需要将原来平行设置的多门教学科目综合成几门教学科目,但仍保持学科课程(分科课程)的基本形式。

4) 核心课程

这是一种在活动课程基础上发展起来的课程类型。核心课程在选择内容时,不以学科知识的逻辑结构为主线,而以需要解决的实际问题的顺序为逻辑主线。因此,"问题为核心,凡是与解决实际问题相关的技能和知识,就成为课程的中心内容。但这些知识和技能的教学既不是按严格的学科课程体系,又不是按确定目标、内容和时间的"随机"的实用主义的活动课程体系,而是因循解决问题的自身逻辑系统组织的。这意味着,相关的知识、技术、经验、手段和方法的传授要伴随解决问题的过程,按照解决问题的具体活动展开。这里需要解决的实际问题既是选择课程内容的核心,又是课程实施过程的核心,所以"核心课程"也被称为主题课程。

职业教育的教学过程总是围绕职业活动需要的知识和技能展开的,这就为采用核心课程创造了极为有利的条件。由于职业活动在职业技术教育的教学中占据中心位置,所以职业教育的核心课程是以职业活动为核心的课程。也就是说,从核心课程的角度看,它是一种职业活动导向的核心课程。其基本含义是:围绕典型的职业活动,按其自然形成的技能序列——工作过程进行职业技能训练,并有针对性地组织相关专业知识的传授,通过学生直接参与活动获得职业经验的过程,促进其职业能力的发展。

5) 模块课程

"模块"一词原是建筑上的术语,有"基准""单元"的意思。每一模块都有明确的起点和终点,一般不能再进一步划分。模块引入教育领域,指的是一个教学单元,每个教学单元都有明确的学习目标、完整的学习内容和确定的考核标准,常称之为教学模块。模块课程内容是这样进行选择的:在社会发展对教育提出的人才培养目标的基础上,开发出大批相应教学单元,再结合学生的需要灵活地加以组合,编制成课程。由于模块课程可以根据学生已有的经验、知识、技能和能力,以搭积木的方式进行必要模块的组合,故具有较大的灵活性;又因为比较容易按照社会职业的要求开发课程,故具有较强的针对性;还能结合最新科技成果随时编写新的模块,故具有较好的现实性。因此,在强调社会需求与个性发展结合、职前教育与职后教育结合的今天,模块课程逐步从最早广泛应用的成人教育领域迅速扩展至职业教育领域。

职业教育的模块课程要具有定向性、应用性和整体性的特征,在模块内容的选择上应坚持职业导向的原则,特别是职业分析应成为职业教育模块课程开发的主要手段。模块引入职业分析,指的是与职业活动有关的最基本的技能或能力,常称为技能模块或能力模块。职业教育模块课程的开发,就是要将在职业分析、工作分析和任务分析基础上得到的技能或能力模块,再进行教学分析得到教学模块(教学单元),然后将教学模块按照一定的原则,主要是按照职业需求的原则与教育规律的原则进行组合和叠加形成课程。通过水平方向的组合确定职业能力的广度,通过垂直方向逻辑顺序的叠加确定职业能力的深度。这样,既可以组成以纵向组织为主、横向组织为辅的学科型的模块课程,适用于技术类、管理类职业,也可以组成以横向组织为主、纵向组织为辅的活动型的模块课程,适用于操作型、技艺型、服务型职业。

模块课程具有的灵活性、针对性和现实性的特点,将使得课程,即教学科目或教学活动,都能以模块或模块组合的形式出现。这样,面对经济、社会和科技发展日新月异的现代社会,面对劳动力市场的需求千变万化的竞争社会,就能根据不同职业、不同专业、不同层次、不同学制的需求灵活地开发课程。

(二)职业教育课程

职业教育课程是指在职业教育中,学生在教师指导下的各种教学内容与进程的总和。职业教育课程不仅包括所有理论教学的内容,而且包括所在职业学校或企业及其他机构实施的实践教学活动。因此,职业教育课程是课程方案、课程标准、课程文本以及教材所规定的全部教学内容和全部教学活动的总和。职业教育课程是连接职业工作岗位的职业资格结构与职业教育机构的培养目标结构,也是学生所获得相应职业能力结构之间的纽带。

职业教育课程的任务是使学生有能力胜任职业工作岗位的现时需求,适应社会需求,同时也要发展学生个性,适应个人发展的需要,使学生具备继续教育与持续发展的能力。

随着大家对职业教育认识的深入,逐渐意识到职业教育课程"不再是片面强调建立在静态学科体系之上的显性理论知识的复制与再现,而是着眼于蕴含在动态行动体系之中隐形实践知识的生产与构建"。工作过程导向课程、行动体系课程、学习领域课程等概念已成为当今职业教育课程改革与课程开发的主要方向。

(三)典型工作任务

在劳动科学和职业教育领域,人们从不同的角度、用不同的方法对工作任务进行研究和分析,从而解决不同的问题,如通过对岗位任务的分析可以制定岗位规范并开发岗位培训课程,而在开发职业教育的工学结合一体化课程时,则是通过对"典型工作任务"(professional tasks)的分析。

职业的典型工作任务是一个职业的具体工作领域,又称为职业行动领域,它是工作过程结构完整的综合性任务,反映了该职业典型的工作内容和工作方式。完成典型工作任务的过程能够促进从业者的职业能力发展,同时完成该任务的方式方法和结果多数是开放性的。

典型工作任务来源于企业实践,是针对一个职业而言的,如市场营销专业的"采购过程的计划、控制与监督"和电子技术专业的"电子系统的设计与制作"。典型工作任务通过系统的、科学的职业资格研究得到。一个职业通常包含10～20个典型工作任务:电器与电机修理、用电设备操作与维护、室内综合布线、设备电气安装、常见设备电气故障检修、高低压配电设备检修、典型设备故障诊断与维修(如数控机床)、自动化生产设备电气检修、复杂环境的运行与调试、技术监督与指导、设备改造、电气检修的生产组织、技术文件的编制与技术培训以及设备疑难故障的判断与处理。

又如,在沿海地区中小企业会计职业的典型工作任务有13个,即会计业务流程认识、账务处理、纳税申报、成本控制与管理、往来款管理、统计、外贸会计、财务分析、纳税筹划、审计、财务制度的制订与实施、投资计划的制订与实施,以及资金运作。

因此,确定和描述一个典型的工作任务是职业教育专业设置和课程开发的基础。一般情况下,一个典型的工作任务就是职业院校的一门学习领域课程,如"机械装置制造"是机械加工领域的一个典型工作任务,依据该任务形成数控技术应用专业的一门课程。该课程同样命名为"机械装置制造"。

(四)学习领域与学习情境

学习领域是以一个职业的典型工作任务为基础的专业教学单元,它是从具体的"工作领域"转化而来的,常表现为理论与实践一体化的综合性学习任务。通过一个学习领域的学习,学生可以完成某个职业或专业的一个典型的"问题情境";通过若干体系化的学习,学生可以获得某一职业的职业资格。

学习领域是现代职业教育的一种课程模式,是培养综合职业能力的"内容载体"。学习领域课程含有学科知识内容,但与传统的学科没有一一对应关系。学习领域课程有如下特点:

(1)课程目标是培养综合职业能力和素质,在发展专业能力的同时促进关键能力的发展。

(2) 学习的主体是学生，在满足企业岗位要求的同时，获得职业生涯发展潜力。

(3) 学习内容的基础是来源于工作实践的、某一职业的典型工作任务。

(4) 学习过程具有工作过程的整体性，学生在综合的行动中思考和学习，完成从明确任务、制订计划、实施检查到评价反馈的完整过程。

每一个学习领域都由若干"学习情境"(learning situation)组成。学习情境是用于学习的"情形"和"环境"，是学习领域课程中的一个教学单元，它常常通过一个学习任务表示。

(五) 工作过程与工作过程知识

工作过程是工作人员在工作场所利用工作资源完成一项工作任务并获得工作成果的一系列活动，它是对人的职业行动这一复杂系统进行科学分析的工具。工作过程的复杂程度和范围是由工作任务的性质决定的。虽然不同职位、教育背景和工作经验的人从事的工作任务千差万别，但他们完成任务过程的基本结构大体相同。

参照德国联邦职教所(BIBB)的6个阶段模型，工作过程的6个阶段分别是：

(1) 明确任务。即明确工作任务和目标，并获取与完成工作任务有直接关系的信息。本阶段的重点是明确问题情境，即描绘工作目标、弄清工作中存在的困难，以及为达到目标所需做的工作、条件和应当满足的要求。

(2) 计划。根据已经明确的任务设想出工作行动的内容、程序、阶段划分和所需条件。一般完成任务有多种途径，可按照不同的步骤、采用不同的工具和材料。计划阶段的首要任务是根据给定设备和组织条件列出多种可能性。首先要在大脑中想象出具体工作过程，而这对学生的工作经验和专业知识则提出了较高的要求。

(3) 决策。即从计划阶段列出的多种可能性中确定最佳解决途径。这需要具备科学和理性的决策能力和决策技术。决策往往通过小组形式集体做出。

(4) 实施。即按照确定的最佳解决途径开展工作，在实践中，实施过程与上一步决策的结果常有一定偏差。产生这些偏差并不可怕，关键是要及时观察并记录这些偏差并在实施过程中做出合理调整，在评价阶段分析产生这些偏差的原因。

(5) 控制。即在实施过程中采用适当的方式对工作过程进行质量控制，以保证得出所期望的结果。

(6) 评价与结果记录。即从技术、经济、社会、道德和思维发展等方面对工作过程和工作成果进行全面评价。评价的目的不仅仅是找到缺陷，更重要的是找到产生缺陷的原因，并做出相应的修正。

由于工作是指人的脑力与体力劳动，因此工作过程是"人"的活动过程，而不是企业的生产流程（工艺流程或服务程序，下同）。

工作过程知识（work process knowledge）是指有丰富经验的技术工人特有的、与生产过程相关的知识，它不仅是在工作过程中直接需要的（区别于学科系统化的知识），而且是在工作过程中自我获得的，特别需要通过经验性学习后，在工作经验与理论反思间的特定关系中产生。工作过程知识多数是隐性的（默会知识），是生产经验与专业理论知识相结合的产物，其结合的紧密程度与工作者个体的工作任务的复杂程度有关。

工作过程系统化课程是学生获得工作过程知识的重要途径，即在结构完整的工作过程中，让学生经历从明确任务、制订计划、实施检验到评价反馈这一整个解决专业问题的全过程获得工作过程知识（包括理论与实践知识）并掌握操作技能，在实践行动中通过完成学习任务获取专业知识并建构自己的知识体系，同时获得处理信息、整体化思维和系统化思考等关键能力。

实际上，促使职业教育课程从学科课程到典型工作任务、学习领域、工作过程等新型课程转化的是课程理念，即从学科论的不断构建到职业论的逐渐构建。

移植于普通教育的学科式课程模式在我国职业教育课程设置中由来已久，随着模块式技能培训（Modules of Employ Skill, MES）、能力本位教育（Competency-Based Education, CBE）和学习领域课程模式的引入，许多研究者意识到我国传统职业教育课程模式的弊端，对课程学科化进行了猛烈的批判，主张彻底扭转职业教育课程重理论、轻实践的倾向，削减理论课程的课时比例，增加实践课时比例，这些观点可以称为职业论。

但学科论则在肯定传统职业教育课程这一弊端的同时，仍然坚持在职业教育中保持学科课程的必要性，认为这一课程模式的课程体系严密有序，便于教学，能取得较高效益，同时重视基础文化素养和理论素养的提高，为增加学生今后广泛的适应性打下了基础。这些观点可称为学科论。

当然，在职业教育课程改革中，以典型工作任务、学习领域、学习情境、工作过程为代表的职业论课程模式正逐渐替代传统学科式的职业教育课程观。

二、职业教育课程的基本特征

（一）定向性

职业教育的课程目标具有定向性的特征。定向性表现在就业导向的职业教育，其培养目标是社会职业工作岗位第一线从事操作、服务或管理的应用型人才。这与以培养基本文化素质、没有明确就业目标的普通教育有极大的差异。由于普通教育培养的人才规格具有非定向性的特点，所以在课程目标上可以有一个比较规范的统一要求。因而，课程的总体安排可以实施一个通用的课程方案和相应的课程标准。

职业教育培养的职业人才要满足社会发展的需求。一方面，课程必须紧紧针对就业导向的应用型人才这一培养目标，根据各个职业领域的基本职业活动，使学生掌握操作技能、服务技能或管理技能以及为之服务的相应知识，这就决定了课程目标只能按职业领域加以确定，具有职业的定向性；另一方面，由于区域经济发展的差异与行业技术水平的高低，对同一职业领域的人才规格又有特定的要求。也就是说，课程目标常带有区域特色和行业特色，具有地区或行业的定向性。职业教育课程这种定向性的特征，要求采用职业分析的方法制定相应的课程方案和课程标准。

（二）应用性

职业教育的课程内容具有应用性的特征。应用性表现在职业教育课程的内容应紧密联系职业实践，所传授的技能和知识能在生产、服务或管理工作的第一线直接应用。这与以培养科学或技术领域里学术型和工程型人才为目标的高等教育（这里不包括高等职业教育）不同。因此，在选择和组织课程的内容时，紧密围绕典型的职业活动，有目的地将专业知识的内容根据心理认知规律，按照工作过程的逻辑展开。这将使课程内容更加实用，也更具职业教育特色，学生掌握的知识和技能也更加扎实。

强调职业教育课程的应用性，并不意味着否定课程的基础性。在注重职业教育课程具有职业活动应用性特征的同时，要在课程开发中注重学生基础学力的夯实。这种基础学力更多地表现为学生个性发展所必需的共通性的基础技能、知识和行为方式。这意味着，应用性与基础性的矛盾是通过共通性的基础学力的培养解决的。这里涉及职业教育课程观的又一个重要思想——基础观。

（三）基础性

职业教育的主要社会功能是培养生产、服务与管理第一线的应用型职业人才，因此职业教育"要着重职业技能的训练"，以形成学生基本的社会生存能力。职业教育作为教育事业的重要组成部分，还要为学生的个性发展考虑，要强化学生在未来的社会竞争中进一步发展自我的能力，所以训练的范围不要太窄，基础教育也要适当配合，以适应长期广泛就业、进行技术革新和继续进修的需要。作为实现上述社会功能和教育功能的根本手段和唯一途径，职业教育课程应为学生构建未来生存与发展的坚实基础。

职业教育课程观的基础观建立在对"基础学力"含义的深层理解之上。职业教育课程的基础学力从专业能力的角度理解,也由三个要素构成:普通文化基础学力、职业通用基础学力和职业专业基础学力。

(1) 普通文化基础学力:指的是学生应具备的基本文化修养与素质。职业教育机构要传授的这类内容是在基础教育之上进行的,具有提高、强化、平衡、补偿四方面的功能。所谓提高,就是要使学生在原有的文化基础上学会将专业知识与职业技能紧密结合,补充个人在生存发展阶段不可逾越的学习内容,以提高综合职业能力;所谓强化,就是对与职业紧密相关以及有利于理解和掌握职业技能的文化课内容要加强;所谓平衡,就是职业教育机构不能只传授职业专业知识,适当传授有利于学生认识社会、有利于身体和心理健康发展的内容,如政治、职业道德、社会知识、生理卫生等;所谓补偿,就是要完成理应由教育机构,特别是学校承担的诸如环境、安全、媒体、闲暇等方面的教育,以补偿家庭、社会教育的不足。因此,涉及这些内容的课程开设应尽可能与专业课紧密结合,即强调其应用性。

(2) 职业通用基础学力:指的是学生应掌握的从事各类职业所必备的通用的知识和技能,特别是工具类的知识和技能。职业教育机构要传授的这类内容不会因特定职业的不同而发生较大改变。由于未来职业的发展将出现一种边际职业的架构,因而现代职业所要求的知识结构已经大大跨越传统职业界定的范围。许多知识和技能已经不是个别职业的专利,而是许多职业活动的共同基础。由于技术的交叉(如多媒体技术)、手段的交叉(如计算机辅助制造或设计)、工具的交叉(如智能化办公设备),劳动市场出现了要求职业人才应具备所谓跨职业的知识与技能的趋势。职业教育机构开设与职业紧密相关的计算机和外语的应用课程,是培养面向未来人才的关键措施。同样,涉及这些内容的传授也应与专业课程紧密结合。

(3) 职业专业基础学力:指的是学生应掌握的从事本大类职业(即同一职业群中的所有职业)需要的共同的基础的专业技能和专业知识。职业教育机构要传授的这类内容必须事先进行科学的职业分析,以寻求职业群共同的知识和技能。这样,面对市场竞争机制必然引起劳动市场的巨大分化与重组,以及因此而导致的劳动力跨岗位、跨职业、跨行业,甚至跨产业的大规模转移,由于学生具有职业群共通的专业基础知识与专业基础技能,就能通过转岗、改行、再就业等多种形式的职业变换重新获得新的知识和技能。而涉及这些内容的传授,同样应尽可能与专业课程有机地结合。

对职业教育课程基础作用的理解:第一,不能完全是"知识本位"的,即不能认为专业理论的基础知识传授得越多越深越好,以为只有这样才能为今后的发展奠定基础,因而过分强调课程的系统性、学科性;第二,也不能纯粹是"技能本位"的,即不能认为职业实践的基础技能培训越多越精越好，以为只有这样才能为未来的职业生涯积累资本，因而，一味强调课程的经验性、针对性。强调基础，不是片面追求学科专门知识的广博，也不是片面谋求单一职业技能的精深，这都不符合面向未来的职业教育观课程的要求。职业教育课程观的基础观强调的是适应职业需要的能力的宽基础，强调的是培养在职业能力基础上综合运用知识与技能的复合型应用人才。职业教育培养的人才与相应层次的普通教育（包括普通高等教育）培养的人才是"同层次不同类型"的，具有"等值而不同类"的基础学力。

（四）整体性

职业教育课程的实施和评价，具有整体性的特征。整体性具体表现在职业教育的课程实施致力于构建一种整体的学习。传统学校模式的职业教育，其课程实施实际上是一种对课程内容进行报告式的、描述式的诠释，往往只有观察和思考，而没有行动。传统企业模式的职业教育，其课程实施则是一种对课程涉及的职业活动进行的演示式的、模仿式的学习，往往只有行动，缺乏对行动的修正和反馈。也就是说，传统职业教育的课程实施是一个开环系统，而现在职业教育则力图构建一个闭环的教学系统，即课程实施要加上课程评价。这表明课程的实施和评价以及学生相应的学习过程应该是一个包括观察、思考、行动和评价的整体系统。

职业教育课程整体性的特征，实质上是职业活动——工作过程系统整体性的反映。职业活动的整体性要求劳动者对职业工作过程具有计划、实施和评价的能力。所以，职业教育课程的实施和评价应更多地遵循工作过程的系统性。整体性是与职业活动系统的过程——工作过程紧密相关的。因此，与之相适应的课程的整体性体现为课程的计划、实施和评价是一个相互联系的过程，是一种在传授技能与知识的同时，培养学生具备独立制订计划、独立实施计划、独立评估计划的能力的过程。实质上，独立制订计划是一种诊断性、预测性的活动，独立实施计划是一种形成性、过程性的活动，独立评估计划则是一种总结性、反馈性的活动。在这样一个动态的教与学的过程中，学生的能力将得到全面提高，这也符合现代课程论和教学论的观点。

所以，强调职业教育课程的整体功能（或者说整体性）并不意味着忽略课程实施的各个阶段，即计划、实施和评价的局部功能（或者说局部性）。由于课程本身是一个有机结合的系统，根据系统论的观点，只有把组成课程系统的基本要素，即对课程的计划、实施和评价产生影响的至关重要的因素，放在整体中考虑，使其相互联系、相互作用，才能发挥各要素应有的功能，才能保证课程的整体性能更优。而上述这些作用和联系是动态过程中的作用和联系。因此,注重职业教育课程整体性特征的同时,还要注重课程开发过程中的局部要素及其联系。如果把课程的整体性看成课程的宏观功能的体现,那么课程的实施和评价过程则是课程的微观功能。课程计划、课程实施和课程评价等微观过程的改革常常会导致课程整体功能的改变。片面认为整体等于局部之和的构成论,其整体功能是静态的,而生成论的整体功能是动态的,局部功能之和很可能大于整体功能。因而,加强课程过程要素的研究,注重课程整体性与局部性的协同,涉及现代职业教育课程观的又一个重要思想——过程观。

（五）过程性

与普通教育相比,职业教育课程的过程属性突出表现为课程的工作过程导向性。所以,过程观是职业教育课程观的又一显著特点。

作为构筑职业教育课程体系的第三个思想基础,过程观包含的三个最重要的过程要素为：职业分析、职业活动和职业能力。这三个要素体现的深刻的思想内涵如下。

（1）职业分析：在课程中占据主导地位,课程是动态的社会需求的反映,不只是静态学科知识的载体,要根据变化不断予以调整。

（2）职业活动：在课程中发挥重要作用,课程是动态的探索发现的过程,不只是静态学科知识的传递,要重视个体的经验与探索。

（3）职业能力：在课程中成为核心目标,课程是动态的能力形成的过程——不只是静态学科知识的积累,要围绕学生能力培养展开。

这表明,现代职业教育的课程观认为课程不是结果,而是过程,即职业教育的课程是职业导向的动态发展的过程,强调的是职业所需要的技能与知识的习得过程以及态度(行为方式)变化的过程,也就是职业能力获取的过程。学生应参与技能、知识和行为方式的形成过程,而不是仅仅复制其结果。由此建立的职业教育的课程体系应该由"学科体系"转向"行动体系",由"教师中心"转向"学生中心",强调观察问题—建立假说—形成概念—转化能力的"发现学习"以及信息收集—信息处理—信息概括的"探究学习",具有定向性、应用性和整体性的特点。

三、当代职业教育的主要课程模式

（一）"学科体系＋实验"的课程体系

"学科体系(知识＋理论)＋实验"的课程体系是传统大学的课程体系,也是职业院校的第一类专业课程体系。在第一类课程体系中,系统的专业理论知识是专业教学的灵魂。

以知识的学科体系为线索的课程体系重视间接知识的传授,重视书本知识的传授。

实验仅用于验证理论的正确性,基本上没有(单项、综合)职业能力(三层职业能力:岗位、行业、核心)的训练。这类课程体系普遍采用传统的三段结构:①基础(文化)知识学习阶段;②专业基础知识学习阶段;③专业知识学习阶段。

这是知识理论体系的"由浅入深、由低到高"的认知过程。背后的理论依据是认知过程的"大楼模型"——楼要建多高,基础先要挖多深,所以大学一年级"必须先打好文化基础和知识基础"。在这种专业课程体系中,课程的教学目标主要是知识目标,课程重视系统知识的逻辑结构,所谓动手的实验主要用于验证理论是否正确,不为训练熟练的操作能力。课程重视培养科学研究岗位上的"观察能力和思考能力",基本上没有技术应用类就业岗位的职业(单项、综合)能力训练。这类课程体系无法实现职业技术院校的教学目标,所以它是当前职业院校课程体系改造的重点。

(二)训练"课程综合能力"为主的课程体系

这种课程体系中的每一门课都注意以职业工作过程为依据,让知识为课程中的项目实践服务。在每一门课中,实践教学自成体系,案例、实验、实训、综合实训等相互配合,用于能力训练的项目依附于具体课程。对传统课程体系中的课程做了必要的整合,突出课程教学的能力目标。主要课程、骨干课程中都有大型、实际、复杂、综合的贯穿项目,用于训练学生的"综合能力"。课程体系中的所有主要课程都以综合能力的训练为主,配合以单项能力的反复训练和应用知识的系统总结上升。在项目的实施过程中,既注意总结课程综合能力,又注意总结系统的应用知识。这种课程极大地强化了综合能力训练,教学方法以在做中学、边做边学为主。课程体系中的实践教学内容渐渐形成自己的体系。在这种课程体系中,将原有的三段结构课程按照"工作过程"加以重新排列,力争实现能力本位、项目课程教学。这种课程体系遇到的最大矛盾和困惑是:基础文化课程(数学、基础英语、应用与写作)怎样安排?如何改革?在这种课程体系中,大家感觉到了传统三段结构的不适应,但又不知道如何突破。其逻辑基础处在从"大楼模型"向"大树模型"转变的过程中。

(三)训练"专业综合能力"为主的课程体系

以规模超过一门课程的大型综合实践项目(专业项目)支撑整个课程体系,以一个大型项目带动多个传统课程,训练专业的综合能力(突破了第三类课程体系中的"课程的综合能力")。其余课程中有大型贯穿项目,训练课程的综合能力,配合单项能力训练和系统的应用知识学习。在所有各类项目的实施过程中,注意职业素质、职业道德、职业规范的训练。在这种课程体系中,训练专业综合能力,训练课程综合能力,训练单项能力,学会系统应用知识,学员在各类项目的实施过程中学会做事,学会做人。

这是由若干超出一门课范围的"大型专业项目"支撑的课程体系。这个课程体系形成了新的三段结构。

(1) 始业与择业教育:学生入学后实施的第一类大项目就是对行业工作过程进行整体体验。第一个学期必须开设含有这个概括性体验项目的"行业概貌"课程,与新生入学教育、军训、文化基础等类课程配合,共同完成学生的始业与择业教育工作。

(2) 专业与乐业教育:以学生入学之后的第二类大项目为支撑重点的是专业能力的训练和专业应用知识的系统学习。这组项目面向行业工作过程中的重点环节,主要面向学生就业的企业和主要岗位。以这些企业岗位的工作流程为依据,设计这组项目。第二和第三个学期要开设这组项目,让学生对未来职业工作过程进行深入体验和能力训练。这组项目的工作内容很多,是整个专业教学的重点,因此也可以将它分解为若干相对较小的项目实施,专业教学的时间可以向前后延伸。

(3) 就业与创业教育:第三类大项目以岗位工作过程的实战体验为主。第五或第六个学期必须开设这组项目,配合顶岗实习和毕业设计实践尽可能与企业结合,开展较高水平的综合性、开发性、研究性、创新性、创业性工作。在这些项目中,学生对三年来所学的全部内容进行全面检验和深入应用。该项目以深入的岗位工作和行业未来发展为特点,更接近未来的上岗实战。

所有的项目都强调体验,强调实用,强调学生全过程参与,强调由粗到细,强调由整体到局部再到整体,强调动手动脑操作,强调能力训练,强调操作过程中系统应用知识的学习,强调动手过程中职业道德的培训。各类知识(基础知识、专业基础知识和专业知识)在实践的过程中同时成长。这种课程体系结构背后的观念是能力与知识成长的"大树模型":树根与树干一起成长。儿童到成人的认知过程大致如此。

在这个新的课程体系中形成了新的"三段结构",这就是:"始业教育—专业教育—就业教育"的三段式,也就是"行业工作体验(整体概观)、专业能力训练(针对未来就业岗位的分段局部深入)、岗位工作实战(深入、创新)"的新三段结构。这就从根本上对传统的"文化基础知识—专业基础知识—专业知识"的老三段体系结构进行了改造。

以上述三类大项目为骨架,经过课程整合,就形成了新的专业课程体系。所有的"文化基础课、专业基础课"等都有了新的位置和新的作用,上课的方法、模式也发生了根本性的变化。

用这三类大项目支撑起的整个专业课程体系,是以职业岗位工作过程为依托的专业课程体系。对体系内全部课程设置、改造、整合等要进行整体规划,所有个别的课程都要为体系的整体服务。以体系的整体要求为依据改造个别课程,体系的要求重于单独课程的要求,以整体需求约束个别课程。

以专业大项目与各课程中的贯穿项目为主体,新课程体系中的实践教学内容自成清晰体系:第一阶段为体验性、认知性、场景性实践,重视专业兴趣的培养和职业核心能力的训练;第二阶段为专业能力、核心能力训练;第三阶段为就业能力、创业能力的培养。在突出能力目标的基础上,在学生头脑中建构"知识的应用系统"。注意学生能力、观念、态度、价值观、职业规范、职业素质和综合素质的培养。

在第四类专业课程体系中,学生的基础和专业基础得到充分重视,但不是采用传统的知识传授模式进行教学,而是采用"行动引导"方式进行教学,在项目任务完成到一个段落或完成之后,对有关知识进行总结,这是知识、理论最有效的学习方式,因此,第四类课程体系在能力本位原则基础上充分重视了系统知识的学习和职业道德的养成,保证了学生真正的可持续发展能力。

(四)以学生自主实践学习为主的课程体系

这是目前尚未实现的,但又是未来发展必然趋势的理想方向。

在第四类课程体系的基础上,综合考虑第一课堂和第二课堂,在原有"实践教学基地"的基础上建设大量的学生自主实践学习基地,力争将第一课堂的周学时压到20,每天上午是全校所有学生第一课堂的教学时间,其余的时间:下午、晚间、早上、周末、寒暑假都是第二课堂可用的教学时间。第一课堂只是学生学习的开头,而能力的训练和知识的学习主要在第二课堂进行。为此必须对现行教学管理方式进行彻底改革,采用新的教学模式,实施真正的学分制。综合利用学生在校三年的全部时间,第二课堂的课程主要不是知识理论讲解类的课程,而是可以由学生自主选择的项目课程。教师开出项目清单,学生可以自主选择。所有第二课堂的教师教学都纳入工作量计算,所有第二课堂的学习成果都纳入学生的考核成绩,所有第二课堂的教学活动都纳入教学管理。第二课堂应当成为职业教学的有机组成部分,而且将成为越来越重要的部分。因此,这里说"第二课堂",不说"课外活动"。所有的专业都将对两个课堂的教学进行一体化的设计和管理。

这种课程体系的合理性在于,任何职业院校都不可能仅在第一课堂规定的学时中就训练出就业岗位所需的那么多的能力。没有第二课堂的配合,高职院校要实现真正的"能力本位项目课程教学"基本上是不可能的。

第二节　职业教育课程开发

一、课程开发的概念

课程开发是指将通过国家、地方教育行政机构或学校以及相关人员等课程开发主体精心规划、组织(或设计)而形成的课程方案(或计划)付诸相关教育机构(如学校)的教育实践,并通过课程实施和课程评价等环节或职能活动而不断改善和优化课程的实践进程或实践系统。课程开发的主体可以是国家、地方教育行政机构或学校,也可以是上述机构相关的人员,其目的在于不断地改善优化课程,达到适应社会的目的。

课程开发具体由调查社会需求、分析工作任务、进行教学分析、确定课程内容、编写课程标准和制订课程方案六个阶段组成。

职业教育课程开发是职业教育课程生命力的主要体现,也是一项复杂的系统工程,不仅包括学习内容的确定及其顺序的排列,而且还会包括课程资源在内的整个体系,需要回答以下系列问题：劳动市场的变化对技能型人才的需求是什么？采用何种课程结构和课程模式有利于实现这一目标？课程内容如何选择？以及如何对课程进行管理和评价？

二、职业教育课程开发的动因与本质

(一)职业教育课程开发的动因

职业教育课程开发的动因在于适应社会和自我创新两大方面。

适应社会意味着课程要主动应对职业教育外部因素的变化,这里包括经济改革对课程开发提出的适应性和灵活性的要求、技术进步对课程开发提出的现代性和前瞻性的要求、劳动组织对课程开发提出的开放性和导向性的要求。

自我创新意味着课程要主动应对职业教育内部因素的变化,这里包括学生个性发展对课程开发提出的差异性要求、教育理论发展对课程开发提出的科学性要求、职业教育机构发展对课程开发提出的特色性要求。

总之,国家和地区的经济与社会发生重大变革,科学和技术迅速进步,学生个性发展的趋势,课程理论研究综合化的动向以及职业教育形式多元化的竞争态势,都会对职业教育提出新要求。而此时,课程总是对这些变化做出第一反应。这是因为课程对人才结构的调整发挥着最重要的作用。只有不断改造老课程,开发新课程,才能使职业教育培养的人才的资格水平与社会体制、经济体制及其相应的职业体系的需求匹配。

(二)职业教育课程开发的本质

职业教育的课程开发,是对学生在接受职业教育期间的全部教学内容和全部教学活动加以规范和设计,是对职业教育的教学过程进行总体规划。这里包括对就业导向的职业教育的课程,其教育和教学目标、内容、过程、方法、条件等进行界定、选择、组织和评价,并通过课程实验对其进行修订和完善。所以,课程开发是对职业教育课程全部内涵进行的可行性研究。

从教学过程看,如果说课程是方案的设计,那么,教学则是方案的实施,所以课程开发更多地具有决策的性质,是深化教学改革和提高教学质量的关键。

显然,对带有决策性质的课程开发进行的可行性研究,从本质上看是一个以价值选择为中心的过程。具体来说,"课程开发是以探讨社会对于教育的价值及价值标准如何在教育活动中具体体现为核心的,它是外部社会环境中随着社会的发展而产生的对人的具体需求在教育活动中的体现,是以课程体系不同的科目进行组织、调配、协调以及构造新的科目等满足社会对人的素质要求和数量的要求",而这种价值选择的依据在进行职业教育的课程开发时,更多地体现在前面谈到的职业导向的能力观、基础观和过程观三个方面。我们可以把它称为能力本位的课程开发。

此外需要指出的是,由于职业教育培养的人才规格,即职业资格的标准,要时时应对变化极其迅速的劳动力市场,因此实施课程价值选择的决策过程就不仅仅只是教育主管部门的事情,还要有劳动部门(特别是用人部门,主要是行业、企业)的参加。

三、职业教育课程开发的基本方法

与普通教育、普通高等教育领域里的教育机构相比,职业教育机构在专业设置及其相应的课程设置上,只有更加灵活,才能迅速适应劳动市场的动态变化。因此,根据区域经济的发展规划、劳动市场的预测和教育机构本身的特点进行课程开发,已成为职业教育机构自身生存与发展的第一需要,成为职业教育教学改革的关键任务。

职业教育机构的课程开发,一要立足对现有骨干专业的课程改革,二要着手对新设专业的课程设计。这种改革和设计都要依据职业导向的原则,采用能力本位的课程开发方法进行。

(一)调查社会需求

(1)对课程内容的需求调查:一是了解经济发展的趋势和规划,把握产业结构调整后出现的新职业及新的就业机会,如物业管理、金融证券、租赁保险、广告营销、电子商务;二是了解劳动生产结构的变化调整对原有职业岗位提出的需要改进的职业能力,如计算机操作、外语运用、公关能力;三是了解新科技、新设备、新工艺和新材料的采用对劳动者提出的新的技能要求,如跨职业的通用技术和技能的应用、新技术的适应性等。

(2)对课程现状的分析研究:一是对课程的受益者,即用人部门,如产业、行业或企业界进行调查,了解学生的能力水平,所学内容在工作中的实用性以及对课程的意见;二是对课程的编制者和实施者(即教育教学专家和教师)进行调查,研究、分析课程理论发展的情况以及教学和管理中存在的问题;三是对课程的使用者(即学生)进行调查,了解入学水平、愿意接受的学习方式、就业机会及今后再学习的可能性。

(3)对课程数据的收集整理:一是人口统计数据信息,如同年龄段就学和就业的情况;二是劳动力市场信息,如就业需求的变化趋势、急需人才的数量与种类、新出现的社会职业的数量、产业结构调整率;三是原有课程的反馈信息,如课程的改革重点和开设率,毕业生就业的专业对口或专业大类对口率以及整体就业率。

(二)分析工作任务

根据现有骨干专业或新设专业对应的一个职业岗位或一个职业群进行调查分析,将其要求的专业知识、操作技能和工作规范一一进行排列,编制一套描述从业人员履行其职业、职责的任务目录。

这一工作由对职业岗位精通的专家,包括生产、服务或社会工作第一线的专家型工人(技师)以及长期从事职业教育的专业教师完成。这一步要对职业岗位的工作职责进行划分,结果为以行为动词描述的8~12个工作职责。这种职责描述可以看成职业岗位所应具备的综合能力。

再进一步将每个职责分解为6~30个更具体的工作任务。完成每一个工作任务所需要的能力称为专项能力。每一职业岗位能分解成多少个工作任务及相应的专项能力,与该职业岗位的业务范围有关,当然也与分解的粗细程度有关,一般为100~200个。

每个专项能力包括以下内容:完成这一工作任务需要的知识、技能、态度及所需工具;完成该任务需要的时间和质量标准要求。对每一专项能力都要确定其在职业岗位工作中出现的频度、学习掌握的难度以及学生毕业时应掌握的程度(等级),即职业人口水平。专项能力完成后要得到该职业岗位工作人员的认定。

(三)进行教学分析

首先要由课程开发人员,主要是由有经验的专业教师和课程专家,将一系列的专项能力转化为教学单元(或模块),并将专项职业能力目标转化为教学目标,将相关的知识技能转化为具体的学习、训练内容。在转化中要提高概括性,同时减少重复,避免遗漏。每一教学单元都应包括相应的知识、技能、态度及考核标准。转化的关键是对单元(或模块)的教学目标的描述,如前所述,单元(或模块)的教学目标是可操作性目标,应采用包括活动、条件、标准三要素的表达方式加以描述,尽量做到行为化、可观察、可测量。这将形成由一系列(100~200个)与职业专项能力对应的教学单元(或模块)组成的教学目标和教学内容体系。

然后,按照专业目录规定的业务标准、科技进步及劳动方式优化提出的新的知识、技能和能力要求,学生个性发展和未来继续学习的必要准备,以及原有相同或相近专业的教学经验,将教学单元(或模块)分为三类:一是基础性(共通性)的,包括普通文化和职业通用基础性的内容,如语言能力、计算能力、外语和计算机应用能力、职业道德等。二是职业专业基础性的,即同类专业通用的知识、技能,如专业基础理论与专业技能。以上两类多为具有可迁移性的内容。三是职业专业特殊性的,主要针对职业专长要求的知识与技能。

(四)确定课程门数

首先对全部教学单元(或模块)进行归并、综合形成各门教学科目或教学活动(课程)。归并的原则是将性质相同、联系紧密、便于一并进行教学的单元(或模块)结合在一起。教学单元(或模块)归并为课程后要对课程内容进行排序。内容排序要研究学生学习课程的心理准备状态和认知特点,寻求课程内在的(学科的或行动的)逻辑顺序和学生学习的心理顺序之间的最佳结合方式,由浅入深、先易后难、先专项后综合、循序渐进地进行。课程内容的排序还要注意各门课程之间相互关系的分析,以便做到各门课程在内容上相互衔接配合,在密度上相互平衡。

然后在此基础上选择课程类型。选择的根据是:某一类专项能力的性质功能,学生学习的便利,教学条件与传统经验,等等。一般来说,必要的基础性理论知识以学科型课程为宜;专业基础性课程要以综合性课程为宜,有些以模块式为佳;技术操作或技能性课程以核心课程为主;有些实践课则以活动课程为宜。

(五)编写课程标准

课程标准,即教学大纲,作为最基本的教学文件,编写要做到科学、规范,具有可操作性。这里要将组成课程的每一教学单元(或模块)的知识、技能和态度尽量按照相应的专项能力在实际职业工作中出现的频度、内容的难度和掌握的程度进行排序。

排序的原则是:将专项能力中频度高者对应的教学单元(或模块)转化为教学中的重点内容,低的转化为一般要求;将难度高的专项能力对应的教学单元(或模块)定为教学中的难点;将专项能力对应的教学单元(或模块)中对知识技能掌握的程度要求,按教学惯例进行统一规范,采取诸如理解、熟悉、掌握、运用等行为动词加以描述。

(六)制订课程方案

首先,确定课程的整体结构,即对各门课程,即各门教学学科或教学活动,按职业教育的总体年限进行计划安排,一般采取阶梯渐进结构,可选择三阶段式或二阶段式。三阶段式即职业基础教育、职业专业教育和职业专长教育,或普通课(基础课)、专业基础课和专业课三段;二阶段式即普通课与宽口径专业,有更强的职业适应性。

在对课程的教学进程进行总体排序时,面临一个排序路径的选择问题。

一种可供选择的方式是螺旋上升式排列,即对一门教学科目或一类教学活动的内容采取在各个教学阶段循环加深的方法排列。这种编排不是简单地重复,而是对本学科或其他学科中已学过的知识和技能的更深入、更全面的阐述,并对解决相关问题进行综合能力训练,使学生对知识和技能掌握的程度呈螺旋上升的形式。

另一种可供选择的方式是直线式的排列,即对一门教学科目或一类教学活动的内容在某一两个教学阶段一次性完成,后面的内容是前面已学内容的继续加深,前后内容基本不出现重复现象。这种排序的优点在于能使课程包含更多的内容,使学生的知识和技能连续呈直线上升的形式。

然后,进行课程的综合平衡。平衡的内容一是对各门教学科目或教学活动之间的层次关系、顺序关系和课时比例关系进一步调整优化;二是对计划编制的四个要素(即目标、内容、方法和条件)逐一落实,尤其要注意的是配套文件、配套条件和相应的评价检验指标的落实到位。

最后,正式的课程方案(教学计划)和课程标准(教学大纲)等文件要经过权威专家会议审议,修改后由教育主管部门审定批准方可实施。

四、职业教育课程开发的主要模式

(一)俄罗斯制

1. 产生背景

工业革命大大加速了学徒制的崩溃,因为学徒制已不能适应工业发展对大量廉价、非熟练劳动力的需要。许多新开办的工厂不需要旧的学徒制训练出来的熟练工人,这使得正规学徒制度在许多行业迅速衰败。但是,科技的发展及其在工农业中的应用,导致对熟练劳动力的需要迅速扩大,这就要求建立系统的、有别于学徒训练的职业教育课程。

1868年由莫斯科帝国技术学校校长拉·奥斯创立俄罗斯制,采取对工艺过程进行分割的方法设计课程,并对学生进行集体授课,开创了在学校实现职业教育的模式。

2. 理论框架

俄罗斯制抛弃了古代学徒制学徒通过模仿师傅学习技术的方法,首先通过分析生产技术,把生产过程分解为几个要素,然后据此制订课程计划,指导学生通过工厂实习掌握这门技术。分解技术、班级授课是俄罗斯制最突出的特征。这为在学校实施职业教育、大规模培养技术人才提供了操作路径,在职业教育史上具有划时代的意义。

3. 传播与影响

俄罗斯制首先通过1870年在彼得堡举办的博览会向全国推广,进而通过在维也纳举办的国际博览会等在全世界范围内传播,对世界各国职业教育发展起了巨大的推动作用。

(二) MES 课程

MES课程模式是在借鉴德国、瑞典等国的"阶段式培训课程模式",以及英国、美国与加拿大等国的"模块培训"等经验的基础上开发的典型职业培训课程模式。

1. MES课程开发模式的理论基础

MES课程开发模式立足于系统论、信息论、控制论的理论基础,将职业技术培训视为一个相对独立的系统。这种职业培训系统观的思想主要表现在以下两个方面:一是课程开发过程。系统观的思想要求对系统内部各要素之间的内在联系必须进行一体化考虑,各部分间的平衡、协调与统一是该系统具有高效率和高效能运行机制的保证。换言之,MES课程开发过程是一个连续统一、循环往复的系统,每个环节无论是课程目标的确定,还是课程内容的选择与组织,抑或是课程实施与评价,与其他环节都紧密相连,不能各自为政。二是课程开发对象。MES将某一职业领域作为课程开发的对象,通过分析全球职业标准分类和所有工作领域的模块总目录,使开发出的课程具有较广泛的普适性,从而使培训资料在国与国之间能够转移。因此,研究和运用MES课程模式,应当从系统、整体的观念把握它。

2. MES课程开发模式的指导思想

人类的社会活动涉及很多的职业领域和行业,职业领域和行业内部又有不同的工种和工作。不同的工种和工作要求的知识技能有一定差别。但是,也可能有部分相同或相似的知识技能要求。在职业技术培训中如何求同存异,使受训者获得在社会生产活动中实际有用的技能,这正是MES课程模式指导思想的着眼点。MES课程模式将人类社会(一个国家或地区)的所有经济活动,按活动性质和任务分类划分成若干部分,每一部分被称为一个职业领域;再将职业领域内人们所从事的生产活动按工作条件、工作环境及其相互关系分成若干部分,每一部分称为一个工作范围;将某一工作范围按生产活动的性质、任务再进行分割,所得的各个部分就称为工作。而生产者完成每一项工作必须具备的技能标准——一个职业技能系统称为工作规范。MES其实就是这个职业技能系统的复写。经过层层分析得出的技能标准还可以划分为不同的层次,通常分为初、中、高3个不同的技术等级。再将一个职业技能系统生产活动的过程或对象按活动对象的性质或活动顺序分割成若干个活动单位,分割后的活动单位相互独立,但又有内在联系,这个单位被称为模块。每一个模块是一个职业技能系统的一部分,学员每学完一个模块,就等于增加了一种就业技能。以汽车维修电工岗位为例说明,该岗位的主要工作包括汽车电源系统、起动系统、灯光信号及仪表装置、空调、音响视频系统、电控车窗及中控防盗系统、雨刷系统、安全气囊系统等的检测、诊断与维修,上述每个部分都可作为一个模块,每个模块又包含若干项单项知识和技能,如汽车空调模块、空调系统性能测试、制冷系统压力检测、冷媒回收与充注、空调系统部件检修与更换(包括制冷系统部件检修与更换、暖风系统部件检修与更换、操纵及相关控制装置的检修与更换)等学习单元。

3. MES课程模式的开发步骤

这一模式以实用主义哲学为指导思想,遵循"按需施教,学用一致"的原则,按以下操作步骤实施开发:建立岗位工作描述表,确定岗位职能;划分工作任务,确定工作模块;编制学习单元。

(1) 进行岗位分析,把岗位划分成模块。每个岗位的工作任务是由若干个部分(程序或工序)组成的,每个部分就是一个模块。

(2) 进行模块分析,把模块划分成若干单元。每个模块都由若干项技能组成,每项技能就是一个学习单元。一个模块有多少项技能就划分成多少学习单元。

(3) 开发学习单元。就是对每个学习单元中的技能(操作技能和心智技能)与知识进行科学组合,确定技能训练的内容、标准、要求、实训的方法,设计训练所必需的专业知识和学习要求。

4. 简要评价

MES课程模式突破了传统的以学科为系统的培训模式,建立了以职业岗位需求为体系的培训新模式,缩短了培训与就业的距离;同时,它利用培训者在学习动机最强烈的时候选修最感兴趣和最需要的内容,有助于提高学习效率;并且MES中的每个模块都比较短小,而又有明确的目标,有助于培训者看到成功的希望,在较短的时间内为获得成功而满怀热情地奋斗,从而有利于保持学习热情;它可以通过增删模块或单元摒弃陈旧的内容和增添新的内容,从而保证培训内容总体上的时代性和先进性。

MES课程模式在职业培训系统观的基础上创造性地运用"模块组合"的设计思想,这些"模块"课程不仅可以在国与国之间转移,还可以在不同经济背景的职业领域之间转移,从而解决了典型职业技能培训课程模式的培训资料转移困难问题,达到了人类培训资料共享的境地。实际上,这也正是MES课程模式在世界各国职业技能培训业绩效显著的原因之一。

MES课程体系的严密性、技能描述的精确性给人们留下了深刻印象。严密性使得课程开发的整个过程严密、环环相扣,前后两个步骤之间有清晰的演绎关系,从而保证了最终结果的科学性;精确性使其对操作过程的描述非常细致和准确,利用这种方法训练的工人,其技能操作必然非常规范:而这两个方向正是我们目前欠缺的。MES课程体系的问题在于,这种方法能否给学生足够的理论知识?能否让学生获得对工作体系的完整性理解?对工作体系过度分解,最终获得的必然是动作,而动作是不可能负载太多理论知识的。过分关注细微动作也容易带来忽视整体的危险。这或许是MES课程逐渐被人遗忘的原因,而CBE课程在一定程度上克服了这些问题。

(三) CBE课程模式

1. 能力本位教育模式

能力本位教育(Competency Based Education,CBE)模式以美国、加拿大为代表,产生于第二次世界大战后。其核心是从职业岗位的需要出发,确定能力目标。通过学校聘请行业中一批具有代表性的专家组成专业委员会,按照岗位群的需要层层分解,确定从事行业所应具备的能力,明确培养目标。然后,由学校组织相关教学人员,以这些能力为目标,设置课程,组织教学内容,最后考核是否达到这些能力要求。

2. 能力本位教育的形成与发展

以强调岗位能力为核心的能力本位教育思想形成于美国(20世纪60~70年代)。20世纪60年代,在美国的课程改革运动中,人们把对当时教育质量的不满归结为教师的教育、教学能力不足。于是要求改革师范教育,提高教师与教学有效性相关的能力。1967年,提出能力本位教育,以取代传统学科培养教师的师范教育的新方案。这种方案主张将对教师工作分析的结果具体化为教师必须具备的能力标准。到20世纪70年代,能力本位教育思想日渐成熟,并开始被运用到职业教育和培训中,并被广泛应用于北美和世界其他一些地区的职业教育和培训中,其中尤以北美盛行。但当时人们对"能力"本质的理解非常狭隘,是行为主义的,即根据一系列具体的、孤立的行为界定"能力",等同于"操作能力""动手能力",而这些行为往往与一项项被细致地分解的工作任务相联系,其目的在于使能力能够被明确地陈述出来。显然,这里的"任务"即"能力"。

当人们意识到即使一个人能够完成已经明确规定的任何细小任务,他也不一定能成为一名成功者时,这种理念很快就被冷落了。到20世纪80年代中后期,能力本位的教育和培养理念又重新兴起,并且成为世纪之交职业教育和培训改革的主导理念。

能力本位教育有其深刻的哲学基础,具体体现在以下3个方面。

(1) 以能力主义为基础的实用主义逐渐成为美国社会构成的基础和社会资源分配的依据。

(2) 20世纪五六十年代第三次工业革命之后,现代经济和现代科技对人类社会发展的革命性、根本性作用的增强,使教育同经济的紧密关系成为教育发展和变革的基本因素,经济因素成为许多国家教育决策的"基本考虑"与评估教育政策成败的主要价值取向。

(3) 20世纪20年代兴起于美国企业培训中的任务分析法的推行,为CBE的产生提供了一定的经验积累和实践环境。CBE思想的产生不仅有深刻的社会、经济等方面的背景,而且还有广泛的心理学、教育学方面的理论基础。行为主义心理学、杜威实用主义教育思想以及泰勒的科学化课程开发理论(泰勒原理)都对CBE思想的形成产生了深刻的影响。

3. 能力本位课程的实施

能力本位课程通常采用模块式教学方法。根据国外能力本位课程的经验和近几年国内试点学校情况,模块式教学的具体实施步骤如下。

(1) 职业分析。研究社会上哪些职业是急需的,哪些职业是饱和的,哪些职业是过剩的,以此作为职业院校确定专业方向的依据。

(2) 工作分析。分析每项职业需要的综合能力。一般每项职业确定8~12项综合能力。

(3) 专项技能分析。分析每项综合能力需要哪些专项技能,这些专项技能就是学校确定教学内容和教学方法的主要依据。

(4) 制定模块。根据职业分析、工作分析和专项技能的分析结果,制订教学计划和教学大纲,并对每一次专项技能制订相应的单元"模块(Module)"。

(5) 根据每个单元模块的要求,由任课教师拟制信息单、作业单、技能单和评估单,并在课前发给学生。

(6) 教学过程。教学采取灵活的方式。学生根据信息单的内容,或在图书馆查阅资料,或在实践场所操作练习,或在课堂上听课,整个学习过程以学生自我学习为主。教师负责引导学习、解答疑问、组织讨论和指导实践操作。

需要说明的是,职业分析、工作分析和专项技能分析应聘请社区内有影响的工程技术人员、专家和企业家组成专门小组进行;而拟制模块及教学计划和教学大纲应由有经验的教师和教学管理人员组成的校内专门小组进行。

4. 能力本位课程模式的评价

CBE开发模式的核心是能力,课程设计采用模块式方案,重视学生的能力训练,理论知识传授以必须够用为度,教学上强调学生的主体作用。CBE开发以职业分析为起点,并把职业能力看作职业教育的基础,相对于传统的"以学科知识为基础"的学科系统化课程开发,具有革命性的意义。然而,CBE把能力看作一系列孤立的行为,忽视了真实的职业世界中人们的操作行为的复杂性以及智力性操作中判断力担当的重要角色。由于技术,特别是信息技术的高度发展对劳动组织方式造成巨大影响和精益管理模式的普遍推广,加上人们日益增长的全面发展的要求,CBE开发的局限性就显而易见了。

将单项能力组合成综合能力的方式忽视了工作的整体特性和经验成分。因此,CBE对我国课程开发的贡献主要是理念上的,而不是提供有价值的可操作的课程,随后出现的学习领域课程在某种程度上探索了这一问题的解决方案。

(四)学习领域课程理论

1. 产生背景

学习领域课程方案的出台,源于20世纪90年代在德国进行的一场大辩论。面对知识社会的挑战、企业职业教育现代化进程的加快、学习与工作一体化趋势的增强、企业继续教育日益扩展等情况,职业学校教育该如何跟进成了许多德国人思考的问题。德国职业教育界的许多人认识到,德国职业学位20世纪70年代的课程大多数是以科学性和基础性的学习为出发点,这一模式使得行业和企业意见纷纷,认为职业学校培养的学生脱离企业的实际需要,学非所用。通过激烈的辩论,具有思辨传统的德国社会各界,包括教育、经济、科技领域以及工会、信访协会最终获得共识:德国职业教育面临着自1969年颁布《联邦职业教育法》以来的"第二次教育改革"的压力,要使"双元制"职业教育在新世纪仍然具有强大的生命力,职业学校教育必须进行改革。

1996年5月9日,德国文教部长联席会议颁布了新的《职业学校职业专业教育框架教学指南》,提出用学习领域课程方案取代沿用多年的分科课程为基础的综合课程方案。1996年11月,又开始按照新的《编制指南》制订《框架教学计划》。至1998年3月,完成了32个基于学习领域的教学计划。1999年2月5日,各州文教部长联席会议通过并颁布了新《编制指南》的最终文本。自1996年以来对《编制指南》共进行了3次重大修订,目前这项改革仍然在进行中。

2. 学习领域课程的基本理念

学习领域是指一个由学习目标描述的主题学习单元,它由能力描述的学习目标、任务陈述的学习内容和总量给定的学习时间(基准课时)3部分构成。其核心理念包括以下3个方面。

(1) 职业教育应培养学生复杂的职业能力。

"用能力描述的学习目标",即学习领域课程把能力培养看作职业教育的核心目标。

这一理念与以上理论并无区别,区别在于德国学者基于其理性主义哲学、格式塔"完形"心理学,形成了对职业能力的独特理解,从而形成了有别于MES和CBE的理论依据。

(2) 课程设计要基于工作过程。

"任务陈述的学习内容",即学习领域是基于工作过程的,它把工作过程中的任务作为课程内容和课程设置的依据。根据不来梅大学技术与教育研究所以劳耐尔为首的职业教育学的研究,所谓工作过程是"在企业里为完成一件工作任务并获得工作成果而进行的一个完整的工作程序","是一个综合的、时刻处于运动状态但结构相对固定的系统"。

这里的工作过程应理解为以科学为基础的工作过程。这样设计课程的目的在于克服学术体系结构化的内容的学习,以利于与工作过程相关的学习。结果是学习领域的名称和内容不是指向科学学科的知识领域,而是来自职业行动里的工作过程。当然,学习领域课程强调并不完全排斥基于学术体系的知识领域的存在。

在获得学习领域的基础上,还要完成从学习领域向学习情境的转换,这是学习领域课程方案最终成功与否的关键。所谓学习情境,是指学习领域框架内的小型主题学习单元,它是在职业的工作任务和行动过程背景下按学习领域中的目标表述和学习内容,对学习领域进行教学论和方法论转换的结果。

(3) 教学要以行动为导向。

一般来说,学习领域课程方案中,任何"教育职业"的课程都由10~20个学习领域构成,组成课程的各学习领域之间在内容和形式上均无直接联系,但在课程实施时要采取跨领域的学习方式,根据职业定向的案例性工作任务采取行动导向和项目导向方法实施教学。

行动导向教学理论强调学生是行动的主体,教学过程要以职业情境中的行动能力为目标,且以职业情境的学习情境中的行动过程为途径,以独立地计划、实施与评估的行动为方法,以师生及学生之间互动的合作行动为方式,以强调学习中学生自我构建的行动过程为学习过程,以专业能力、方法能力和社会能力整合后形成的行动能力为评价标准。可见,"行动"在这里构建一个框架,在这样一个框架内,"知识系统"不是从外部"输入"的,而是个体自我构建的,在具体的行动情境中,知识将能很快地从内部"输出",迅速转换为实用有效的行动。教师在整个教学行动过程中扮演着组织者、协调者的角色,而不是运动场上的裁判。一个好的教师还应该是一个学习情境的设计者、塑造者,一个学习舞台的好导演。

3. 学习领域课程的开发方法

学习领域课程开发的基本思路:由与该教育职业相关的职业行动体系中的全部职业"行动领域"导出相关的"学习领域",再通过适合教学的"学习情境"使之具体化,这一过程的本质可简述为"行动领域——学习领域——学习情境"。

学习领域课程开发的指导思想是通过整体的、连续的"行动"过程学习,其基础是职业工作过程。确定课程内容的参照系是与职业紧密相关的职业情境。以往在学科体系下采用分科课程传授的细节知识,在学习领域课程方案中则是通过具体的学习领域及其学习情境(如问题关联教学、项目教学和案例教学)实现的。

因此,职业能力成为学习领域课程开发的主要目标,根据职业行动领域典型工作任务提出的职业能力,分析学生基本情况、培养能力所需要的知识和技能等,按工作任务的逻辑关系设计学习领域。基于认识论和方法论,以工作过程的顺序(串行)确立能力、知识点,形成以工作为导向开发出的能力体系。

职业能力的开发不是一劳永逸的,而是一个终身的开发过程,而职业学校则要在职业教育这样一个确定的阶段对这一终身化的过程予以结构化并提供支持。这表明"过程"与"结构化"正是学习领域课程开发的关键。

根据巴德教授的研究:"基于将职业能力作为主目标的理解",学习领域的设计要遵循以下原则。

(1)学习领域是能力概念定向的,绝不是仅指向产生于行动领域的所需要的资格。

(2)学习领域除致力于开发专业能力外,还必须开发人格能力和社会能力。

(3)专业能力、人格能力和社会能力构成职业能力的维度,但它们之间并不是分离的,这就是说,不允许存在只是针对职业能力维度中某一维度的学习领域。

(4)方法能力和学习能力集成于职业能力所有的3个能力维度,是其不可分离的组成部分,这就是说,学习领域不允许方法能力的开发与其他能力无关,不存在与目标和内容"绝缘"的、只指向纯方法开发的学习领域。

由此可见,职业能力包括多维度以及结构性的构成。因此,既然学习领域课程开发的主目标是职业能力,那么行动领域课程开发应该兼顾专业能力、人格能力、社会能力、方法能力、学习能力这些部分。

4. 学习领域课程简评

学习领域课程在我国的传播并没有遇到 MES、CBE 那样的阻力。这当然一方面和长期以来的职业教育理念传播及对凸显职业性的渴望密切相关；另一方面和学习领域课程理论的内容本身也有关系，这些内容集中反映在"系统化""领域"和"情境"等概念上。这些概念折射出的对职业能力的整体化、深层化理解，与我国的学术传统非常吻合，也符合信息化时代、学习化社会对劳动者能力的要求。因此，一经传入，便获得了我国职业教育界的普遍肯定。在具体的学习领域课程方案中，这一思想在一定程度上得到了反映。例如，学习领域课程开发没有采用 DACUM 那样相对表面的方法，而是采取 BAG 分析法，成立专家小组进入企业，采用观察、访谈等方法深入研究工作过程，这有利于挖掘工作过程中更加深层的知识、技能要求。而在其方案中也确实可以看到对智慧技能、理论知识的更多要求。但是，更能体现这一思想的应当是跨学习领域的行动导向和项目导向教学方法。

德国人不仅把自然科学、语言学和教育学都作为科学领域，还把一切有系统联系的知识，其中包括技术、工艺和操作技能及其训练等作为科学问题进行研究和实践。崇尚理性与务实的民族性格结合在一起，使得德国在教育学的研究上独具风格，即围绕教学技术展开深刻的理论研究与细致的教学方法的探索。这就使得在课程理论研究上，学习领域课程没有像 MES 和 CBE 那样仅局限于课程设置和课程内容选择，而是把范围拓展到如何教学，从而提出跨学习领域的行动导向和项目导向的教学理论。这种教学理论打破了学习领域课程界限，主张在完整的行动过程中，或以整体化的项目为载体进行教学，这有利于形成任务之间的联系，培养学生的综合职业能力。

相关链接：基于典型工作任务的"工程制图"课程开发与设计

（摘自开封大学张莹莹的校级教改项目部分研究成果）

1 课程目标和工作任务

"工程制图"课程的学习，使学生掌握绘图工具的使用，点、线、面投影的基本原理，平、立、剖面图的基本画法；道桥设计的理论和合理的构造，结合工程了解道桥的基本设计，确定本课程的教学目标是教会学生阅读道桥工程图。

1.1 工作任务及职业能力

根据广泛的社会调查、毕业生的就业岗位技能需求信息反馈，结合"工程制图"课程的理论教学内容，按照企业岗位能力和素质要求共同进行课程建设。

"工程制图"课程的工作任务及职业能力分析见下表。

工作任务及职业能力分析表

学习项目	职业能力	工作内容
投影基本知识及绘图技能	能使用绘图工具和仪器；具有一定的绘图技能，能根据土建行业制图标准及有关规定绘图，并有一定的应用能力；具有一定的读图能力、空间想象能力及绘图实际技能	制图工具及其用法，点、直线、平面、形体的正投影特性，掌握组合体投影图的识读方法，掌握国家标准《房屋建筑制图统一标准》及行业制图标准的相关规定，掌握几何绘图的步骤和方法
形体投影	具有利用投影法原理将空间形体绘制为平面图的能力，了解具有运用形体分析法识读复杂形体的能力，进一步提高复杂形体的图示能力	掌握正等测投影图、斜二测投影图的画法及回转体正等测投影图的画法。掌握剖面图、断面图的概念；掌握全剖视图、半剖视图的画法及标注
熟练地识读施工图纸	掌握公路路线工程图的路线平面图、纵断面图、横断面图的图示内容及画图时应注意的事项；了解城市道路路线工程图的道路横断面、纵断面图的图示内容	掌握钢筋结构图的图示特点，钢筋在纵断面、横断面、钢筋详图中的标注方法；能熟练识读钢筋结构图、桥梁总体布置图的图示方法；能熟练识读桥梁总体布置图、桥梁构件图（包括构造图的配筋图）

1.2 课程目标

根据课程面对的工作任务和职业能力要求，本课程的教学目标为：

1. 知识目标

通过"工程制图"课程的学习，达到掌握以下知识目标的目的。首先，掌握制图的基本知识与技能，如了解课程的地位及作用、教学目的、内容及要求；掌握房屋工程制图图线标准，如图纸幅面、图线、字体、比例、尺寸的标注等基本规定；掌握绘图工具和仪器的正确使用方法，具有一定绘制平面几何图形的能力。然后，掌握根据绘图要求利用投影原理将立体形体绘制成平面图的方法，如掌握正投影的基本理论和作图方法，逐步掌握从简单几何体（如棱柱、棱锥、圆柱、球体）到复杂组合体的绘图方法和图形特征；掌握斜轴测投影的基本理论，绘制形体正等轴测图及斜二轴测图；掌握基本视图表达方法，掌握剖面图及断面图的概念及各种表达应用。最后，掌握识读各类施工图的方法。

2. 技能目标

通过"工程制图"课程的学习，达到掌握以下技能目标的目的。首先，具有一定的绘图技能，如能够正确使用绘图工具，能够绘制符合国家标准的图线、尺寸和文字，能够使用圆规绘制圆弧连接平面图形。其次，能根据制图标准及有关规定要求，能具有相应的图示能力、读图能力、空间想象能力及绘图实际技能，如能够根据物体模型或轴测图正确绘制正投影图和三视图;能够绘制常见的基本几何体,如棱柱、棱锥、圆柱、圆锥、球体的三视图;根据模型和轴测图绘制组合体三视图,并正确标注其尺寸;能够根据组合体三视图绘制正等轴测图及斜二轴测图;能够应用各种剖面图表达工程形体,能够识读工程形体的剖面图。掌握公路路线工程图的路线平面图、纵断面图、横断面图的图示内容及画图时应注意的事项;最后,能准确地掌握设计意图,熟练地运用工程语言进行有关工程方面的交流,识读和设计部分施工图纸。

3. 态度目标

培养学生遵守国家相关法律、法规和政策,履行行业规范的良好习惯;认真学习、勤于思考、刻苦钻研、勇于创新、爱岗敬业、不断探索的学习精神;工作认真细致、严谨,能自主学习,具有自我发展能力的学习能力;培养学生认真学习,不断探索的学习精神,注重理论联系实际的学习理念;诚实守信、尽职尽责、客观公正的职业道德;树立全面、协作和团结意识,为发展职业能力奠定良好的基础。

2 教学内容

2.1 课程重点、难点

课程重点、难点

学习项目	课 程 重 点	课 程 难 点
投影知识及绘图技能	培养学生画基本体三面投影图、组合体投影图;掌握视图、剖面图、断面图的应用场合、规定画法和标注方法;恰当表达物体内外部结构	应用各种位置线、面的投影特性进行读图和画图;组合体投影图的识读方法;准确画出形体正等测图、斜二测图
形体投影	掌握正等测投影图、斜二测投影图的画法及回转体正等测投影图的画法	掌握剖面图、断面图的概念;掌握全剖视图、半剖视图的画法及标注
熟练地识读施工图纸	道桥工程图的施工图识读;熟练地识读施工图纸,准确地掌握设计意图,熟练地运用工程语言进行有关工程方面的交流。合理组织和指导施工,满足建筑构造方面的要求	熟练地运用工程语言进行有关工程方面的交流。合理地组织和指导设计施工,满足道桥工程的要求

2.2 教学任务设计

项目一 制 图

任务 1 制图基本知识与技能

任务 1 制图基本知识与技能	学时 2
一、教学目标	三、教学组织设计

续表

知识	1. 房屋工程制图图线、尺寸标注标准； 2. 平面几何图形绘制	教师准备 ① 学生角色： 工程图纸绘图员、出图员。 ② 教学情境： 教室、某工地现场或者设计单位。 ③ 教学材料： 课件、制图工具、绘图本。 ④ 教学过程： 教：平面几何图形绘制方法。 练：让学生用圆规、尺子进行平面图形的绘制
技能	1. 能够绘制符合国家标准的图线、尺寸和文字； 2. 能够使用圆规绘制圆弧连接平面图形	
态度	训练学生在绘制中认真仔细的习惯和吃苦耐劳的工作品质	
二、教学内容		
1. 绪论 ① 本课程的作用与课程定位； ② 本课程的学习任务与目标； ③ 本课程的教学安排和学习方法 2. 制图标准学习与应用 3. 绘制平面几何图形		

项目二　绘制物体的三视图
任务1　绘制正投影图与三视图

任务1　绘制正投影图与三视图		学时 2
一、教学目标		三、教学组织设计
知识	1. 正投影绘图原理，正投影图的绘图方法； 2. 三视图的形成方法和投影规律	教师准备 ① 学生角色： 工程图纸绘图员、出图员。 ② 教学情境： 教室、某工地现场或者设计单位。 ③ 教学材料： 课件、制图工具、绘图本、模型。 ④ 教学过程： 教：正投影的基本规律； 　　三视图的投影规律。 练：让学生根据简单轴测图绘制正投影图
技能	能够根据物体模型或轴测图正确绘制正投影图和三视图	
态度	培养学生认真学习、勤于思考、刻苦钻研、勇于创新、爱岗敬业、不断探索的学习精神	
二、教学内容		
1. 正投影的概念 ① 投影法概念；② 投影分类；③ 正投影基本特性 2. 正投影的画法 3. 三视图的绘制 ① 三视图的形成； ② 三视图的投影规律； ③ 三视图与物体方位的对应关系； ④ 三视图的画法步骤		

任务 2 绘制基本体三视图

任务 2　绘制基本体三视图		学时 4
一、教学目标		三、教学组织设计
知识	常见基本体,如棱柱、棱锥、圆柱、圆锥、圆球的绘图方法和图形特征	教师准备 ① 学生角色: 工程图纸绘图员、出图员。 ② 教学情境: 教室、某工地现场或者设计单位。 ③ 教学材料: 课件、制图工具、绘图本。 ④ 教学过程: 教:常见基本体的图形特征。 练:让学生根据不同基本体的图形特征绘制其三视图
技能	能够绘制常见基本体,如棱柱、棱锥、圆柱、圆锥、圆球的三视图	
态度	训练学生在绘制中认真仔细的习惯和吃苦耐劳的工作品质	
二、教学内容 1. 平面基本体三视图的画法 ① 常见棱柱的基本特征、绘制方法、棱柱表面点的特点; ② 常见棱锥的基本特征、绘制方法、棱锥表面点的特点 2. 曲面基本体三视图的画法 ① 常见圆柱的基本特征、绘制方法、圆柱表面点的特点; ② 常见圆锥的基本特征、绘制方法、圆锥表面点的特点; ③ 常见圆球的基本特征、绘制方法、圆球表面点的特点		

任务 3 绘制组合体三视图

任务 3　绘制组合体三视图		学时 4
一、教学目标		三、教学组织设计
知识	1. 组合体三视图绘制的形体分析法; 2. 组合体三视图绘制的线面分析法; 3. 组合体三视图的尺寸标注要求	教师准备 ① 学生角色: 工程图纸绘图员、出图员。 ② 教学情境: 教室、某工地现场或者设计单位。 ③ 教学材料: 课件、制图工具、绘图本。 ④ 教学过程: 教:形体分析法、线面分析法的概念。 练:让学生根据组合体的不同特征选择适当的方法绘制其三视图
技能	1. 能够根据模型和轴测图绘制组合体三视图; 2. 能够正确标注组合体三视图的尺寸	
态度	培养学生认真学习、勤于思考、刻苦钻研、勇于创新、爱岗敬业、不断探索的学习精神	
二、教学内容 1. 组合体三视图的画法 ① 常见棱柱的基本特征、绘制方法、棱柱表面点的特点; ② 常见棱锥的基本特征、绘制方法、棱锥表面点的特点 2. 曲面基本体三视图的画法 ① 常见圆柱的基本特征、绘制方法、圆柱表面点的特点; ② 常见圆锥的基本特征、绘制方法、圆锥表面点的特点; ③ 常见圆球的基本特征、绘制方法、圆球表面点的特点		

项目三 绘制轴测图
任务 1 绘制物体的轴测图

任务 1	绘制物体的轴测图	学时 4
一、教学目标		三、教学组织设计
知识	1. 正等轴测图的投影原理、基本方法； 2. 制斜二轴测图的投影原理、基本方法	教师准备 ① 学生角色： 工程图纸绘图员、出图员。 ② 教学情境： 教室、某工地现场或者设计单位。 ③ 教学材料： 课件、制图工具、绘图本。 ④ 教学过程： 教：正等轴测图、斜二轴测图的投影原理。 练：让学生根据三视图的不同特征选择适当的方法绘制轴测图
技能	1. 能够根据组合体三视图绘制正等轴测图； 2. 能够根据组合体三视图绘制斜二轴测图	
态度	训练学生具有在绘制中认真仔细的习惯和吃苦耐劳的工作品质	
二、教学内容 1. 轴测图的概念及特点 2. 正等轴测图的绘制方法 ① 正等轴测图的绘图特点； ② 正等轴测图的绘图方法：特征面法、坐标法、切割法、叠加法 3. 斜二轴测图的绘制方法		

项目四 识读组合体视图
任务 1 识读组合体,绘制轴测图

任务 1	识读组合体,绘制轴测图	学时 2
一、教学目标		三、教学组织设计
知识	1. 形体视图特征和形体分析识图方法； 2. 视图中线框含义和线面分析识图方法	教师准备 ① 学生角色： 工程图纸绘图员、出图员。 ② 教学情境： 教室、某工地现场或者设计单位。 ③ 教学材料： 课件、制图工具、绘图本。 ④ 教学过程： 教：形体分析法和线面分析法特征。 练：让学生识读组合体三视图，绘制轴测图
技能	1. 能够识读组合体三视图； 2. 能够根据组合体三视图绘制其轴测图	
态度	训练学生具有在绘制中认真仔细的习惯和吃苦耐劳的工作品质	
二、教学内容 1. 读组合体视图的基本方法 ① 形体分析法； ② 线面分析法 2. 读组合体视图的注意事项 ① 注意抓住物体的形体特征； ② 注意识别切割形体视图中的投影面和垂直面 3. 识读组合体三视图,绘制轴测图举例		

任务 2　识读组合体视图,补画第三视图

任务 2　识读组合体视图,补画第三视图		学时 4
一、教学目标		三、教学组织设计
知识	1. 形体分析法补画第三视图的方法; 2. 线面分析法补画第三视图的方法	教师准备 ① 学生角色: 工程图纸绘图员、出图员。 ② 教学情境: 教室、某工地现场或者设计单位。 ③ 教学材料: 课件、制图工具、绘图本。 ④ 教学过程: 教:形体分析法、线面分析法补画第三视图举例。 练:让学生用形体分析法、线面分析法补画第三视图
技能	1. 能够识读较复杂组合体三视图; 2. 能够根据组合体的两视图补画第三视图	
态度	训练学生具有在绘制中认真仔细的习惯和吃苦耐劳的工作品质	
二、教学内容 1. 形体分析法补画第三视图举例 2. 线面分析法补画第三视图举例		

项目五　工程形体图示表达
任务 1　剖面图及断面图表达

任务 1　剖面图及断面图表达		学时 2
一、教学目标		三、教学组织设计
知识	1. 基本视图表达方法; 2. 剖面图的概念及各种表达应用方法; 3. 移出断面图和重合断面图的图示表达方法	教师准备 ① 学生角色: 工程图纸绘图员、出图员。 ② 教学情境: 教室、某工地现场或者设计单位。 ③ 教学材料: 课件、制图工具、绘图本。 ④ 教学过程: 教:剖面图、断面图的表达。 练:让学生根据形体三视图绘制其剖面图及断面图
技能	1. 能够应用多面投影表达建筑形体; 2. 能够应用各种剖面图表达工程形体; 3. 能够用断面图表达工程形体	
态度	训练学生具有在绘制中认真仔细的习惯和吃苦耐劳的工作品质	
二、教学内容 1. 基本视图表达 2. 剖面图的画法 ①剖面图的形成;②剖面图的标注;③剖面图的材料图例 3. 剖面图的表达方法 ①全剖面图;②半剖面图;③局部剖面图;④阶梯剖面图 4. 断面图的概念和画法		

项目六 识读施工图
任务 1 识读道路桥梁施工图

任务 1　识读道路桥梁施工图		学时 10
一、教学目标		三、教学组织设计
知识	道路桥梁施工图的图示表达内容、有关规定、读图方法	教师准备 ① 学生角色： 工程图纸绘图员、出图员。 ② 教学情境： 教室、某工地现场或者设计单位。 ③ 教学材料： 课件、制图工具、绘图本。 ④ 教学过程： 教：图例规定、种类及表达方法。 练：为学生提供道路桥梁施工图进行识读，并完成某道路施工图设计实训图纸一份
技能	能够独立完成工程构造设计图，学会做工程设计的思路和方法。准确地掌握设计意图，熟练地运用工程语言进行有关工程方面的设计、施工交流；满足道路桥梁施工方面的要求	
态度	训练学生具有在绘制中认真仔细的习惯和吃苦耐劳的工作品质	
二、教学内容 1. 道路桥梁施工图有关标准和规定 ① 道路桥梁施工图的类型及组成； ② 道路桥梁施工图的有关规定：常用比例、常用图例、定位轴线及其编号、标高标注 2. 绘制图纸、识读土木工程图样 3. 道路桥梁施工图的识读 4. 进行道路桥梁施工图设计实训		

3　教学方法与手段

本课程的教学方法充分体现学生主体地位，突出教师主导作用，采取理论与实践相结合的原则；采用课堂教学与实训相结合的方法，培养学生专业技能，强化学生动手操作能力；课程教学手段体现现代化，多媒体展示与实例讲解相结合，能够体现房屋构造等新技术、新方法在工程设计上的应用，突出课程内容的"实用性、先进性"。

在课程设计时，任课教师始终坚持"能力目标先行、以教师为主导、以学生为主体、以综合实训为手段"的原则进行个性化的教学单元设计。教学方法体现了"行动导向"的教学原则，让学生在投影知识及绘图技能、房屋构造及构造方案设计过程中掌握相关的技能与基础理论知识，熟练地识读施工图纸，即"做中学，学中做"。具体采用的教学方法有项目导向、任务驱动、案例分析、软件操作、小组讨论等。

在课程教学过程中，在传统的教学手段基础上充分合理地利用课件、视频、网络技术、软件操作、虚拟工程项目等现代化教学手段，达到节约时间、增大容量、激发兴趣、化难为易、提高质量和效率的目的。各教学单元采用的教学方法与手段见下表。

教学方法与手段

项目序号	项目名称	学习型工作任务	教学方法与手段
项目一	制图	制图基本知识与技能	项目导向、案例分析、边讲边练
项目二	绘制物体的三视图	绘制正投影图与三视图	课堂讲解、课件演示、小组讨论
		绘制基本体三视图	项目导向、案例分析、边讲边练
		绘制组合体三视图	项目导向、案例分析、边讲边练
项目三	绘制轴测图	绘制物体的轴测图	项目导向、案例分析、边讲边练
项目四	识读组合体视图	识读组合体，绘制轴测图	项目导向、案例分析、边讲边练
		识读组合体视图，补画第三视图	项目导向、案例分析、边讲边练
项目五	工程形体图示表达	剖面图及断面图表达	项目导向、案例分析、边讲边练
项目六	识读施工图	识读道路桥梁施工图	项目导向、案例分析、边讲边练、小组讨论

4　评价和考核

评价和考核是任务驱动教学的重要组成部分，其结果直接影响学生后续学习的主动性。"工程制图"作为一门实践性较强的技术基础课程，其充分体现了基本知识与绘图技能的交融性。为了保证教授"工程制图"课程时培养目标、教学目标的达成，传统的考核和评价方式难以准确反映学生对基础知识的掌握情况及分析想象能力、识图绘图能力。因此，"工程制图"课程应建立多元化的课程考核评价体系，综合评定学生成绩。

任务驱动法对任务完成效果的评价通常采用开放式的评价机制，即组内自评、组外互评与教师导评相结合的方式。对于任务完成效果的客观评价能够使教师对学生的学习效果有准确的判断，充分了解学生当前的学习情况，还可以使学生对自身知识的掌握程度有正确的认识，进而取长补短，端正学习态度，并且在交流与评价中提升自身的学习和沟通能力。

"工程制图"课程考核应从课程考核成绩及职业技能认证两个方面进行考核，汇总得出课程整体成绩，权重分为 0.6、0.4。

（1）课程考核。

课程考核时应按照项目分别考核，各项目考核方式、考核成果与考核标准见下表。

课程考核表

项目名称	考核方式	考核成果	考核标准
投影知识及绘图技能	考勤、成果、答辩	投影知识绘图	报告质量、答辩成绩、课堂出勤率+小组评议
形体投影	考勤、成果、答辩	道路桥梁构造方案设计	文件质量、答辩成绩、课堂出勤率+小组评议
熟练地识读施工图纸	施工图纸综合训练	施工图纸	文件质量、答辩成绩、课堂出勤率+小组评议

课程考核时应按照项目分别考核,各项目成绩在课程成绩中的权重见下表。

课程考核成绩表

项目名称	成绩	权重	项目成绩	项目成绩权重	课程考核成绩
投影知识及绘图技能	知识	0.4		0.3	
	技能	0.5			
	态度	0.1			
形体投影	知识	0.4		0.3	
	技能	0.4			
	态度	0.2			
熟练地识读施工图纸	知识	0.2		0.4	
	技能	0.6			
	态度	0.2			

(2) 职业技能认证。

本课程是道路桥梁工程技术专业的一门实践性较强的职业必修课课程。通过本课程的学习,使学生掌握投影识读道路桥梁工程图及应用于工程实践的能力,职业能力的考核应参照国家职业资格证书建造师、建筑师、结构工程师、监理工程师等考核标准进行考核和认证,考核合格后颁发相应执业资格证书。

第七章 职业教育的学生与教师

学习目标
1. 掌握职业教育中学生的知识结构、能力结构与个性心理特征。
2. 掌握职业教育中教师的工作任务与劳动特点。
3. 掌握职业教育中"双师型"教师的基本素质。

第一节 职业教育的学生

一、职业教育学生的知识结构特征

近几年来,我国对教育越来越重视,由于高等学校的持续扩招,使得高等学校学生的综合素质也在下降,特别是高等职业院校的学生已经是高等教育的最低层次。甚至很多高等职业院校只要学生过了专科提档线就可以上,所以学生的文化基础可想而知。高等职业院校学生的素质,特别是文化课的成绩也成了最头疼的问题。他们中大多数人没有明确的人生目标,缺乏学习的主动性、自觉性,没有养成良好的学习习惯。这一点也是导致学生学习成绩差的主要原因。进入高等职业院校的许多学生在中学时期并没有养成良好的学习习惯、学习方法等,这使他们在接受新知识方面比较慢,而且在课余时间,他们也不能自我施压,进行自觉的预习、复习,扎实掌握课上所学的知识。他们对自己的人生规划缺乏认识,可以说,有的学生害怕考虑,甚至是回避或者在逃避这个重要问题。职业学校的学生更是缺乏青少年那种对知识广泛涉猎、锐意进取的精神。这对于学生自身的发展以及对他们的教育、教学带来了很大的困难。学生生源非常复杂。进入高等职业院校的学生大体上分为两类:一是高考成绩不理想,没有进入普通本科院校的学生;二是对口中职院校进入高等职业院校的学生没有参加高考,并且在中职院校时期只注重专业技术的培养,而忽视了基础课程的学习。学生生源复杂也给教育、教学带来了很大的问题。

二、职业教育学生的能力结构特征

职业院校的培养对象与普通高中或普通高等学校的培养对象相比,在能力类型方面有本质的区别。因此，拿一把尺子去考核、衡量所有的学生，而从根本上忽略能力的差异，显然不公平，也是不科学的。例如，用数学的理论知识试题去考数控机床操作工人，结果肯定是不科学的；同样，用数控机床的操作知识（这也是一种知识）试题去考数学家，其结果也必定是不科学的。所以，对具体的不同能力类型的学生用不同的标准去考核、衡量，才是正确的做法。

美国哈佛大学发展和认知心理学家霍华德·加德纳教授的多元智能理论表明，个体身上独立存在着与特定认知领域或知识范畴相联系的七种以上的智能分类。在这一分类中既有我们中国人传统"偏爱"的逻辑—数理智能以及言语—语言智能，也有偏重于技艺—技巧和技能的音乐—节奏智能，视觉—空间智能及身体—动觉智能，还有体现现代研究成果的偏向于心智操作的交流—交往和自知—自省的智能。根据这一理论，每一个体由此组成的智能结构并因此而呈现的智力类型是不同的，存在着极大的差异。

这意味着，人类智能的多元性决定了个体的智能倾向也是多种智能组合集成的结果。从总体上看，可将个体具有的智力类型大致分为两大类：一是抽象思维；二是形象思维。前面多次指出，通过学习、教育与培养，智力类型为抽象思维者可以成为技术型、学术型、设计型的专家，而智力类型为形象思维者则可成为技术型、技能型、技艺型的专家。所以，对"专家"这一概念的理解，应该有一个新的诠释。数学家、物理学家、医学家是专家，工程师、政治家、歌唱家是专家，高级技术工、技术员、高级技师同样是专家。应该说，他们是社会上不同工作岗位、不同工作阶段、不同工作层面、不同工作类型的专家，其对社会的发展，对人类的贡献，都具有相互不可替代的作用。教育的根本任务就在于根据人的智能结构和智力类型采取适合的培养模式，针对每一类智能的特点发现人的价值，发掘人的潜能，发展人的个性。

实践表明，职业教育的教育对象主要具有形象思维的特点。不论是在技工学校、职业高中、中专学校、职业中专等中等职业学校，还是在职业技术学院等高等职业学校学习的学生，与相应层次的普通高中以及普通高等学校专科、本科的学生相比，是同一层次不同类型的人才，没有智力的高低之分，只有智能的结构或智力类型的不同。所以，职业教育与普通教育的培养对象在智力类型上的差异，决定了两类教育的培养目标的差异——社会需要的不同类型的人才。因此，它们是两类不同类型的教育。对此，广大的职业院校的学生和教师都应有一个清醒的认识。

现代教育研究表明，具有不同智能类型和不同智力结构的人对知识的掌握也具有不同的指向性。教育实践和科学研究都证明，形象思维强的人能较快地获取经验型和策略型的知识。这正是职业教育的优势，也正是大多数职业院校学生的优势。因此，课程作为知识的载体,对不同类型的教育来说,在选择课程内容时,对过程性或陈述性这两种基本属性的知识的取舍也就必然有所侧重。选择的依据是课程开发应该遵循的科学性、情景性和人本性的原则。

由于大多数职业院校学生具有偏于"形象思维"的智力类型,课程开发应以情景性原则为主、科学性原则为辅。现实生活中不少生动的例子都表明,这是培养技能型、技术型,甚至管理型"专家"的成功之路,从某种意义上讲,也是必由之路。

例如,只有22岁的青年网络专家李明曾在河北高考落榜,后经自学及职业实践锻炼,终成大器,成为许多国家机关办公网络的主要设计者。

改革开放以来,经过职业院校培养并成为中国经济建设骨干的4000多万名毕业生集中体现了职业教育对社会所做贡献的群体效应,是职业教育的骄傲。

美国哈佛大学发展和认知心理学教授霍华德·加德纳提出的多元智能理论引起全世界教育家的关注,并据此开展了教育教学等方面的改革。加德纳认为,人的智能不是一元的,我们每个人至少都有八种智能,包括语言智能、数学—逻辑智能、动觉智能、视觉—空间智能、音乐智能、人际智能、内省智能、自然智能及存在智能,且这八种智能在每个人身上以不同的方式,不同的组合存在,使得每个人的智力和心理都各具特色。加德纳对传统的智力测试进行了批判,他指出:"传统智力测试搜寻的许多信息都反映了那种生活在特定社会环境与教育环境里所获取的知识,这些应答能力明显反映了一个人所在学校的种类或他所在家庭的趣味,却很少能反映出一个人吸收新信息的能力或解决新难题的能力,不能体现出个体进一步发展的潜力。"

根据加德纳的多元智能理论,人类的智能是多元的,而每一个体的智能都有自己的特点和独特的表现形式。不同的个体拥有不同的智能强项和弱项。我们的教育就应当反映个体身上的这种差异。因此,通过单一模式的教育形式促进学生的全面发展,无异于妄想。这需要提供多元化的教育,用不同的教育形式满足不同个体的不同需要。根据当今最流行的纸笔测验,成绩优秀的学生只能证明他们在语言智能和逻辑智能方面为强项,从小学到中学再到大学接受学术教育是适合他们发展的理想途径和方式。并不能证明成绩稍弱的学生不聪明,只是纸笔测验无法测出学生其他智能方面为强项,如动手操作能力、人际交往能力、空间能力、自制能力等。对于这类学生,再一味向他们提供学术教育,这些纸笔测试无法测出的其他能力就得不到挖掘和发展,就会抹杀他们在其他领域做出贡献的可能。而职业教育对他们是最佳的教育选择和最好的发展方式,因为职业教育主要培养学生的职业能力,为其今后的职业生涯发展做准备。因此,职业教育作为多元化教育形式中的一种,为那些在语言智能和逻辑智能方面为弱项,而其他方面为强项的学生提供了适合的发展条件,满足了他们全面发展的需要。因此,职业教育不是一些人错误认为的终结性的、二流的教育,它与普通教育只是在类型上有差别,并不是可有可无的,职业教育具有其独特性和不可替代性。进入职业学校的学生文化课程考试成绩可能比较低,但这并不能说明学生各方面的智能均比较低。一些文化课程考试成绩低的学生很可能在身体运动智能、人际关系智能等方面很有优势,而这些智能,对于今后成为现代社会所需要的高素质技能型人才至关重要。这一点已经被许多职业学校毕业生在就业和创业中的优秀表现所证实。

三、职业教育学生的个性心理特征

职业院校的学生应当正确了解自己的心理特征。根据心理学分析,个体外显的心理特征可分为四种:①领导型,即个体常常自觉不自觉地成为群体中有主见的核心或灵魂;②专家型,即个体处理事情重分析归纳,冷静而富于理性;③随意型,即个体不善于独立思考,缺乏主见和办法而随大流;④孤僻型,常自我游离,甚至隔绝于群体之外,或盲目清高自大,或冷漠与世无争。因此,注意分析并了解自己的心理特征,也是学会自我定位的一个重要方面。

针对自己的心理特征,学生在学习活动和社会活动中要善于克服自己既有心理倾向的障碍,注意自己心理角色转换,从而敞开心扉,开启接纳他人学习经验、学习成果的心灵大门;同时,教师也要着力创造有利于实现人与人、人与环境互动的学习环境,帮助并激励学生,努力实现自我角色的转换,使学生在学习期间就能逐步认识并习惯个体的社会化进程,交给学生一把打开学习之门、生活之门的金钥匙。不拒绝他人,不拒绝帮助,这是学习成功的最重要的心理前提。

第二节 职业教育的教师

一、职业教育中教师的主要任务

(一)教育教学

毫无疑问,对于职业学校的教师来说,教育教学是最主要的工作任务,包括德育、教学、实训、实习指导等,其教育教学内容与普通教师的教育是一致的。例如,教师要经常对学生的思想道德和职业生涯规划进行指导,并承担相应的教学任务,搞好课堂教学等。但是,职业教育教学模式则与普通教育课堂教学的教学模式有着本质不同,职业教育的教学模式主要是突出教学过程的实践性,即通过实践项目课程将技能训练与专业理论教学结合在一起,在教学过程中指导学生项目的实施、技能的操作和专业设备的使用,是职业学校专业教师教学的基本任务。

(二)专业建设

专业建设是职业学校教师的重要工作任务,因为专业是职业教育人才培养的载体,是职业教育连接经济及产业发展和企业需求的纽带。所以,专业应随着科技发展和企业生产经营模式的变化而变化,随着职业岗位工作实际要求及其不断变化的趋势而变化,这是职业学校专业发展的基本特征。因此,专业建设工作要求教师必须熟悉或了解经济、产业、企业、技术发展的实际和企业生产经营管理的过程,这样才有可能使专业的教学内容和教学过程紧贴实际。职业学校的专业建设具有应用性、实践性和发展性。这与普通教育学科建设的基础性、应试性和稳定性完全不同,普通教育学科建设主要研究针对不同年龄和不同个体素质的学生接受知识传授的有效方法,强调课堂教学结构、应试方向和教学方法等,其教学内容和要求是基本稳定不变的,与经济社会发展的实际也几乎没有关系。

职业学校的专业建设主要包括以下内容。

1. 专业开发

专业开发包括专业设置、专业拓展等工作。职业学校必须能有效服务经济社会发展,并在服务经济社会发展中不断取得自身发展,专业设置必须适应经济社会发展的需要。产业优化升级是产业发展的基本规律,职业学校专业设置也要经历改造、升级和拓展的过程,这就要求职业学校的教师研究专业发展趋势,做出专业发展方向的判断和专业设置调整的决策,这个过程就是专业开发。

2. 人才培养方案的开发

人才培养方案的开发包括研究科技和产业发展对胜任职业工作岗位的知识和能力的要求、确定人才培养的目标和途径、构建相应的课程结构等。因为产业结构和经济发展水平具有很强的区域特征,表现出很强的地方性和差异性,所以职业学校人才培养方案开发是一个动态发展的过程,也是职业学校自主开发的过程,即使有现成的人才培养方案,为了使人才培养对接地方产业需要、保证人才培养的针对性和实用性,职业学校仍然要进行人才培养方案的二次开发。

3. 课程开发

课程开发包括课程体系结构、课程内容、课程模式、课程评价方法的研究、制定工作。专业与产业对接、培养胜任职业岗位要求的技能型人才是通过合适的课程实现的,而且课程对师资队伍的标准和建设、对实训设备的配置和管理提出了特定要求，所以课程在专业建设中处于核心位置，课程建设是专业建设的核心工作。职业教育课程的本质特征是具有工作导向和技术导向的，即职业教育的课程是从实际工作过程中的工作知识和技术知识导出的，而不是从学科知识导出的，课程结构对应的是工作结构和技术结构。由于产业和技术不断发展，所以职业教育的课程要随着产业和技术的发展不断调整，不可能是一成不变的，因此职业学校的课程建设实际上是一个开发和管理的动态过程。要实现职业学校课程与产业和技术发展的紧密结合，职业学校就必须按照职业教育课程开发的方法及时进行课程的开发和调整。

4. 实训场地建设

按照教学工厂或工作现场的理念，进行实训基地的系统设计、流程设计、设备布局、设备配置、设备开发、文化建设、情景设计等工作，建设模拟和真实工作场景。实训基地是学生专业技能训练和职业素质培养的主要场所，既要配备满足需要的专业设备保证学生技能训练的需要，还要营造浓厚的企业氛围。例如，按照工作流程布置专业设备体现生产经营活动的实际过程，引进企业文化和企业生产经营环境，等等，让学生有身临其境的感觉和工作角色的体验。

（三）教科研和产学研

教科研是职业学校改进教育教学工作，提高人才培养水平的一项基础性工作，而产学研则是职业学校进一步应对产业和技术发展，提升技能型人才培养水平，提高职业学校社会影响力的一项重要的拓展性工作。教师参与产学研不仅服务了社会和企业，还为职业学校赢得了更好的社会声誉，而且对职业学校的专业建设、课程建设、专业教学、实训基地建设都非常重要。教师能及时将产业和技术发展的最新信息和成果反馈并运用到专业建设、教学内容、实训基地建设，特别是实训设备和项目的开发中，更好地实现人才培养与产业发展的对接。

（四）创新创业教育

培养胜任职业岗位要求的技能型人才是职业教育的最根本任务，而培养创新创业型人才则是时代发展和教育变革对职业教育人才培养的必然要求。为此，创新创业教育必须面向全体学生，融入人才培养的全过程，并与专业教育有机结合，尤其要列入职业学校的主流教育体系中，作为第一课堂的教育教学内容，放到与知识教育、技能教育相提并论的位置，对学生开展创造发明教育、创新方法教育和创业通识知识教育是极为重要的，而不是可有可无的。这就要求职业学校在创新创业课程开发、创新创业实践基地建设、师资队伍建设等方面予以保证,特别是要建立一支专职和兼职的创新创业教育教师队伍。因此,创新创业教育成为职业学校教师的一项基本工作任务。

二、职业教育中教师的能力发展

职业教育的基本属性和职业学校教师的主要任务决定了职业学校教师的能力发展必须与之相适应。它有两个方面的能力要求:一是教育教学和教科研能力,这是作为职业学校教师应当具备的基本能力,与普通教育教师的能力要求基本一致,但更加强调教学内容和教学程序的设计;二是职业教育关键能力,它是胜任技能型人才培养要求的专门能力。这就是说,职业学校教师仅具备传统教育的教育教学和教科研能力远远不够,还不能胜任"职业教育"工作,不具备培养技能型人才的完整能力结构,他们还需具备职业教育关键能力,主要包括以下几个方面。

(一)职业教育理念

职业教育区别于普通教育,不仅在培养目标和教学内容方面,还表现在办学模式和教学模式方面。职业学校实现人才培养对接产业和技术发展,实行校企合作办学模式,开展工作导向和技术导向的课程改革,建设教学工厂型的实训基地等,要求教师不仅要具备专业知识,还必须用先进的职业教育理念武装头脑,才能在实际工作中自觉遵循职业教育规律,彰显出职业教育的鲜明特色,把职业教育改革发展做得更加精彩。

(二)专业操作技能

职业学校的专业教师不仅要掌握系统的专业理论知识,进行专业理论教学,还要具备熟练的专业操作技能,掌握各种专业设备和工具的使用方法,有能力进行技能训练指导。教师纸上谈兵、黑板上开机器、只会说不会做,是不能胜任职业学校教学工作的。职业学校往往苦于缺少"双师型"教师,希望从企业引进能工巧匠。但是,从企业引进毕竟是少数,而且企业人员其实并不一定适合教师职业,因此培养现有的教师队伍,使之成为能工巧匠,是职业学校"双师型"教师队伍建设的根本措施。这就要求职业学校的教师不断提高专业操作技能水平,最好能掌握某项技能绝活,能指导培养出具有绝活的高技能学生,这也应该是职业学校教学名师区别于普通学校以课堂教学水平为主要标志的教学名师的重要标准,使教师具有作为职业学校教师的自豪感和成就感。

(三)课程开发能力

与普通学校不同的是,职业学校的课程开发主要是由教师完成的。尽管相同职业的工作岗位涉及的专业知识和技术理论上应该是一致的,国家可以针对各种职业制定职业教育专业目录、相应的人才培养方案、各个专业统一的课程体系和课程标准作为相应专业职业教育指导性教学文件，但是在不同区域、不同行业、不同企业，即使相同的职业，其工作岗位的业务范围和工作结构也是相当复杂的，远没有普通学校标准化课程那么简单，相对应的课程结构和教学内容其实不适合实行统一的标准。职业学校要随时适应产业和技术发展，培养企业需要的技能型人才，就必须针对服务的企业群的职业岗位的现实需求，及时开发和调整课程内容，并尽可能缩短开发周期，保持课程的动态发展，特别是实行订单式培养的专业，课程结构和课程内容则需直接根据企业工作岗位的需要制定，这样才能真正实现职业教育的人才培养目标，否则就失去了职业教育的意义。职业教育课程的特点决定了课程开发必须有企业人员参与。不过，企业人员虽然知道职业工作岗位的实际需求，但他们并不掌握职业教育课程开发的相关知识，因此职业学校教师必然成为课程开发的主力军。而目前职业学校教师的课程开发能力薄弱，制约了职业学校课程开发工作的开展，所以提高教师课程开发素质和课程开发能力非常重要。

（四）产学研能力

职业学校必须适应产业和技术发展，根据企业生产经营的实际需要进行专业教学，培养技能型人才，建设实训基地，这就决定了教师自身技术水平也必须紧跟科技的发展，并有能力开展产学研项目开发。这在职业学校并不是一项可有可无的能力，而是一项很重要的能力，但也不是一项高不可攀的能力，只要教师运用所掌握的专业技术知识，通过课题研究、校企合作，积极参与到项目的开发活动中，产学研能力就会逐步提高。这将进一步提升职业学校教师的专业技术水平，打造职业学校教师的社会美誉度，不断提高职业学校教师在教师职业中的社会地位，改变社会鄙薄职业学校教师水平的观念。职业学校应通过建立技术中心、研发中心等机构和政策机制，为职业学校教师产学研工作创造更多的机会和提供更好的平台。

（五）继续学习能力

随着科学技术的迅猛发展，新知识、新技术不断运用到产业发展中，通过技术创新实施产业结构调整和产业升级已经成为经济发展方式转变的主要特征。职业教育直接为经济社会发展服务，专业设置、课程体系和教学内容就必须主动适应产业调整的升级和生产经营过程不断变化的需要，这就使得职业学校的教师始终处于知识和技术不断更新发展的大环境中，不断地学习新知识、新技术成为职业学校教师适应职业教育工作的一项非常重要的任务。例如，在产业结构调整升级中，发展新能源、新材料、物联网、软件和服务外包、动漫创意等产业，生物技术、光电技术、信息技术等最新技术广泛运用。专业升级、课程改革和专业教学要求教师不断更新专业知识,在终身学习理念的引领下不断学习新的技术,包括学习传统技术的新发展,从而紧跟专业技术发展的步伐,逐步发展成为自己专业领域里的专家。另外,职业学校实施创新创业教育,也要求教师(特别是德育课、文化课教师)拓展新的学习和工作领域,向一专多能发展,成为具有某些特长的特色教师。这样,使职业学校教师始终处于发展学习中并铸造自身价值。

（六）企业实践经历

职业学校的教师大部分没有企业实践经历。因此,职业学校的教师根本不了解企业的生产经营过程和技术运用情况,实际上是脱离企业实际的专业教学,是比较盲目的,与传统学科教学没有什么差异,要培养企业需要的技能型人才实际上并无可能。教师自身缺乏对职业世界的了解,却要让学生了解职业世界,这是无法完成的。要解决这个问题的唯一办法就是让教师定期到企业进行顶岗实践。尽管教师到企业顶岗实践还有许多障碍,例如,由于市场竞争和商业保密的需要,一些企业不愿意让教师介入企业的技术和生产业务的实际过程,使得教师到企业顶岗实践的效果大打折扣。但是,这样也比教师闭门教学好,况且更多的企业还是非常支持职业学校的教师到企业进行顶岗实践的。因此,职业学校教师应保持与企业的天然联系,把企业作为自身专业发展的第二个场所,成为企业的兼职工程师或技师,往返于学校和企业之间,形成职业学校教师完全有别于普通学校教师的工作结构和角色身份,确立职业学校教师的个性特征和价值取向。

总之,通过教师职业教育关键能力的建设和提升,使职业学校教师真正明确教师的能力特征和发展方向,从而胜任职业教育技能型人才培养的工作职责,并真正建立起职业学校教师的职业自豪感和荣誉感。

三、职业教育教师劳动的特点

要建设一支高素质的、适应职业院校特点和需要的教师队伍,必须了解职业院校教师的劳动特点,才能构建相应的激励机制,从而把职业院校教师队伍建设好。

（一）制约职业学校教师劳动特点的因素分析

职业院校教师的劳动与其他教师的劳动相比具有不同的特点,其特点受主观、客观等一系列因素所制约。

1. 职业学校的性质决定了教师具有独特的职业内涵及要求

职业学校要培养生产、建设、管理、服务第一线需要的应用型人才。职业学校的教师既不同于工程师(或经济师、会计师),也不同于普通高等学校的教师,是一种有专门职业,具有一定的教育、学术背景并接受专门职业训练的教师。职业学校的教师要有爱岗敬业、精益求精的师德精神,又要有较高的学术水平和专业技能水平。职业学校要以培养社会职业群(或岗位群)需要的具有突出职业针对性的各类人才为目标。

2. 职业学校教师的职业特征制约教师的劳动特点

对职业学校教师的职业特征(指专业基础课教师、专业课教师、实习指导教师)比较公认的观点是"双师型",含"双职称型""双素质型",最根本的要求是既要有专业理论水平,又要有较强的实践能力。

对于"双师型"教师的含义,教育部制定的《高职高专教育教学工作优秀学校评价体系》(征求意见稿)和《高职高专教育教学工作合格学校评价体系》(征求意见稿)中指出,"双师型"教师是指符合下列条件之一的教师:①具有两年以上基层生产、建设、服务、管理第一线本专业实际工作经历,能指导本专业实践教学,且具有讲师(或以上)教师职称;②既有讲师及以上教师职称,又有本专业实际工作的中级及以上职称;③主持(或主要参与)两项(或以上)应用性项目研究,研究成果已被企事业单位实际应用,具有良好的经济或社会效益。

职业学校专业课教师、专业基础课教师,要通过到生产现场挂职锻炼,带领学生到企业实习等多种形式提高职业技能。专业课教师、专业基础课教师,最后要通过劳动部门的相关技能鉴定取得中级以上岗位技能证书或中级考评员资格证。

3. 优化职业学校教师队伍个体结构,就必须使职业学校教师从"单一教学型"向产学研一体化"一专多能型"转变

职业学校的专业课教师、专业基础课教师,要通过到企业挂职、顶岗跟班、带学生到企业实习等多种方式,了解企业的最新生产设备、工艺技术和科技信息,掌握自己所教内容的操作技能。通过项目开发、课题研究,使专业理论课教师在生产实践中进行开发服务、研制新产品、创造新工艺,实现教学、科研与产品开发一体化,培养出职业学校"一专多能型"教师。

(二)职业学校教师的劳动特点

上述多种因素的制约与影响,决定了职业学校教师的劳动具有以下特点。

1. 生产性

职业学校教师劳动的生产性特点表现在两个方面:

第一,由于职业学校直接为生产、建设、管理、服务第一线培养高级应用型人才,所以这些学生毕业后直接参加第一线生产劳动,或直接生产物质产品,或通过管理、服务为生产服务。职业学校教师的劳动纳入了劳动力再生产的过程中,成为现代社会生产的重要组成部分。

第二,职业学校的专业基础课教师、专业课教师、实习指导教师,是职业学校教师的主体。由于他们具有"双师型"教师的职业特点,他们的教学活动是紧密结合生产实践、工程实践、在实际操作中进行的。他们的劳动直接作用于生产实践活动,再生产物质产品,特别是职业学校专业课教师参与企业课题研究、产品开发、改进生产设备及生产工艺会创造出新的生产力,促进社会生产的发展。在现代社会生产中,这方面的作用更加突出。

2. 职业性

职业性是职业学校教师劳动的本质特征。教育从产生起就担负着传授生产知识经验和社会生活经验的职能,但这种传授是在生产实践中进行的。现代社会,随着科学技术的发展,社会劳动出现智力化的趋势。在现代生产条件下,劳动者要参加生产劳动,必须接受职前的培养和训练。他们要掌握生产原理、生产工艺流程、生产操作技能,这种培养和训练劳动力的职能是由职业教育机构完成的。现代社会产生的短期大学、职业院校等都是为生产、建设、服务、管理第一线培养高水平、高技能的应用型人才。由此可见,教育的实质应该是职业的,职业教育反映教育的一般规律。职业学校教师劳动的职业性特征是由职业教育本质决定的。

3. 社会性

社会性是职业教育本质特征之一,也是职业学校教师劳动特点的一种表现。职业教育从其本质来说就是社会性的,从其作用看就是促进人的社会化。具体表现为以下三方面。

第一,职业学校教师向学生传授生产、建设、管理、服务等各行各业第一线所需要的专业理论知识和专业技能,是促进人的社会化进程,也使社会再生产得以延续和发展。

第二,职业学校教师要"教书育人",向学生传授社会生活经验,要对学生进行如何"做人""爱岗敬业"等方面的教育,提高学生的思想道德素质,这也是实现学生社会化、加快社会化进程的重要方面。

第三,职业学校要为社会各行各业培养所需要的高素质、应用型人才,其服务范围面向整个社会,可以说是为全社会服务。

4. 劳动内容的复杂性

教师职业劳动的根本任务是教书育人,既要传授科学文化知识,又要教育学生如何做人。要完成教书育人的重任,需要职业学校的教师们做艰苦、细致、复杂的劳动。这一劳动过程中既有脑力的巨大消耗,又有体力的极大付出,是脑力劳动和体力劳动的统一。在劳动过程中,要求教师具备各种能力,如组织能力、讲授能力、语言表达能力、分析问题解决问题的能力、示范操作能力、社会交往能力、审美能力等。职业学校教育劳动内容的复杂性,需要教师具有"多面手""万事通"的才能,做到"一专多能"。

5. 劳动过程的创新性

教师职业劳动的创新性,其根本原因在于他们的教育劳动并无固定不变的规范、模式和方法可套用。教师在教书育人的劳动过程中必须充分发挥自己的主观能动性,通过对教育方针、培养目标及教材的理解,针对教育对象的不同特点和遵循普遍规律选择最有效的方法和途径实现教育目的,这种理解、选择、实施的过程就是教师创新的过程,特别是在当前课程改革的新形势下,创新显得尤为重要。

6. 劳动方式的个体性与协作性

职业学校教师的职业劳动方式具有个体性,每人一个工作岗位,独立完成自己担负的教学工作任务;同时又具有协作性,因为教师的职业劳动是群体性的劳动,教书育人的工作需要教师群体齐心协力,才能完成。这就要求教师有很强的工作责任心和职业道德,为教育教学工作默默无闻、无私奉献,完成自己承担的各项工作任务,为国家培养更多的合格人才。

(三)构建职业学校教师劳动激励机制的思考

构建符合职业学校办学规律、教师劳动特点、以人为本、多元化的教师劳动激励机制,是加快职业学校教师队伍建设的重要方面。为此提出以下四点建议。

1. 完善职业学校的教师考核激励体系

要从理论、实践两个层面构建职业学校教师考核标准,并提高教学质量在职业学校考核中的地位。在教学中,对理论联系实际密切,培养学生专业技能比较强,以及对参与企业课题研究、产品开发取得突出成果的教师,要在考核体系的指标中得到激励体现。

2. 完善职业院校教师薪酬激励体系,实行与各自绩效挂钩的诱因性薪酬

对"双师型"教师,除在职业学校教学工作以外,到企业挂职锻炼、顶岗作业、参与企业课题研究、改进生产工艺等活动,都要给以适当的报酬,对贡献突出的要优劳优酬。"双师型"教师在职称评定时要给以加分,优先评定晋级。对实习指导教师,在其带领学生到企业实习期间要给以适当的劳动报酬,鼓励教师们到生产实践中增长才干,提高专业技能水平。

3. 职业学校教师劳动激励机制的构建要体现效率优先、激励过程公平性原则

要根据职业学校各类教师劳动性质、劳动内容的不同,建立多元化的评价机制。例如,职业学校中的文化课教师、专业基础课教师、专业课教师、实习指导教师的劳动性质、劳动内容都不尽相同。因此,评价机制中的评价内容、评价重点也应有所不同,应建立多元化的评价机制。例如,文化课教师要重点考察基本理论、基本技能的教学情况,建立以学生为主的评价机制。而对于专业基础课教师、专业课教师,要注重考察专业理论、专业操作技能的教学情况,建立以学生评价、企业评价共同参与的评价机制。实习指导教师要考察指导学生在企业生产实习中操作技能及完成生产任务的情况,建立以企业评价为主的评价机制。这种多元化的评价机制能使评价结果更加公正,在公平评价的基础上体现出效率优先、优劳优酬的激励原则。

4. 根据职业学校教师群体的不同需求与层次,采取人性化的激励策略

职业学校教师属于知识型的员工群体,他们有共同的需求,如希望尊重知识、尊重人才、尊重劳动、尊重创造。但是,不同年龄阶段的教师群体需求的内容和层次会有所不同。例如,年轻教师群体的工作热情高,希望有更多的进修和参加实际锻炼的机会,同时在婚姻、住房、子女等方面的现实问题比较迫切,需要得到解决。中年教师群体已经有了比较丰富的教学、科研工作经验,他们对职务职称晋升有迫切的需求,希望学校给以创造更好的教学、科研和发展平台。而老年教师群体更加关注保健和荣誉方面的问题,希望得到学校的重视和尊重。针对不同年龄阶段教师群体在该阶段的主导需求有针对性地给以激励,会高效激发教师们的工作积极性和创造性。

四、职业教育教师的作用与使命

教师是一个古老的职业。自从人类开始有教育活动,就产生了教师这一职业,但直到近代培养教师的专门机构——师范学校的出现,教师职业才开始显现专业性特征。从广义上说,凡是能把知识、经验、技能等传授给别人的人都可称为教师。从狭义上说,教师即指学校教师,它是受一定社会的委托,在学校中对学生的身心有组织、有计划、有目的地施加系统影响的专门人员。职业教育教师是指在各级各类职业学校中从事教育教学工作的人员,是现代教师队伍中的一个重要组成部分。职业教育教师随着职业教育的产生而出现,并对职业教育的发展起着重要作用。

(一)职业教育教师的作用

1. 传播和创造文化知识

韩愈曾说:"师者,所以传道授业解惑也。"教师作为社会文明的传播者、人类灵魂的工程师,对社会的发展起着巨大的推动作用。教师是人类文化知识的创造者和积极传播者,他们把前代人的文化精华传递给下一代,又不断地融合和创造着新文化,使之更适合于青少年学习和社会发展需要。教育职能的实施和体现主要依靠教师。发展社会生产力,推动科技进步,传递知识与繁荣文化都离不开教师。作为文化知识的创造者和传播者,他们是社会发展和人类进步的一支不可忽视的力量。没有教师系统的人类文化知识的传播,社会发展和人类进步都是不可想象的。

2. 培育新生劳动力

人类在长期的社会实践中积累了丰富的经验,创造了灿烂的科学文化,留下了极为宝贵的精神财富。要使人类的精神财富世代相传,单靠劳教合一、口耳相传是不够的,而且人要成为劳动力,必须以掌握生产知识、职业技能为前提,因此必须依靠专门的从事教育活动的教师,对包括职业技能在内的人类精神财富加以吸收和总结,然后传授给学生,使他们在较短的时间内能参加社会实践活动,使其由潜在的劳动力成为现实的劳动力。如果没有教师的这种劳动,新生一代就要事事直接实践,永远从头做起。可见,教师是人类宝贵精神财富延续和发展的关键因素,对整个社会的发展起着承前启后的作用,对人类文化成果、职业技能、技艺的创造、继承和发展等起着重要的作用。

3. 促进精神文明和政治文明建设

教师不仅是物质文明建设的参与者,同时更是精神文明、政治文明的建设者。职业教育教师不单传授知识、技能,还承担着政治思想品德的教育工作。教师通过言传身教,用自己的模范行动和必要的思想灌输影响学生,以提高其思想觉悟,树立良好作风,促进精神文明和政治文明建设。在我国,教师在社会主义精神文明、政治文明建设方面的作用主要表现在:传播共产主义远大理想,塑造学生优良道德品质,净化社会精神文化环境,宣传党的方针政策等。

4. 激励学生开拓创新

在传媒发达、信息畅通的今天,学生可以通过各种渠道获得教师尚不了解的知识和信息,教师不再是学生学习知识的唯一来源。不仅如此,处于渴望求知、异想天开时期的学生提出的问题又无不给善于学习和思考的教师以启示。越来越多的事实证明,当今职业教育教师不仅对学生产生作用,促进学生成长,同时他们自身的成长与发展也日渐受到来自学生的反作用。这一现象被人们称为"文化反哺"。要把学生培养成为实事求是、独立思考、勇于创新的一代新人,职业教育教师必须是开拓创新的促进者。

(二)职业教育教师的使命

教师在工作之始就必须明确自己工作的根本任务是什么。《中华人民共和国教师法》第三条中明确规定了作为履行教育教学职责专业人员的教师,"承担教书育人,培养社会主义事业建设者和接班人、提高民族素质的使命。"按照此项法律的第二条规定,职业教育教师的使命当然也在其范围内。

教书育人是职业规定的教师日常最基本的生活或行动方式。"教书"与"育人"二者必须融为一体。对于从事职业教育的教师来说,首先就是要教好书,要教给学生扎实的文化基础知识、先进的专业知识和必要的专业技能,培养学生不断学习进步的能力,为学生日后走上工作岗位打下坚实的基础。其次,在教育教学过程中,还要帮助学生树立科学的世界观和人生观,使他们有一个明确的政治方向和崇高的精神境界。

当然,教育工作是培养人的工作,其培养的对象是活生生的人,他们具有人的复杂性、主动性及可塑性等诸多特性,因而职业教育教师要更好地完成自己的使命,就必须对其工作对象、教育活动的积极参与者——学生的特性有正确的认识,即他们必须具有正确的学生观。学生观是对学生的基本看法。学生观影响、决定着教师对待学生的态度和方法,对学生的发展方向也会产生深刻的影响。在教育史上,有人认为学生是"白板",教师可以在上面任意涂抹,也有人认为学生是中心,教师只能围着他们转。今天看来,前者虽然强调了教师的作用,但无疑忽视了教育对象是有主观能动性的生命个体,容易造成教师对学生身心发展的过多控制,甚至戕害;而后者虽然肯定了学生在教育中的地位,但抹杀了作为社会现象的教育在社会整体关系中的独特作用,也容易造成教师因放纵学生而放弃承担对学生应有的教育责任。职业教育教师正确的学生观至少包含以下三方面内容。

第一,职业学校学生是日后社会经济发展不可缺少的应用型人才。我国经济发展不仅需要大批的高级科学技术专家,而且迫切需要千百万受过良好职业教育的中初级技术人员、管理人员、技术工人和其他类型的城乡劳动者。

第二,职业学校学生有多方面的、巨大的发展潜能,具有可塑性。职业学校学生与普通学校学生相比,他们之间的智力差异主要是类型差异,而不是水平差异。职业学校学生并不缺乏开拓精神和创新能力,不缺乏成为成功的企业家、政治家、能工巧匠、管理者等的必要条件。也就是说,他们都是可塑之才。

第三,职业学校学生渴望受到教师的关心和尊重。一方面,职业学校学生常有挫折感、自卑感,把接受职业教育当成"无奈的选择",对前途感到渺茫,因此,他们更加需要教师的关心和理解。另一方面,每个学生都是能动的个体,具有独立的人格和个性。教师只有尊重学生,才能得到学生的尊重。

总之,将职业学校学生培养成为社会主义事业的建设者和接班人,从而提高全民族素质,这应当是每一位职业教育教师致力实现的职业理想或行动目标。在正确的学生观指导下,这种职业理想或行动目标会具体体现在教师教书育人的每一个行动中,并最终变成美好的现实,此时,职业教育教师一定会获得至高的幸福感。

（三）职业教育教师的素质结构

职业教育教师的素质结构是指职业教育教师所具备的各项素质要求,以及它们之间稳定的联系方式。职业教育教师要使自己的作用发挥到最佳状态,就必须具有合理的素质结构。

1. 思想道德素质

思想道德素质是职业教育教师整体素质的核心内容,也是其工作的精神支柱。它决定着教师职业活动的方向和态度,影响着教师文化专业素质等的发挥,并且直接关系到学生政治思想品德的形成。

（1）优良的思想素质。

有了对事业的热爱,才能做好本职工作。职业教育教师必须克服鄙薄职业教育的观念,拥有热爱职业教育的思想感情,积极献身于职业教育事业。

在我国,职业教育教师应当具有坚定的共产主义信念和强烈的爱国主义热情,成为党的教育方针政策的积极拥护者和坚定执行者。因此,职业教育教师必须认真学习马列主义、毛泽东思想、邓小平理论和"三个代表"重要思想,认真学习党的基本路线、方针、政策,不断提高自己的思想政治和文化水平;自觉运用辩证唯物主义和历史唯物主义的世界观和方法论,认识和掌握人类社会发展的客观规律,热情地传播并勇敢地捍卫真理,推动社会进步。

（2）崇高的职业道德。

教师的职业道德简称师德,一般是指教师在教育活动中必须履行的行为准则和规范,是每一个教师对社会和受教育者所承担的道德责任和义务。它从伦理学的角度规定了教师在教育工作中应当以怎样的思想、情感、态度、行为和作风待人接物,处理工作中出现的问题。因此,教师职业道德也是一种强有力的教育因素和教育手段。它制约着教育目标的实现和教育事业的发展。职业教育教师的职业道德具体表现在以下四个方面。

第一,热爱职教,爱岗敬业。

这是教师对待职业教育事业的道德要求。职业教育教师应当忠诚于人民的教育事业,热爱职业教育,探索教育规律,爱岗敬业。

教育工作是一项长期的、复杂的创造性劳动,它需要从事这一职业的人们倾注全部的精力和心血。热爱职业教育事业是教师工作的动力源泉,它不仅可以激发教师对工作的责任感和对事业的忠诚感,而且可以使教师产生对教育工作高涨的热情和浓厚的兴趣。

敬业是对职业责任和职业荣誉等有了深刻理解后表现出的行为态度。它具体表现为恭敬严肃地对待自己的工作，认真负责、一心一意、任劳任怨、精益求精。在我国古代典籍《礼记·学记》中就有"敬业乐群"的说法。宋代朱熹解释说，"敬业者，专心致志，以事其业也。"敬业总和"爱岗"相联系，爱岗是敬业的前提，敬业是爱岗的升华。

第二，尊重学生，严而有爱。

这是教师对待学生的道德要求。职业教育教师应当热爱、关心全体学生；尊重学生，信任学生；学会激励每一位学生，严格要求学生。

爱学生才能教育学生。苏霍姆林斯基说过，"教育技巧的全部奥妙就在于如何爱护学生，不热爱学生的教师绝不是好教师。"教师对学生的热爱与关心特别表现在两方面：一是对全体学生热爱关心的同时，尤其要热爱关心特殊学生，包括后进生、有心理问题的学生、特殊家庭的学生等。特殊学生更加需要教师的关心爱护，教师不能让一个不合格的学生流向社会；二是对学生学习状况关心的同时，还要关心其生活、思想以及心理状况。教师若能成为学生可以信赖的朋友，会更有利于学生人格的健全发展。

尊重学生就是将学生当成一个个独立的人，对其独立人格加以积极的肯定。教师应当承认学生是用自己的头脑感知世界和处理各类问题的，这是学生的基本人权。教师在行使教育学生的权力时不能凌驾于这一基本人权之上，侵犯它们。教师为了避免学生对抗、逃避等不合作表现，就必须放弃诸如斥责、讽刺、挖苦，甚至辱骂和体罚等对待学生的错误手段。当然，这并不意味着教师要放弃教育的权力，放弃对学生的激励和严格要求。其实，只有严格要求学生与尊重学生相统一，教育才会取得最佳效果。诚如教育家马卡连柯所说，"永远尽量多地要求一个人，也要尽可能多地尊重一个人。"因为"对我们不尊重的人不可能提出更多的要求。当我们对一个人提出很多要求的时候，在这种要求里也就包含着我们对这个人的尊重，正因为我们向他提出了要求，正因为他完成了我们的要求，所以我们才尊重他。"

第三，尊重同志，团结协作。

这是教师对待教师集体的道德要求。职业教育教师应当尊重同志，胸襟开阔，相互学习，相互帮助，正确处理竞争与合作的关系，维护集体荣誉。

职业教育目标的实现是由教师集体互相配合，互相协作，共同完成的。每一位教师分别担任不同的工作任务，他们在认识、能力、情趣、个性、经验、年龄、教育观、学生观等诸多方面存在着差别，加之学校管理中存在的某些不合理、不公正的做法，可能会导致教师之间人际关系的失衡，产生矛盾和冲突。而教师要想使自己在工作中发挥应有的作用，就必须和全体教师心往一处想，劲朝一处使，形成坚强的教师集体，做到既"敬业"，又"乐群"。

乐群表现了教师个人与社会（他人）之间能相互促进并和谐发展的一种状态。朱熹说，"乐群，乐于取益，以辅其仁也。"教师应善于肯定同事的优点和成绩，善于向他们学习，取长补短，克服"文人相轻""妒贤嫉能"等不良行为，树立相互尊重、相互信任的社会主义道德风尚。只有在良好的同志关系中，教师才能保持愉快的精神状态，获得较高的工作效率，从而感受到职业带来的幸福。也就是说，教师只有把个人的利益置于集体中，其价值才能得到更好的体现。"假如学校里有这样的教师集体，在这个集体里的每个教师看来，全校的成功占第一位，而班上的成功占第二位，每个教师的成功只放在第三位，在这样的集体里才会有真正的教育工作。"马卡连柯一番话说的就是这个道理。

第四，以身作则，为人师表。

这是教师对待自己的道德要求。职业教育教师应当以身作则，为人师表，勤奋学习，进取向上，在反思中不断提高自己的业务水平。

教师的思想、行为、作风和品质对学生具有潜移默化的影响。因而，教师不仅以言立教，更要以身立教，以此确定自己在学生中的威信。倡导以身作则，为人师表这一师德规范的大教育家孔子被尊奉为"万世师表"。孔子认为，教师应当严于律己、以身作则并忠实地履行之。"其身正，不令而行，其身不正，虽令不从"；"不能正其身，如正人何？"可以说，强调身正，注重教师的表率作用，以自身形象直接感化学生，一直是自孔子以来中国教师师德规范的传统。

2. 文化专业素质

知识是连接教师和学生的重要纽带。职业教育教师拥有的文化知识、专业知识、技术知识等的结构与水平直接影响到教师在教学过程中主导作用的发挥。

(1) 宽厚的文化基础知识。

文化基础知识是知识体系中较稳定、持久的部分，是一切知识的基础和源泉。对职业教育教师来讲，深厚的文化基础知识不仅包括与其专业有关的自然科学知识，还包括社会科学知识和哲学人文方面的知识。"有渊博的知识"往往是学生选择教师的首要条件，学生的年龄越高越是如此。俗话说，"要给学生一杯水，教师要有一桶水"。当然，教师光有一桶"现成的死水"是远远不够的，为适应知识加快更新和求知方法越来越注重于具体知识本身的社会发展要求，教师必须提供给学生"源头活水"。

(2) 扎实的专业知识与精湛的技术技能。

职业教育专业教师大多为"双师型"教师。一方面，他们应精通本专业的理论知识，熟悉其历史、现状和未来的发展趋向。不仅要"知其然"，还要"知其所以然"。同时，由于职业教育的专业设置需要随着职业的变化而不断调整，故职业教育教师还必须掌握相近专业或多种其他专业的知识,并善于更新知识,才能适应工作需要;另一方面,他们又必须熟练掌握本专业的技术技能,有较强的实践动手能力,并善于学习新知识,掌握新技术,以满足职业教育对培养兼有专业理论与操作技能的人才的需要。

(3) 较强的解决生产实际问题的能力以及创业和科技推广的能力。

职业教育是与生产活动紧密联系的教育,教师应成为沟通教育与生产的纽带,具有一定的生产经验,以及解决生产实际问题的能力、创业和科技推广的能力。

当然,随着社会主义市场经济体制的建立和完善,职业教育教师还必须具有一定的市场经济意识和经营管理能力,社会交往和组织协调能力,才能更好地适应经济和社会的发展。

3. 教学与科研素质

对职业教育教师来说,教学与科研就如同车的两个轮子或鸟的两只翅膀,两者相互配合,在更为有效地达到教育或教学目的同时,也有助于提升教师从事职业教育事业的境界。

(1) 高超的教学能力。

教师的教学能力主要表现在教书育人的教学行为上。教师的教学行为是教师教学水平的直接体现。职业教育教师的教学能力主要包括加工教学信息能力、传导教学信息能力和教学组织管理能力等。

第一,加工教学信息能力。

在职业教育过程中,影响学生学习的因素很多,但并不是所有的影响因素都具有教育教学价值。因此,教师必须具有根据专业特色和学生的实际情况对多种影响因素进行加工的能力,取其精华,去其糟粕,达到教育学生的目的。此外,就职业学校或职业培训来说,许多专业没有统一的教材,有的甚至没有现成的教材,因而不能很好地适应职业学校或职业培训的教学需求,这就要求教师具有选择、增删、自编教材的能力,以期实现相应的教学目标。

第二,传导教学信息能力。

教师加工过的教学影响或教学信息必须经过合理有效的传导,才能被学生掌握和接受。语言是教师传递教育影响所要凭借的最为重要的工具。苏霍姆林斯基说过:"教师的语言在很大程度上决定着学生在课堂上的脑力劳动效果,我深信高度的语言修养是合理利用时间的重要条件。"当然,语言修养的提高是一个综合锤炼的功夫,它肯定需要非语言方面一些修养的相应提高。1968年,美国心理学家艾伯特·梅拉宾经过大量的实验得出一个公式:信息交流的总效果=7%语言+38%音调+55%身体各部位的姿势和动作。

教育家赞可夫也曾说过:"要知道,人说出来的话,不单是靠它的内容激发对方的思想和感情。这里有交谈者一副兴致勃勃的面孔,有一双忽而在科学的丰功伟绩面前燃烧赞美的火花,忽而又好像在怀疑所作结论的正确性而眯缝起来的眼睛,有表情,还有手势……"。由此可见,职业教育教师的语言运用必须准确鲜明、生动形象、逻辑严密、富有节奏,同时以娴熟的操作示范、生动的面部表情等体态语言加以配合,这样才能吸引和感染学生,以达传导教学信息的最佳效果。

第三,教学组织管理能力。

职业教育教学内容丰富,教育场所广阔,有课堂教学,也有丰富多彩的课外活动;有校内的教学和生产实习,也有校外广泛的社会服务。可见,职业教育教师与普通教育教师相比,除了具有一般性组织管理能力外,还应具有较强的组织、管理生产实习教学工作的能力。尤其是专业课教师和生产实习指导教师,他们既要懂得生产实习教学的组织管理,又要懂得基本的企业管理知识,以便结合生产实际,让学生对企业的生产管理、计划制订、财务管理、技术改造、车间班组管理等有所了解,使学生养成安全生产的良好习惯,形成良好的职业道德,以增强学生毕业后的社会适应能力和职业岗位适应能力。职业教育教师只有具有较强的组织管理能力,才能完成教育教学任务。

(2) 基本的教育科研素养。

职业教育科学研究是一种以科学理论为指导,运用科学研究方法,揭示职业教育规律,解决职业教育发展中存在问题的活动。加强职业教育科学研究,有助于提高领导决策的科学性,有助于解决职业教育发展中的理论问题和实践问题,有助于促进职业教育理论的完善。联合国教科文组织曾指出"在当前,从教师在教育体系中的作用看,教师与研究人员的职责趋向一致。"这意味着具有一定的教育科研能力已成为当代教师必备的素质。从教育科学理论体系的创建和发展与教育实践所存在的密切联系看:一方面,教育科学理论发展的直接动力和源泉来自于教育实践;另一方面,教育理论的科学性和可行性又必须依赖教育实践的检验。因此,只有从事教育实践的人,才更具有条件促进教育理论的丰富和发展。职业教育教师是教育实践的主体,他们最有条件发现职业教育中存在的问题。倘若他们具备教育科研素质,那么,他们将是一支宏大的教育科研队伍,不仅有益于教育科学的繁荣,同时也会直接影响教育教学质量的改善。这是因为它能使教师的教育教学活动更具创造性,能使教师不断地超越现有水平,向更高的层次迈进。具备教育科研素质的教师能更快地、批判性地选择接受新的教育理论,迅速将其应用于自身的教育活动中,并能避免简单的、模仿性的、模式化的重复。具备教育科研素质的教师还可以利用教育科研能力的迁移效应提高教学能力,从而有效地全面提高教育教学质量。

如果说专职教育科研工作者开展科研的根本目的在于构建系统的教育科研理论并指导教育实践,那么职业学校教育教师科研的主要目的则在于沟通教育理论与实践,解决学校的现实教育教学问题。要达到此目的,职业教育教师的科研素质至少包含如下几个方面:一是广博的知识面。除专业方面的知识外,具有较扎实的教育学、心理学理论知识和方法论的知识。二是具有搜集、开发和利用信息的能力,知道怎样才能迅速准确地找到自己所需的资料,并对文献资料进行筛选、摘录和综述,使自己站到教育科学研究的前沿。三是具有较好的语言应用能力,特别是外语应用能力是教师了解世界新知识、新技术必不可少的工具。四是具有开拓创新的精神,严谨的治学作风。正如人民教育家陶行知先生所说:"今日的教育家必须具备两个要素:一是敢于探索未发明的新理论;二是敢入未开化的边疆。"五是具有独立设计实验和进行计算的能力。六是具有发现教育过程中存在问题的敏锐性和深入性。具有科学地分析问题并从理论的高度进行科学论证的能力。七是具有组织管理和社会活动的能力。任何一个科研项目的完成,都是多种因素、多道工序的综合产物,这就要求教师必须具备较强的组织管理能力和社会活动能力。八是具有将已有教育研究成果创造性地运用于自己的教育活动中的能力,等等。

4. 身体心理素质

人是身心统一体,生理与心理之间总是相互影响的。生理疾病容易诱发心理疾病,反之亦然。要增进学生的身心健康,教师自己必须拥有健康的身心。美国学者所罗门教授说:"在个体人格发展方面,教师的影响仅次于父母。一个孩子如果拥有甜蜜的家庭,享有父母的爱,又得到一个身心健康的教师,那是无比幸福的。相反,如果他既不能由父母那边得到足够的关怀与爱护,又受到情绪不稳定教师的无端困扰,必将引发许多身心发展的问题。"

教师的身体素质是其他各项素质的基础。常言道:"身体是革命的本钱。"职业教育教师承担着繁重的教书育人任务,在工作中头绪多,涉及面大,没有明显的工作时间界限。要完成如此繁重的工作,就必须具有健康的体魄和旺盛的精力。

教师的心理素质具体体现在其认知与情感的平衡度把握上。由于受应试教育的影响,在我国包括职业教育在内的各类教育中偏重认知而忽视情感的教育观比较盛行。认知与情感的失衡会造成学生的"情感饥饿"并引发一系列教育问题,使学生成为"单面人",即缺乏情感生活的技术性动物,甚至成为知识能力上的巨人,情感精神上的低能儿。正如英国教育学者沛西·能所说:"如此众多的教育努力的相对无效性,主要是由于忽视了作为人的能量的最近来源的情感,它是教育发展的真正动力,不论在学习方面,还是在行为方面。"因此,职业教育教师要想找准学生"能量的最近来源",就应当提升自身的"情感智力",即提升个人对自己情绪的把握和控制,对他人情绪的揣摩和驾驭,以及对人生的乐观程度和面临挫折的承受能力。只有达到认知与情感和谐的状态,教师才能将对职业教育事业的忠诚与对学生的热爱充分表现出来。马卡连柯以自身的体会为教师树立了榜样,他说:"我从来不让自己有忧怨的神情和抑郁的面容。甚至我有不愉快的事情,我生病了,我也不在儿童面前表现出来。"

(四)职业教育教师的专业化及培养路径

从事职业教育教师的数量和质量,直接决定职业教育发展的规模、速度和人才培养的质量,加强师资队伍建设是办好职业教育的一项战略性措施。要建设一支高素质的职业教育教师队伍,就必须重视职业教育教师的专业化成长,重视"双师型"职业教育教师的培养。

教师的成长与发展是其职业理想、职业道德、职业情感、职业能力不断走向成熟的过程,是作为社会成员的教师从接受教育的学生,到初任教师,到有经验的、成熟的教师,直至有成就的教育家的持续发展过程。当今为了提高教师地位和教育质量,教师成长与发展的主题已日趋集中在专业化方面。1966年,国际劳工组织、联合国教科文组织共同发布《关于教师地位之建议书》,认为"应当把教育工作视为专门的职业,这种职业是一种要求教员具备经过严格而持续的研习才能获得并保持专业知识及专业技能的公共业务,它要求对所辖学生的教育和福利具有个人及共同的责任感。"1996年,联合国教科文组织第45届国际教育大会指出:在提高教师地位和质量的整体政策中,专业化是最有前途的中长期策略。

所谓教师专业化,是指教师职业具有自己独特的职业要求和职业条件,有专门的培养制度和管理制度。从基本内容上讲,教师专业化既包括学科专业化,也包括教育专业化。国家对教师任职既有规定的学历标准,又有必要的教育知识、教育能力和职业道德的要求。从制度保障上讲,国家既有教师教育的专门机构、专门教育内容和措施,又有对教师资格和教师教育机构的认定制度和管理制度。当然,教师专业化也是一个发展的概念,它既是一种状态,又是一个不断深化的过程。教师专业化发展就是使教师的教育教学工作从一种职业或行业向一种专业发展,既包括教师所任学科专业知识的与日俱新,又包括教师的教育教学理念、情感、能力、方法的与时俱进,使教师成为终身发展的专业工作者。显然,这种专业化发展也是树立教师专业形象、提升教师专业地位、开发教师自身潜能、实现教师人生价值的需要。因此,对每一个教师来说,教师职业的专业化既是一种职业资格的认定,更是一个终身学习、不断提高的人生追求。

职业教育教师的专业化发展大致可分为三个主要阶段。

第一,"开始教学,寻求适应"阶段。

对初任教师或新教师来说,适应期的长短(一般为1~3年)或成效的大小主要取决于学校的环境与个人的努力程度。学校环境主要与学校的校风、教风和学风有关。职业教育教师的个人努力一般可从下述几方面入手:学习并熟悉本专业教学大纲(或课程标准)和教科书;熟悉学校教育教学环境,寻找可利用的相关课程资源;向经验丰富的教师学习;练习备课、教学、评价等教学基本功;熟悉实践(或试验)所需操作示范的技能;利用现代传媒作为教学手段等。

第二,"目标明确,胜任教学"阶段。

这一阶段往往持续时间较长。在这个阶段,职业教育教师积累了一定的教育教学实践经验,特别关注学校制定的教育教学任务目标的达成,并开始取得初步的教育教学成果,期望专业职称的晋升,争取更多的外部认可和评价。这一阶段教师努力的主要方向是:对教学大纲(或课程标准)和教科书进一步领会;能够独立备课与设计教学方案,开始对教学有批判性的反思;总结教学经验,积极与校内外同行交流、研讨;熟练使用现代教育技术手段辅助教学;逐步认识到邻近学科对于理解本专业的教学内容也是重要的,并寻求它们与本专业的结合点等。这一阶段是职业教育教师专业化成长的关键时期,是他们专业信心得以树立的重要时期,也是他们形成教学风格和特色的奠基时期。

第三,"自主发展,形成风格"阶段。

这是那些具有不懈追求精神的职业教育教师专业化成长的最高境界。他们已经走过关注目标和追求外部认可的阶段,进入到形成风格、追求特色、自我超越或自我实现的新阶段。集中表现在:对教学大纲(或课程标准)和教科书有独到的研究和见解,并能结合实际灵活使用教科书;教学设计从学生的实际需要出发,不拘一格;关注学生的全面发展,并能重视学生的差异性,引导学生确定职业生涯规划,充分挖掘每个学生的潜能;能对教育教学实践进行深刻的反思和自我调节,并将丰富的教学经验提升到教学实践理论;在教育教学某一方面形成了具有品牌效应的个人风格或特色;总结有特色的教学经验或撰写较高水平的论文,并对推广自己的教育教学成果具有强烈的自信心等。

当然,上述三个阶段只是理论上的大致划分。其实,教师专业化成长是一个连续的过程,并无绝对的界限,而且教师职业生涯也并非总是积极的成长过程,其间也会有停顿、低谷,甚至会出现职业倦怠、不思进取、得过且过、抗拒变革等现象。这表明教师的成长与发展的过程是复杂的、动态的,是教师个体回应各种影响因素的互动过程,依据教师成长的规律及特点,给予教师适时而有力的帮助、教育和促进自我教育,才能挖掘教师的潜能,促进教师的成长与发展。

第三节 "双师型"教师的基本素质

一、"双师型"教师的内涵

对于"双师型"教师的认识,可谓仁者见仁,智者见智。《关于开展高职高专院校人才培养工作水平评估试点工作的通知》(教高司函〔2003〕16号)中对"双师型"教师的相关规定,"双师型"教师是指讲师(或以上)技术职称,又具有下列条件之一的教师:①有本专业实际工作经验的中级(或以上)技术职称(含行业特许的资格证书);②或者近五年中有两年以上(可累计计算)在企业第一线本专业实际工作经历或参加教育部组织的教师专业技能培训并获得合格证书,能全面指导学生专业实践培训活动;③或近五年中主持(或主要参与)两项应用技术研究课题,成果已被企业使用,效益良好;④或近五年中主持(或主要参与)两项校内实践教学设施建设或提升技术水平的教学设备设计安装工作,使用效果好,在省内同类院校中居先进水平。

"双师型"教师通常被认为是某一个体教师的能力特征,即职业技术院校的教师应具备理论的和实践的双重能力。而从职教师资队伍建设的层面上看,"双师型"教师应是一个综合性的概念,它有以下两重含义。

一是对教师个体而言,"双师型"教师是指既有较高的教育教学水平,又有较强的专业操作示范技能,精通专业理论知识和操作技能的内在联系和规律,具有教师和"工程师"("工程师"泛指具有较强的专业实践能力和技能的人员)的双重知识与能力结构的专业教师。

二是对学校教师群体而言,"双师型"教师是指教师队伍整体上具备"双师"能力,即在专业教师队伍中理论型教师和技能型教师必须保持合理的比例。"双师型"教师是职业院校教师队伍的整体特征,并不是要求每一个专业教师都必须是"双师型"教师。

这是教育规律所要求和决定的。要完成专业教学计划,保证教育质量,需要有一支结构合理的教师队伍,在这支队伍中有擅长理论教学的,也有擅长实践教学的,还要有理论与实践都擅长的。这些教师之间的能力、特长能够互补,并保持一定的比例(能够达到最佳配合与协作的比例)。专业教师队伍"全员双师"的提法是不科学的,因为现代学校教育过程是分阶段进行的,教师作为不同教育阶段的教学者,其工作是有分工的。我们不可能也没有必要要求所有的教师都成为"双师"。因此,对于高职教育来讲,更重要的是形成一支结构合理的"双师型"教师队伍。

所以,"双师型"教师的核心在于"双素质",其实质是对职业院校教师作为行业专家和教学专家的双重要求。作为行业专家,要求具有相应的专业能力和学术水平,掌握相应行业的发展状况;作为教学专家,要求教师能够从行业技术特点及其发展趋势出发,把握本行业人才培养的特点和人才培养模式,能运用教育规律进行教育教学。

二、"双师型"教师的基本素质要求

(一)"双师型"教师的素质特征

"双师型"教师的素质特征主要有知识结构的广博性、交叉性;能力结构的实践性、应用性;素质结构的综合性、职业性。

就教师个体而言,"双师型"教师的素质特征主要体现在以下三个方面。

1. 知识结构的广博性、交叉性

第一,职业教育不追求纵向学科知识的系统性、完整性,理论知识的层次性、连贯性,而以职业岗位(群)对所需知识、能力、素质的要求设置课程体系,优化教学内容。它是一种模块化的横向课程体系。这就要求执教教师不仅具备扎实精深的本专业理论知识和技术技能,更应具备广博的相关学科知识和技能。

第二,现代职业劳动使传统岗位分工模糊起来,操作技能与心智技能的界限模糊起来,复合型劳动使未来的劳动岗位呈边缘岗位的形态,科学技术和社会发展造就了交叉性职业和综合性职业。(其实,职业教育本身就是一种综合性职业。)因此,职教教师在知识面上应具有跨岗位、跨专业、跨行业的知识结构,不仅要掌握本专业的理论知识,掌握本专业岗位(群)的职业技能,还要通晓相关的专业、行业的基本知识、基本技能,并将各专业的知识、技能融会贯通,渗透到教学活动中去。同时又应及时了解科学技术发展的新知识、新动向、新工艺、新设备,了解各新兴学科、新兴岗位、边缘学科、边缘岗位的发展趋势和就业信息,以增强教学和就业指导工作的预见性、先进性和前瞻性。

当然,这种要求并不是期望每位教师都成为无所不能、无所不有的"通才",而是在于构建宽基础、跨专业、跨行业的知识结构。

2. 能力结构的实践性、应用性

"双师型"教师不仅要具备作为教师所必需的基本教学能力,而且应具备较高的专业实践能力,这也是设置"第二师"的目的所在。专业实践能力主要是:基本操作能力、技术应用能力和技术发展能力。基本操作能力是指在进行岗位工作过程中教师应能按照岗位规范的要求熟练使用各种工具、量具、仪器、仪表,熟练操作各种机器设备。而技术应用能力是要求教师能把自身的知识、技能和技术应用于生产、管理、服务一线的实际职业岗位中去,具有融会贯通职业岗位(群)的技术规范、工艺流程、操作要领、故障诊断排除和产品分析、监测、销售等能力。技术发展能力则要求教师应具备不断了解、学习、运用新技术、新工艺、新材料的能力和一定的创新、创造能力,一定的科研开发和技术服务能力。当然,这种创新能力和科研能力有别于普通高校教师,普通高校偏重于理论研究和探索,偏重于对高新技术、高新产品、高新材料的研究、设计、制造,而职业教育则应偏重于把这些新技术、新工艺、新设备、新材料运用于生产实际,偏重于技术服务和对传统产业的提升改造,其着眼点在于如何将科研成果尽快地、最大限度地转化为现实生产力。

3. 素质结构的综合性、职业性

"双师型"教师应同时具备作为教师和作为一名在生产、经营、服务一线工作的企业员工的基本素质。对素质结构的要求应体现教师和企业员工的双重性和差别性,体现执教专业的职业性和实践性。要把两种职业素质有机地结合起来,形成"双师型"教师所特有的综合职业素质。而理论联系实际,使教学环节与生产、经营、服务过程紧密结合起来,教学内容与职业岗位知识、技能、技术融合起来。既懂教书,又会育人,既懂理论,又能实践,正是"双师型"教师综合职业素质的鲜明特色。

(二)"双师型"教师的基本素质要求

"双师型"教师为高职教师的代表群体,对其基本能力与素质的要求应体现高职教师的根本特色。按照教育部对高职院校"双师型"教师的基本要求,"双师型"教师首先必须具备教师的基本能力和素质,包括政治素质、职业道德、教育教学能力、身心素质等。其次,"双师型"教师属于专业教师范畴,除了应符合教师的一般能力要求,还应符合职业教育专业教师的特殊能力要求,包括职业技能和素质,适应高技术含量的工作,具备一定的社会交往能力、组织协调能力和管理能力等。

教育教学能力是指教师进行教学活动的能力,即教育教学的分析能力、设计能力、实施能力、评价能力和研究能力。教育教学能力是所有教师的基本能力,也是"双师型"教师的基本条件。高职院校的专业教师必须具有扎实的文化基础与自然科学基础、专业基础,还要具有教育学、心理学、教学法的知识,能够完整准确、生动有效地传授知识与技能。对"双师型"教师教学能力的具体要求为:①专业理论课程教学能力,即具有扎实的专业理论基础和较高的理论教学水平,胜任两门以上专业课程的教学;②各种类型课程的组织能力,即熟悉各种类型课程的教学规范,能胜任相关专业的实验、实习、课程设计、毕业设计的组织与指导;③教学设计与计划能力,即具有根据市场变化进行职业/岗位(群)、行业分析，合理使用信息资源，调整课程教学内容的能力，能主编或参编相关专业课程的教学大纲；④现代教育技术应用能力，即能熟练运用现代教育手段进行教学。

从工作经历看，"双师型"教师必须有从事过一定时间教学外实践工作的经历。我国目前职业学校教师基本上都是在学科型人才培养模式下造就出来的，从学校到学校，缺少企业工作经历，缺少理论与实践的结合。在学校与企业之间的重点和力向是不同的。教学是从过程上看问题，一般来说，只要理论上或逻辑上行（技术角度）就可以了；实际工作以结果（经济角度）评价，看是否解决了变化中的实际问题。教学和实际工作在思维、行为方式、问题处理、工作环境等方面是截然不同的。在现实生活中，教会计的博士生导师或教授是很难胜任各企业的总会计师职务的。

1. 专业技术能力

专业技术能力是指专业教师的专业技术应用能力，包括：①具备良好的相关行业的职业素质；②具有良好的岗位操作能力，即熟悉本专业领域内的所有职业岗位，具有较强的专业技能和岗位操作能力（如中级工以上的操作技能），或持有相关职业资格证书；③专业工作能力，了解相关专业高新技术的发展趋势，有一定的专业实践经验，能胜任专业工作；④技术开发能力，能进行工艺设计、技术开发和技术服务等；⑤专业实践指导能力，即精通专业理论知识和操作技能的联系及规律，熟悉专业工作现场要求，具有规范的专业技能操作示范能力和专业实践指导的技能。

2. 科研与开发能力

科研与开发能力是高等职业教育对专业教师的要求。如前所述，高职院校的"双师型"教师既是行业专家，又是教学专家，而作为双重专家，必须具有研究与开发能力，才能处于专业教学和行业工作的前列，有效地完成使命。科研与开发能力的要求包括：①调查研究能力，即能设计调查方案，在教学方法、专业发展、职业岗位、技术应用、学生状况等方面开展调查和分析，能主持或参与科研项目，尤其是社会横向技术应用与开发项目；②实验设计能力，能根据教学与实践及教学改革的要求研究并设计实验方案并归纳、提炼；③成果表达能力，即具有较高的学术水平，能编写教材、撰写质量较高的学术论文和研究报告，其研究成果能指导专业建设和解决教育教学过程中存在的实际问题；④学习与创新能力，即善于接受新知识、新观念，不断更新自身知识体系与能力结构，善于发现和解决新问题，能指导学生进行创新活动。

3. 人才的能力价值和道德价值

从企业角度看，人才的能力价值包括：具备市场观、质量观、效益观、产业观等经济观念，熟悉竞争规律、价值规律等经济规律，掌握经营管理、方式、策略等，具有社会交往和组织协调能力,能发现问题并能创造性地解决问题。职业道德是指行业中约定俗成的,从业人员应共同遵守的行为准则和道德规范。市场经济条件下,如果忽视了道德价值因素而只认可能力价值,那么,市场将是无序的——挖墙脚、窃机密、抢客户等,市场将无规可依。流动成了人才价值增值的内在要求和重要方式后,由于我国尚未建立完备的国家职业资格体系,更谈不上有完备的职业道德公约和自律准则,信用制度有待完善,职业道德价值成为人才价值的核心要素之一。

"双师型"教师熟悉职业岗位从业人员职业要求、职业责任和职业态度,并能把行业、职业知识及实践能力融合于教育教学过程中,有效地传授给学生。能组织、指导学生开展创造性的活动。能发现相关行业中的新现象、新问题,收集相关信息,进行教学创新,以适应企业、行业发展需求和教学发展需求。熟悉并遵守相关行业的职业道德,清楚其制定过程、具体内容及其在行业中的地位、作用等,并通过言传身教培养学生良好的行业职业道德行为。因此,从企业角度看,"双师型"教师已经具备了人才的能力价值和道德价值。

4. 职业指导能力

从学校角度看,"双师型"教师必须是复合型的教师,其中最明显的是职业指导能力。人的职业性发展与人的一般性发展是统一的,人的职业性发展涉及人的认知、情感、意志、行为,涉及知识、技能、态度、方法、能力、价值观,涉及人的社会化和个性化。所以,个人职业生涯的规划和为了能实现该规划而完善自我的过程,是个人为了使自己适应社会而在职业行为、意识、习惯等方面日积月累、潜移默化和长期的过程。因此,大学生刚入校就要对其开展各方面的指导,根据不同年级、不同特点和不同任务有计划、分阶段、分层次、分级地开展职业指导教育,应该将以职业判断能力和职业适应能力发展为主线的职业指导贯通于大学人才培养的全过程。

"双师型"教师既有一定的理论知识,又有相应的专业实践技能,既可任理论教师,又可任实训教师。因为有企业经历,切身了解企业和职业,"双师型"教师最明显的特点是具备职业指导能力。职业指导的内容远不止是了解某种职业及资格要求、工作待遇和条件、学会求职技巧(如撰写简历与参加面试等)关于职业分析、职业了解、自我分析、自我认识之类的内容。在职业指导的教学方法上,要摆脱原来的诸如职业博览法、电化教学法、社会调查法、自我测评法、分项训练法、现场参观法、典型报告法、问题讨论法、个别咨询法等理论性教育的狭隘做法,要改变过去职业指导单种模式、简单化的倾向,从更高层面认识和把握职业指导,职业指导的重点不仅仅是职业观、择业观、事业观的教育,主要是要努力培养其在今后职业生涯中需要的适应能力,应将职业适应能力的培养渗透于各门专业课程的教学中。从企业角度看,"双师型"教师已经具备了人才的能力价值和道德价值,能把行业、职业知识及实践能力融合于教育教学过程中,所以"双师型"教师应该是最合格的职业指导教师。

三、"双师型"职业教育教师的培养路径

要培养"双师型"职业教育教师,就必须在其职前、入职、在职三个阶段加以全程重视。

(一)职前教育阶段,严格师范生的资格选拔,推行"双证书"教育制度

国内外大量研究表明,优秀教师的"先天素质"对他们日后的卓越表现起着一定的先决作用,许多优秀教师的一些个性品质和特殊能力在进大学之前就已初步具备或基本形成。因而,我们必须严把职业教育师范生的录取关,选择那些有志于教师职业且具备一定教师职业素质潜能的学生。这些"潜质"主要包括如下内容:个体主观能动性的职业志趣水平、个体独有的心理结构、带有思维特征和情感色彩的语言水平、在技术问题面前手脑并用的设计与操作能力等。从我国优秀教师成长与发展的规律看,其个性动力系统(需要、理想和信念等)的形成主要在职后(56.9%),其次在大学前(27.3%),大学期间形成的比例最小(15.8%)。其与教学相关的七种能力(包括教学内容处理能力、运用教学方法与手段的能力、教学组织和管理能力、语言表达能力、教学科研能力、教育机制和与学生交往的能力等)形成时间主要在职后(65.3%),其次是大学前(22.0%),大学期间的比例最小(12.7%)。①由此可见,在高等职业技术师范学院和其他院校招生时,必须对考生语言能力和动手能力等方面进行测试,并依据优秀教师的素质结构创造条件,积极尝试鉴定考生职业素质的新方法,如面谈讨论、写计划、当场表演、定向测试等,以完善高等师范院校的录取制度。

高等职业技术师范学院和其他高等院校为了培养合格的职业教育教师,应在入学的师范生中推行"三证书"教育,即学生在毕业时要获得毕业证书和教师职业技能性证书以及技能等级证书。学术性、师范性与实践性并重是许多发达国家职教师资培养的最主要的经验。推行"双元制"的德国在培养职业教育师资时,有严格的过程质量控制。报考职业教育师资专业,首先有一个入学资格要求,即除了必须持有文理学校的毕业证书外,还要至少有一年以上的企业实习等工作经历。其次,平时培养教育的内容由教育科学(含社会科学)、职业科学(专业工作)以及专业科学三部分组成,其比例分别约为30%、50%、20%。再次,为了加强对学生实践性、技能性的培养,德国的高等专业学校、职教所往往建有自己的实践、实训基地,甚至实习工厂。他们通过部分接受实际生产订单实现实践和理论培训的一体化。最后,学生完成九个学期的学习,大学毕业后要参加两次国家考试。第

一次是国家统考,这是对学生知识与技能的鉴定;之后经过两年的预备教师期或实习实践后,还要参加第二次国家考试,这是对学生经验与能力的验证。只有通过国家的两次统一考试,才能获得职业教育教师的资格。日本的"职业能力开发大学"是专门培养职业教育师资的四年制本科大学,其办学宗旨是要求学生不仅学完与普通工科大学相同的课程,而且要学习职业教育类课程,还要进行技能训练,达到二级技能水平。

(二)入职教育阶段,重视老教师的实践智慧,施行"老带新"的校本培训

新教师入职初期在角色适应上会遇到一系列问题,这时由具有丰富教学经验的老教师一对一地加以指导,可以使得新教师更好地解决新角色适应过程中遇到的问题。这叫作"老带新"或"师徒结对带教"。它是一种新教师进行校本培训的特殊模式,很早就流行于各国,在其他许多行业的教育或培训中也得到了广泛应用,有着较好的效果。

当然,要使这种传统模式在信息化时代的今天发挥更好效用,就必须进一步完善它。当今美国教育界就采取了诸如对带教者素质进行研讨、建立带教者支援系统、打造新教师支援的网络平台等行动方案完善上述模式。美国教育界认为,"老带新"中带教者的素质最为关键。有研究者通过研究提出了带教者的六条素质要求:能够帮助新教师找到工作中的成功因素和令人满意之处;能够接受各种类型的新教师,包括业务基础差的、过于自信的、不老练的、戒备心理强烈的等;善于为新教师提供教学方面的支持,通过听课及课后讨论与新教师分享教育观念;善于处理各类人际关系,能用新教师可接受的方式调节自己的带教指导行为;能够做不断学习、不断提高自我的表率;善于向新教师传递希望和乐观主义精神。另外,美国的带教者支援系统常常挂靠在一些实力雄厚并覆盖全国的专业协会下,它们通过网络等途径为带教者及带教者培训提供了大量的帮助和免费咨询。而专门开设的新教师支援网络则是24小时全天候提供免费或非免费的服务,具体的项目丰富多样,有学科方面的咨询、一般教育教学技能的指导、疑难问题解答、老教师成功经验分享、新教师聊天室等。

(三)在职教育阶段,凸显反思力的助益功能,力行"双师型"继续教育

当今,终身教育理念已深入人心,它意味着教师的职前教育只能为基本合格教师培养提供"基础教育",而不可能是终结性教育。要成为成熟教师或优秀教师,职业教育教师还必须在职后的继续教育过程中不断培养自身的终身学习能力、自我发展能力和创新能力。

在培训内容上,强调理论与实践的结合。职业教育教师在习惯上常被分为文化课教师、专业理论课教师和实习教师。在职教师培训应当根据每个人的具体情况,缺什么就补什么,这样可以为"双师型"教师的成长创造条件。

在培训形式上,倡导参与,鼓励反思。反思是教师以自己的实践过程为思考对象,对自己做出的行动、决策以及由此产生的结果进行审视和分析。它是立足于自我之外的批判地考查自己的行动及情境的能力。从某种意义上说,教师的反思能力决定他们的教育教学实践能力和在工作中开展研究的能力。有关研究证明,成功的和有效率的教师倾向于主动地和创造性地反思他们事业中的重要事情,包括他们的教育目的、课堂环境,以及他们自己的职业能力。因此,"反思"被广泛地看作教师职业发展的决定性因素。美国学者波斯纳(G. J. Posner)十分简洁地提出了教师成长的规律:"成长=经验+反思",并指出,没有反思的经验是狭隘的经验,至多只能形成肤浅的知识,教师如果仅满足于获得经验而不对经验进行深入思考,其发展将大受限制。传统的教师培训大多采用的是以作为培训者的教师为中心的主讲大课形式,而作为培训对象的教师往往处于被动接受的地位。这种讲座式培训往往是基于这样的假设,认为培训对象是需要在上面书写的"白板",或需要灌输新知识的"空桶",目的是传递知识,要求听众接受讲演者的"专家类"的知识。由于这种培训一般仅限于把知识灌输到听众的头脑里(即罗杰斯所说的"颈部以上的教育"),缺少学习者表现在行动上的积极参与,因此实际效果并不理想;而参与式培训力图使所有在场的人都投入到学习活动中,都有表达和交流的机会,在对话和讨论中产生新的思想和认识,丰富个人体验,参与集体决策,鼓励批判性反思,进而提高自己改变现状的能力和信心。建构主义学习理论认为:人的学习过程不是纯粹的被动接受过程,而更多的是一个在与环境的相互作用下积极主动的自我建构过程。因此,重视一线教师丰富实践经验的参与式培训有助于教师积极主动的自我建构。

当然,上面所述"双师型"教师的培养路径在时空形态上更多地考虑了学校(院)方面,其实企业方面对此也应当有相当大的作为。在职业教育比较发达的国家,"双师型"教师培养模式的创新主要体现在加强校企合作上。这些国家(如德国)对企业参与职业教育教师的培养从法律上有明确的规定。这样做易于保证实践教学的真实性和有效性,有助于受培养(训)者掌握一线最先进的生产技术,掌握最新的工艺流程,运用所学的知识进行技术创新与产品开发,不仅了解,而且能够指导一线工作人员的操作,因此它已成为当今培养集理论教学与实践教学于一身的"双师型"教师必不可少的一环。

相关链接一:多元智能理论

多元智能理论介绍人类的智能是多元化的,而非单一的,主要由语言文字智能、数学逻辑智能、视觉空间智能、身体运动智能、音乐旋律智能、人际交往智能、自我认知智能、自然观察智能八项组成。

20世纪80年代,美国著名发展心理学家、哈佛大学教授霍华德·加德纳博士提出多元智能理论,二十多年来该理论已经广泛应用于欧美国家。霍华德·加德纳博士指出:

语言文字智能:有效利用口头或书面语言的才能。

数学逻辑智能:有效利用数字和逻辑推理的才能。

视觉空间智能:准确感知视觉空间世界的才能。

身体运动智能:善于运用身体表达内心感受的才能。

音乐旋律智能:感知、欣赏和创作音乐的才能,对乐曲、旋律、节奏等特别敏感,有很强的鉴赏音乐的能力。

人际交往智能:察觉并区分他人的情绪、意图、动机的才能。

自我认知智能:也叫自省的智力。接近自己内在生活情感的才能,是有关人的内心世界的认知。

自然观察智能:观察自然界中的各种形态,对物体进行辨认和分类,能够洞察自然的才能。

1. 语言文字智能

语言文字智能是指有效地运用口头语言或文字表达自己的思想并理解他人,灵活掌握语音、语义、语法,具备用言语思维、用言语表达和欣赏语言深层内涵的能力融合在一起并运用自如的能力。

他们适合的职业是:政治活动家、主持人、律师、演说家、编辑、作家、记者、教师等。

2. 数学逻辑智能

数学逻辑智能是指有效地计算、测量、推理、归纳、分类,并进行复杂数学运算的能力。这项智能包括对逻辑的方式和关系,陈述和主张,功能及其他相关的抽象概念的敏感性。

他们适合的职业是:科学家、会计师、统计学家、工程师、电脑软件研发人员等。

3. 视觉空间智能

视觉空间智能是指准确感知视觉空间及周围一切事物,并且能把所感觉到的形象以图画的形式表现出来的能力。这项智能包括对色彩、线条、形状、形式、空间关系很敏感。

他们适合的职业是:室内设计师、建筑师、摄影师、画家、飞行员等。

4. 身体运动智能

身体运动智能是指善于运用整个身体表达思想和情感、灵巧地运用双手制作或操作物体的能力。这项智能包括特殊的身体技巧,如平衡、协调、敏捷、力量、弹性和速度以及由触觉引起的能力。他们适合的职业是:运动员、演员、舞蹈家、外科医生、宝石匠、机械师等。

5. 音乐旋律智能

这种智能主要是指人敏感地感知音调、旋律、节奏和音色等能力,表现为个人对音乐节奏、音调、音色和旋律的敏感以及通过作曲、演奏和歌唱等表达音乐的能力。他们适合的职业是:作曲家、指挥军、歌唱家、乐师、乐器制作者、音乐评论家等。

6. 人际交往智能

人际交往智能是指能够有效地理解别人及与人良好交往的能力。人际交往智能包括四大要素。①组织能力,包括群体动员与协调能力;②协商能力,指仲裁与排解纷争能力;③分析能力,指能够敏锐察知他人的情感动向与想法,易与他人建立密切关系的能力;④人际联系,指对他人表现出关心,善体人意,适于团体合作的能力。他们适合的职业是:教师、律师、推销员、公关人员、谈话节目主持人、管理者和政治家等。

7. 自我认知智能

自我认知智能主要是指认识到自己的能力,正确把握自己的长处和短处,把握自己的情绪、意向、动机、欲望,对自己的生活有规划,能自尊、自律,会吸收他人的长处。他们适合的职业是:政治家、哲学家、心理学家、教师等。

8. 自然观察智能

自然观察智能是指能认识植物、动物和其他自然环境的能力,包括对社会的探索和对自然的探索两个方面。自然观察智能强的人在打猎、耕作、生物科学上的表现较为突出。他们适合的职业是:探险家、植物学家、农林研究员、博物学家、考古学家等。

相关链接二:国家"万人计划"教学遴选指标体系(高等职业学校)(2017)

国家"万人计划"教学名师(高等学校)遴选指标体系(2017)

(高等职业学校)

评选项目	分值	遴 选 内 容
1. 师德风范	20	忠诚于党和人民的教育事业,全面贯彻党的教育方针,有理想信念、有道德情操、有扎实学识、有仁爱之心,自觉做锤炼学生品格、学习知识、创新思维、奉献祖国的引路人,坚持教书和育人相统一、言传和身教相统一、潜心问道和关注社会相统一、学术自由和学术规范相统一,以德立身、以德立学、以德立教,为人师表,师德高尚,在教育领域和全社会享有较高声望,师生群众公认

续表

评选项目		分值	遴选内容
2. 企业经历与行业影响力		10	累计具有企业（单位）相关技术（或管理）岗位3年以上工作经历，拥有至少一项中级（国家职业资格四级）以上有效职业资格；近3年一直在企业（或行业协会、单位、机构等）中兼任相关技术（或管理）职务，在行业企业的技术领域具有一定影响力，且取得了行业企业公认的实质性工作成果或业绩
3. 教学能力与水平	教学效果	15	教学效果好，学生评价高。注重分析学生群体及个体特点，因材施教促进学生个性化发展；以身作则，潜移默化培养学生的职业道德和职业精神；关心学生成长，引导学生着眼未来，学以致用；课堂教学灵活多样，能自由驾驭课堂教学，学生学习积极性高；有效利用信息技术和现代教育技术，改变学习形态，教学效率高
	教学研究	10	教学研究能力强，有独到见解。借鉴先进职业教育理念和经验，结合实际，研究高等职业教育教学的特点与规律；发挥行业影响力优势，跟随产业发展趋势和行业动态研究校企合作，人才培养有成效；重视研究成果共享与交流
	资源建设	10	资源整合能力强，效果好。有效整合社会资源，推进校企合作育人落到实处，资源利用率高；开发各种高职数字化专业教学资源，并为行业企业和其他高职院校所共享，建设水平高，社会广泛认可
	教学实施	10	教学实施规范有效，能按照有关教学文件要求规范实施教学；勇于探索，敢于创新，实现了工学结合，课程教学有效组织和管理；有效利用信息技术改革学生学业评价方式，成效显著
4. 社会服务能力		15	面向行业企业实际需求，开展相关生产、技术和培训服务，效果良好，服务收益高；独立或与行业企业合作开展技术应用性研究及应用推广
5. 教学团队建设		10	榜样作用明显，教学团队建设水平高。利用自身影响力，吸引行业企业一线技术骨干参与人才培养，兼职教师队伍水平高；指导专业教师参与教学实践和企业实践，提高青年教师执教能力；有良好的"传、帮、带"团队建设文化

第八章　职业道德与职业指导

学习目标
1. 掌握职业道德内涵与职业道德教育的主要内容。
2. 养成良好的职业道德素养。
3. 能够做好个人职业生涯规划，指引个人发展与专业成长。

人类的社会生活可以分为三大领域，即家庭生活、公共生活和职业生活。由此，道德是对社会生活关系的调节，相应地区分为家庭美德、社会公德和职业道德。

第一节　职　业　道　德

一、道德的含义与本质

（一）道德的含义

道德作为一个概念来说，就是人的行为要合乎彼此的关系准则。在中国历史上，最先使用"道德"一词的是荀况。《荀子·劝学篇》中说："礼者，法之大分，类之纲纪也。故学至乎礼而止矣，夫是之谓道德之极。"意即学习修养达到"礼"的要求，可以说是道德的最高境界。"德"是善行，有积德之说，积德是量的积聚。

马克思主义伦理学认为，道德是人类社会特有的精神现象，是由一定社会经济关系决定的。它以善恶、荣辱等观念为评价标准，依靠人们的内心信念、社会舆论和传统习惯维系，是调整人与人之间以及人与社会之间关系的原则和规范的总和。

（二）道德的本质

道德的本质是一种特殊的社会意识形态，这种意识形态是由一定社会的经济关系、经济基础决定的，并受其他上层建筑（政治、法律、宗教等）的制约和生产力的影响。

道德作为一种特殊的社会意识形态有其自身存在、发展的规律。例如，道德作为一种社会习俗风尚是世代继承的，因而有强大的惯性，它会滞后于社会物质文明的发展。道德作为一种意识，其理想成分会超越现实的社会关系而走在时代的前列。这说明道德与道德的决定、制约、影响因素的变化发展不会完全一致,而这种不一致则表现为道德对经济基础、经济关系、上层建筑及生产力的发展变化具有不可低估的作用,或者说具有不可替代的作用。这种作用可以是正面的、积极的,也可以是反面的、消极的。

二、职业道德介绍

(一)职业道德的概念及含义

职业道德是与职业角色的责、权、利相联系的一种社会化的角色道德,是从业人员在职业活动范围内所应遵守的行为规范的总和。

职业道德主要通过社会舆论和个人的内心信念调整职业活动中的责、权、利的关系,从而调节从业人员之间和从业人员与社会之间的关系,强化职业角色的社会责任,以良好的职业风貌赢得社会的认可。

在道德实践中,可以把职业道德分为两个层面,即基础层面的职业道德和具体层面的职业道德。其中,基础层面的职业道德是对各种职业道德的共性的概括;具体层面的职业道德也称行业职业道德,它以社会职业道德为依据,并注重体现本行业或本职业特殊要求的职业道德。

(二)职业道德的特点

(1)职业性:一定的职业道德规范只适用于从事该职业的人员,只能在本职业的范围内发挥作用。不同行业或职业有不同的职业道德要求,这种行业要求不可能也不应该约束其他行业人员的行为。例如,"有问必答"对于售货员来说,应当是职业上的美德,但表现在保密人员工作时的行为,就会成为"失德"。

(2)多样性:各行各业都有自己的职业道德,社会中存在的职业是多样的,与之相适应的职业道德也必然是多种多样的。如行医的有"医德",经商的有"商德",做官的有"官德",执教的有"师德"等。可以说,各行各业都有其"德"。

(3)可操作性:某一行业的职业道德要求是从事该职业的人员能够接受的、可以做到的,而不是高不可攀、可望而不可即的。同时,职业道德的要求也是具体的,它通俗易懂、易记、易行和便于对照、检查。诸如规章、条例、标语、口号、公约、誓词等以简洁明了、生动明快的形式表现出来。如加油站边的"严禁烟火"等既是口号,又是职业活动的要求,这些要求明确具体,人人知晓、条条可行,具有很强的可操作性。

(4)强制性:职业道德的要求往往会具体化为规章制度、职业纪律等,并把它与行政纪律结合起来。从业人员违背职业纪律和责任,就是不讲职业道德,这不仅要受到道德批评,还要受到纪律处分、经济制裁,有些超越法律底线的,甚至要受到法律制裁,所以职业道德具有一定程度的强制性。

(5) 稳定性:只要某种职业作为社会分工在社会中存在,那么,与这种职业结合在一起的道德原则和规范就不可缺少。另外,从事相同职业的人们在长期的职业实践中,具有共同的劳动条件、共同的劳动对象和任务,接受共同的职业培训,并且世代相传、绵延不绝,那么与该职业相适应的职业道德就会形成一种比较稳定的、连续的职业心理品德和职业习惯。

(三) 职业道德的功能

1. 调节从业人员与其服务对象之间的相互关系

从业人员开展某项职业活动必然会发生如何处理与社会、与其服务对象之间关系的问题,而这一关系处理得如何直接关系到该职业在社会上的信誉与形象,关系到该职业的生存和发展。

职业道德规范具有调节从业人员与服务对象相互关系的功能,主要是通过引导和制约本职业内部的工作人员的思想和行为而实现的,它不能用于本职业以外的其他社会成员,所以不可能也不应该要求本职业以外的社会成员遵守特定的职业道德规范。

2. 调节职业内部从业人员之间的相互关系

一项职业活动的有序开展不但需要妥善处理从业人员与服务对象之间的相互关系,而且还需要正确处理各职业内部从业人员之间的关系。从业人员之间的协调、配合和合作是任何一种职业正常活动、有效进行的必不可少的条件。这些关系需要特定的职业道德规范调节。通过这种调节促使从事本职业的人员为了共同的目标而团结一致、协调工作,共同完成本职业所承担的社会责任。

3. 提高从业人员的整体道德素养

一个人的道德素养受许多因素的制约,他所从事的职业活动及工作环境无疑也会对其产生重要的影响。从业人员在职业活动中能否遵守相关的职业道德规范,将影响到上级、同事、服务对象对他做出怎样的道德评价。这种在职业活动过程中发生的社会评价,能够唤起人的道德良知和道德责任,并进而把职业道德要求内化为自己的道德信念和自觉行动。

(四) 职业道德的基本构成

职业道德具有相对独立的规范体系,形成独特的规范模式。一般地,职业道德由职业理想、职业态度、职业责任、职业技能、职业纪律、职业良心、职业荣誉和职业作风构成。这些因素从特定的方面反映出职业道德的特定本质和规模,同时又相互配合,形成一种严谨的职业道德模式。

1. 职业理想

职业理想是指从业者对符合自己意愿的职业工作的种类以及所达到的成就的追求和向往。它包括自己从事什么样的职业,怎样从事这一职业和对职业目标的向往。职业理想是职业道德的灵魂,在职业生活中,只有树立崇高、合理的职业理想,才能正确对待自己从事的职业,才能做到敬业、乐业、勤业,才能在职业工作中表现出良好的道德品质,对社会做出应有的贡献。

同时,人的职业理想受诸多因素的影响。时代、社会、家庭等外在条件,个性、爱好、特长、能力等内在条件,都在一定程度上影响职业理想的实现。职业理想是在客观决定和主观选择的辩证权衡中确定的,因此我们必须处理好"职业理想"与"理想职业"的关系。当我们的职业理想在"理想职业"中实现的时候,当然皆大欢喜,并能够有效地激发我们的工作积极性和创造性。但大多数情况下,我们的"自我设计"在现实中往往不能得偿所愿,这时就会出现一些思想波动,产生一些负面效应。

2. 职业态度

职业态度是指从业者对所从事职业的评价和表现出的行为倾向,是从业者对其他职业和广大社会成员履行职业义务的基础。职业态度的形成有两方面的因素:主观因素和客观因素。主观因素有从业者的价值观念、受教育程度、文化技术水平、劳动能力、兴趣爱好等。客观因素有生产资料的所有制状况、产品分配方式、从业者的社会地位、具体的职业环境和劳动条件等。

社会主义职业态度最基本的要求就是树立主人翁的劳动态度,因为在社会主义国家,从业者是国家的主人,每个从业者都要尽自己的努力对所从事的职业培养积极的情感,以认真负责的态度做好本职工作。

3. 职业责任

职业责任是指从事一定职业的人们对社会和他人所担负的职责。职业责任规定了职业人员职业行为的具体内容,是他们践行职业义务的依据。职业人员只有认识到自己所担负的责任,并把它变成自己内心的道德情感和信念,才能自觉、自愿地从事本职工作,并在职业活动中克服困难,努力做好本职工作,表现出良好的职业道德行为。

职业道德教育的任务之一,就是要使从业人员自觉意识到自己对社会、本职工作和他人所承担的职业责任,并自觉地转化为自己的职业道德义务。

4. 职业技能

职业技能是指从业者完成本职工作、承担职业责任所必须具备的科学文化知识、专业技术能力和解决问题的各种能力。在职业劳动中,人们凭借自己所学的知识、所掌握的技能,为社会和他人服务。如果缺乏必要的知识和技能,就难以出色地完成本职工作,难以实现职业道德的根本原则和要求,也就很难成为社会需要、人们欢迎的职业道德履行者。良好的职业技能是广大从业者对社会应尽的职业道德义务,因此,每个从业者都应该努力学习科学知识和科学技能,刻苦训练,提高专业技能。

5. 职业纪律

职业纪律是指人们在从事职业活动时,为了维持职业活动的正常秩序,保证职业责任的履行,必须遵守的规矩和准则。它是调节劳动者与他人、职业集体、社会,以及职业生活中局部与全局关系的重要手段。职业纪律虽然有强制性的一面,但更有劳动者内心信念所支持、自觉遵守的另一面,从而具有丰富的道德内涵。自觉的意志体现和服从集体的要求,这两个因素的统一构成了社会主义职业纪律的基础。

6. 职业良心

职业良心是人们在履行职业义务过程中形成的道德责任感、向上的意念和对自己职业道德行为的自我评价、自我调节能力。它是职业人员对职业责任的自觉意识。在职业劳动中,人们把应尽的道德责任变为内心的道德情感、道德信念,这就形成了职业良心。职业良心一旦形成,往往左右人们职业道德的各个方面,贯穿在职业行为过程中的各个阶段,对人们的职业活动起着巨大的作用。

7. 职业荣誉

职业荣誉就是对职业行为的社会价值做出公认的客观评价及正确的主观认识。从主观方面看,职业荣誉是职业良心中知耻心、自尊心、自爱心的表现。从客观方面看,职业荣誉是社会对一个人履行义务的德行和贡献的评价与赞赏,不仅能成为从业者个人追求更高职业道德境界的动力,而且可以为社会树立正确的职业价值标准,起到扬善抑恶的作用。

(五)社会主义职业道德的核心

社会主义道德是共产主义道德在社会主义阶段的具体表现形式,是人类道德发展的新境界。

社会主义道德是一个由不同层次的核心、原则、规范、要求构成的完整体系。它们互相联系,互相影响,并根据自身的特点在社会主义社会的道德生活中占有不同的位置,发挥各自的作用。2001年9月,中共中央印发的《公民道德建设实施纲要》中重申了这些规定,并提出"以社会公德、职业道德、家庭美德为着力点"。这些内容可以概括为一个核心、一个原则、一个基本要求和一个着力点。它们组成了我国社会主义道德建设的体系结构，也可以被看作社会主义道德体系结构。

《公民道德建设实施纲要》提出的"爱国守法、明礼诚信、团结友善、勤俭自强、敬业奉献"基本道德规范，是社会主义道德建设核心、原则的具体化，是在社会公德、职业道德、家庭美德具体规范（通称"三德"）的基础上概括出来的，简单明了、通俗易懂。

第二节 职业道德教育

一、职业道德教育介绍

职业道德教育是指一定的社会、职业集团，为培养合乎自己需要的理想的职业道德人格，依据一定的职业道德原则和规范，有目的、有计划、有组织地对人们进行职业道德影响的活动。职业道德教育的过程主要包括五个方面的内容，即提高从业人员的职业道德意识，陶冶职业道德情操，锻炼职业道德意志，树立职业道德信念和培养职业道德习惯。

二、职业院校德育的特点

教育部16号文件《教育部关于全面提高高等职业教育教学质量的若干意见》突出强调高等职业院校要坚持育人为本，德育为先，把立德树人作为根本任务。近年来，高职德育理论工作者和实践工作者针对高职德育问题开展了多层面的研究，在创新高职德育理论、构建高职德育目标、内容、模式等方面取得了一系列的成果。

（一）德育目标的职业性

职业教育作为高等教育发展中的一个类型，肩负着培养大批技术应用型人才的使命。职业院校目标定位于技术教育，具有鲜明的就业导向性，这也决定了职业院校德育的职业性特征。在开展职业德育时，既要注重对学生进行一般德育内容的传授，又要强调对学生进行与职业有关的职业理想、职业心理的教育。

（二）德育对象的复杂性

首先是德育对象来源的多样性，如高职学生主要由职业中学、技工学校、中等职业学校的对口生源、五年一贯制初中中下游水平的低年龄生源和普通高中中等以下水平的生源组成，生源来源层次多样，增加了高职德育实施的难度。其次，德育对象的文化基础参差不齐。德育对象的来源不同，所受教育的内容不同，文化课的水平也不相同。普通高中毕业生文化基础相对扎实，学习基础课比较轻松。高职学生文化基础课程相对较弱，学习起来有一定难度。所以这些学生在有关技能的理科理论知识的学习上都存在一定的难度。再次,德育对象价值取向多样化。德育对象的价值取向总体来说是健康向上的,但由于高职学生与社会、企业的联系非常紧密,学生很容易接触到外界新的文化观念、生活方式和分配形式,这些都会对高职学生的价值取向产生影响。最后,德育对象心理复杂。以普通高中毕业生为例,高等职业教育的招生普遍放在各地招生的最后一批,这些学生往往是考不上较好大学的,无奈中选择了高职,思想上不一定认同自己要上的学校,这些学生的自我认同感会比普通高校的学生差,认为自己是一个"失败者",容易产生挫败感和自卑心理。他们希望自己得到社会的认可,但又不敢去表现自己;想成功但对自己的认识不够客观,没有做好面对挫折的心理准备;对未来信心不足,对就业持不乐观态度。

(三) 地域文化的渗透性

在职业道德教育实施的过程中,在制定具体德育目标时,应充分考虑地方经济发展的实际情况。在德育内容和德育方式的选取上要尊重地方特色,把地方乡土民情、文化风俗习惯等潜移默化于德育内容中,不能搞"一刀切"。这是由我国职业教育与行业、企业和地方经济联系紧密,具有服务面向的地方性、基层性的特点决定的。

(四) 德育实践的延伸性

实践的观点是德育首要的基本观点。德育目标分认知目标、情感目标和行为目标,但归根到底要落实到德行上。完成职业道德德育目标,必须把德育渗透到职业道德教育的每一个环节,如高职院校的总课程中实践性课程占50%以上,为高职德育实践提供了很好的机会。实践包括校内实践课与实训基地的技能实践,也包括进入企业顶岗实习。高职院校正在积极深化管理体制改革,建立行业、企业、学校共同参与的机制,推行"工学结合""校企合作"的办学模式,这就决定了高职德育具有参与生产实践的特征。"道德并不是区别于社会生活中的其他现象的一种特殊现象,它弥漫、渗透在人的社会生活的一切领域,我们无法限定道德的空间范围"。实践教学过程理应成为德育的重要而有效的途径。职业规范、职业准则的教育具有很强的实践性,良好的职业习惯的形成离不开实践环节。德育的认知目标、情感目标最后还是要落实到行为目标(即学生的德行)上。

三、新形势下的学校职业道德教育

对职业院校学生进行德育教育,是新形势下全面推进素质教育的内在要求。随着高校不断扩招,就业形势进一步严峻,而担负着向社会输送专业技术人才任务的职业院校面临着前所未有的挑战,这势必会影响到德育的实效性,导致德育目标难以实现。

（一）改进以职业道德教育和职业指导为重点的德育内容

从职业院校的性质来说，职业道德教育和职业指导在某种程度上是德育的落脚点。因此，职业道德教育和职业指导应成为职业院校德育的重点。对职业院校学生而言，通过职业道德教育和职业指导，可以使他们了解职业、职业素质、职业道德等的基本知识要求，指导他们提高职业道德实践能力，根据市场需求自主择业，并具有立业创业能力、依法从业能力，初步养成职业道德要求的行为习惯，激发他们提高全面素质的自觉性。因此，职业院校德育工作的内容必须以职业道德教育和职业指导为重点，并以此指导德育的原则、方法和过程。

（二）创新职业院校德育工作的新手段

为了适应时代和社会的发展变化，德育方法和手段要力求创新。一方面德育工作者可利用校园网络开辟学生论坛，如可以在学校主页上开辟学生论坛，让学生自己管理和主持，教师有针对地发表自己的意见，引导学生健康向上。另一方面，德育工作者应加强与学生的对话与沟通。对话与沟通的形式可以多种多样，如通过公布校领导及教师的电子邮箱、设立校长与学生处长接待日等，逐步建立学校与学生的对话机制，一改传统的训、管、教的德育模式，把德育工作由浅层次治标向深层次治本转变，由单纯的思想教育向素质教育转变，这样就会收到较理想的教育效果。

（三）加强职业院校德育工作者素质建设

职业院校德育工作者的师德水平直接影响到学生的道德养成，必须加大师德建设力度，德育教师要忠于职守，热爱职教职业。德育工作者还要不断更新知识结构。面对新形势下的挑战，德育工作者不仅要政治素质过硬，道德水准高，更要注重知识结构的更新，有扎实的德育理论素养和相关学科知识，并能熟练运用因特网等高科技工具，从而进一步开展好德育工作。

（四）实现学校教育与家庭教育、社会教育的有机结合

提高德育的实效性，不是学校教育单方面的积极性可以奏效的。它需要整合学校教育、家庭教育和社会教育，形成教育合力。学校教育、家庭教育和社会教育是实施德育系统工程的三大支柱，其中任何一个方面的力量弱化，都会导致整个德育系统出现漏洞，给不良道德影响以可乘之机，危害职业院校学生思想道德的健康发展。因此，协调三者之间的关系才能使学校教育与家庭教育、社会教育真正整合融为一体，从而取得最佳的德育效益和效果。

四、正确的学生观、人才观

学生观是对学生的本质属性及学生的地位、特点、作用的总的看法和根本态度。它是一种具有重大影响力的教育观念,直接影响教育教学活动的方式、目的和效果。

人才观,就是关于人才的本质及其发展成长规律的基本观点。人才观指导并引领着人才工作,是人才工作具体实施的重要依据。

正确的学生观、人才观是提高教育实效的基础,对职业教育健康发展有重要的意义。

(一)学生是一个自在的生命体

学生是一个自在的生命体,自在的生命是学生成长的基础。泰戈尔说:"人是一个初生的孩子,他的力量就是生长的力量。"自在的生命是学生自我实现的基础,但自在的生命受客观规律主宰,具有其天生的脆弱性,尤其在未成熟阶段很容易受外界的刺激而消亡。因此,教师应该首先关注学生的自在生命,让其遵循自然规律自由自在地成长。

(二)树立人人皆可成才的观念

建立科学的人才选拔机制就是"要把能力和业绩作为衡量人才的主要标准,不唯学历,不唯职称,不唯资历,不唯身份。"只有在实际工作中真正落实以能力和业绩作为评价、选拔人才的标准,才能建立起平等、公正的用人机制,使有真才实学的人有机会展示自己的才能,使更多的社会成员看到自己成才的道路有很多条,而不仅仅是文凭,从而激发他们成才的信心和动力。国家各党政机关事业单位应该从自身做起,废除唯文凭定人才的惯例,以胡锦涛的人才观为指导,真正将能力和业绩作为衡量人才的标准,鼓励全社会形成人人皆可成才、人人争当人才的健康向上的社会氛围。

五、职业道德习惯的养成

职业道德行为最大的特点是自觉性和习惯性,培养人的良好习惯的载体是日常生活。有意识地坚持在日常生活中注重培养自己的良好习惯,久而久之,习惯就会成为一种自然,即自觉的行为。具体来讲,可以从以下四个方面着重培养。

(一)在专业学习中训练

专业理论知识与专业技能是形成职业信念和职业道德行为的前提和基础。职业道德习惯的养成离不开知识的学习和技能的提高,一个从业者只有具备了深厚的专业知识,精湛的职业技能,他拥有的职业道德知识、情感和意志信念才能有用武之地,才能在自己的职业岗位上做出应有的贡献。而知识和技能要靠日复一日地钻研和训练才能取得。在职业院校的学习生活中,每位同学都要重视技能训练,向劳动模范、先进人物学习,刻苦钻研,强化技能训练,培养过硬的专业技能,不断提高自己的职业素养。

（二）在社会实践中体验

丰富的社会实践是指导人们发展、成才的基础,是实现知行统一的主要场所。职业道德行为的养成离不开社会实践。社会实践是职业道德行为养成的根本途径。

社会实践是培养职业情感的有效途径之一。每位同学应在生产实习、为民服务、青年志愿者活动、社区服务、参观、社会调查、采访劳模和优秀毕业生等社会实践中有意识地进行体验,进而了解社会、了解职业、了解自我,熟悉职业、体验职业、明确社会对人才的道德素质要求,陶冶职业情操,培养对职业的正义感、热爱感、义务感、良心感、荣誉感和幸福感等情感。

（三）在自我修养中提高

何谓修养？"修"是指陶冶、锻炼、学习和提高；"养"是指培育、滋养和熏陶。"提高"意为使水平、质量等方面比原来高。自我修养是指个人在日常的学习、生活和各种实践中,按照职业道德的基本原则和规范,在职业道德品质方面的"自我锻炼""自我改造"和"自我提高"。自我修养是提高职业道德水平必不可少的手段,是形成人们职业道德品质的内因。自我修养的关键在于"自我努力"。其目的在于通过自我对职业活动的认识和实践,培养高尚的职业道德品质,把职业道德的基本原则与规范自觉地转化为个人内心的要求和坚定的信念,逐步形成良好的职业行为习惯,成为具有高尚职业道德的人。

无数事实证明,凡是道德品质高尚的人,都是自觉进行道德修养的人。周恩来总理有段名言："要把思想改造看成像空气一样,非有不可。不然,你的思想就会生锈,就会受到腐蚀。"因此,周总理一直奉行"活到老,学到老,改造到老"的信条。

（四）在职业活动中强化

职业活动是检验一个人职业道德素质高低的试金石。在职业活动的实践中,应强化职业道德基础知识的运用,强化职业道德行为的规范,强化职业道德基本规范的掌握和遵守,强化行业职业道德规范的掌握与遵守。

在职业活动中强化职业道德行为要做到将职业道德知识内化为信念,将职业道德信念外化为行为。在职业活动实践中,始终不渝地遵守职业道德规范,践行自己的职业责任和义务,做一个言行一致、表里如一的有职业道德的人。

职业道德行为的养成对人的职业生涯至关重要。在学习生活中,要注重行为规范训练,养成良好的行为习惯；要加强职业道德修养,提高职业道德素质；要坚持在实践中培养良好的职业道德行为,形成高尚的职业道德情操。

第三节 职业规划与职业指导

一、职业生涯

(一)职业生涯的概念

什么是生涯呢?一个人从出生到死亡会历经多久?可以说,一个人的一生就是一个完整的生涯,其中包括了若干小阶段,如求学生涯、家庭生涯、职业生涯等。

职业生涯是指一个人一生中的所有与工作职业相联系的行为与活动,以及相关的态度、价值观、愿望等连续性经历的过程。

职业生涯具有广义和狭义之分。广义的职业生涯,是指从职业能力的获得、职业兴趣的培养、选择职业、就职,直到最后完全退出职业劳动这样一个完整的职业发展过程,其上限从0岁人生起点开始。狭义的职业生涯则是指从职业学习开始,踏入社会、从事工作,直到职业劳动的最后结束、离开工作岗位为止这段人生职业工作历程。

职业生涯具有四方面的含义。

(1)职业生涯只是表示一个人一生中在各种职业岗位上度过的整个经历,并不包含成功与失败的含义,也没有进步快慢的含义。

(2)职业生涯包括"外在职业生涯"和"内在职业生涯"两部分。"外在职业生涯"指一个人在工作时期进行的各种活动和举止行为的连续体。"内在职业生涯"则表示职业生涯的主观特征,涉及一个人的价值观、态度、需要、动机、气质、能力、发展取向等。

(3)职业生涯是一个过程,是一生中所有与工作相关的连续经历,而不仅仅指一个工作阶段。

(4)职业生涯受各方面因素的影响。职业生涯一定程度上可以被认为是多方面相互作用的结果。

(二)职业生涯发展阶段

职业生涯阶段一般是按照年龄层次进行划分的。由于每个人的情况不同,有的发展速度快,有的发展速度慢。有的发展到某一阶段就停滞不前,有的在某一阶段发展时间极短,就进入另一发展阶段。所以,不同的专家、学者就会有不同的年龄划分理论与方案。

1. 金兹伯格的学说

职业生涯发展理论专家金兹伯格认为职业选择经历是从模糊的空想走向现实,他的理论表明了首次就业前人的生涯意识和职业追求的变化发展过程,强调个人通过这种过程达到符合职业需求的一般状态。

(1) 幻想期(11岁以前)。也称为空想阶段,在这个阶段,个体对看到或接触到的职业没有理性的认识,充满好奇,常常把部分职业当成引人注目、令人激动的理想化职业并为之努力。这时候职业需求的情感色彩浓厚,极富冲动性和盲目性,不考虑实际因素,并且非常不稳定。

(2) 尝试期(11~18岁)。这个阶段一般伴随着青春期的到来。随着身心的逐渐成熟,个体开始具有独立的思考能力。这个阶段又包括由兴趣、能力、价值观起主导作用的三个时期。十一二岁是兴趣主导期,在考虑未来职业时,以兴趣为主;十三四岁为能力主导期,随着成熟,即对认识到自己独立完成工作的能力与职业的关系之认识在职业需求中占优势;最后是价值主导期,个人开始理解职业的社会意义,并试图将兴趣与能力统一到初步建立的价值体系中。这是职业意识形成的关键阶段。

(3) 现实期(18岁至成人)。如果说上一阶段还是主观因素占主导地位,那么这一阶段个体将职业需求的因素从主观转向客观,力求两者的协调。此时已具有清晰具体的职业目标。这个阶段也分为三个时期。第一是探索期,即个体尝试将自己的选择与社会的需要相联系;第二是具体化时期,这时职业目标已基本确定,个体开始为之奋斗;最后是特定化时期,为了实现特定的职业选择,个体在教育、实践等方面做具体准备,迎接就业。

2. 格林豪斯的学说

格林豪斯的研究则侧重不同年龄段职业生涯面临的任务,并把职业生涯的阶段从进入职业前扩展到个人生涯的全部。他把生涯划分为五个阶段,强调个体必须完成好每一阶段的任务。

(1) 职业准备阶段(0~18岁),主要任务是发展职业想象力,对职业进行评估和选择,接受必要的职业教育。一个人在此阶段所做的职业选择,是最初的选择,而不是最后的选择,主要目的是建立起个人职业的最初方向。

(2) 进入组织阶段(18~25岁),主要任务是在一个理想的组织获得一份工作,在获取足量信息的基础上,尽量选择一种合适的、较为满意的职业。在这一阶段,个人获得信息的数量和质量将影响个人的组织选择。

(3) 职业生涯初期(25~40岁),主要任务是学习职业技术,提高工作能力,了解和学习组织纪律与规范,逐步适应职业工作,适应和融入组织,为未来职业的成功做好准备。

(4) 职业生涯中期(40~55岁),主要任务是对早期职业生涯重新评估、强化或转变自己的职业理想,选定职业,努力工作,有所成就。

(5)职业生涯后期,从55岁直至退休为职业生涯后期。继续保持已有的职业成就,维持自尊,准备隐退,是这一阶段的主要任务。

3. 舒伯生涯发展阶段理论

(1)成长期(0~14岁)。这个阶段的特征是,人开始考虑自己的将来,逐渐具备一定的生活控制能力,获得胜任工作的基础,并且在该阶段末期,越来越意识和关心长远的未来。个人要做的是通过学校学习、社会活动认识自我,理解世界以及工作的意义,初步建立起良好的人生态度。

(2)探索期(15~24岁):这个阶段是职业认同阶段,个人在这一时期有了初步的职业选择范围并为之准备教育或者实践。该阶段的任务是:深化对职业的认识,将学习成果和实践经验沉淀结晶,具体化自己的职业偏向,并初步实施。

(3)建立期(25~44岁)。个体在这个阶段开始确定自己在整个生涯中应有的位置,并开始增加作为家庭成员而照顾他人的角色。这个阶段的任务主要是在不断的挑战中稳定工作,并学会在家庭和事业之间合理均衡。

(4)维持期(45~65岁)。个体已经找到了适合的领域,并努力保持在这个领域的成就。与前一阶段相比,这个阶段发生的变化主要是职位、工作和单位的变化,而不是职业的变化。个人主要应巩固已有的地位并力争有所提升。

(5)衰退期(65岁以后)。该阶段的重心逐步由工作向家庭和休闲转移。该阶段的主要任务是安排退休和开始退休生活,精神上寻求新的满足点。

二、职业生涯规划

职业生涯规划简称职业规划,也称职业生涯设计,是指个人和组织相结合,在对个人职业生涯的主、客观条件进行测定、分析、总结研究的基础上,对自己的兴趣、爱好、能力、特长、经历及不足等各方面进行综合分析与权衡,结合时代特点,根据自己的职业倾向,确定其最佳的职业奋斗目标,并为实现这一目标做出行之有效的安排。

职业生涯规划学说起始于20世纪60年代,并于90年代中期从欧美国家传入中国。作为西方人力资源管理理论的重要内容之一,职业生涯规划已经在各大企业引起广泛重视,并逐步被引入到高等院校和高等教育中。在美国,几乎所有的大学生都会在专家的帮助下进行职业生涯规划。

职业生涯规划的目的,绝不只是协助自己找一份理想的工作,更重要的是帮助个人真正了解自己,了解社会,在此基础上筹划未来,为自己的一生制定发展方向和切实可行的保障措施。

(一) 职业生涯规划的特性

良好的职业生涯规划具备以下特性：

(1) 可行性。规划要有事实依据，从个人的能力、兴趣爱好出发，结合个体自身的实际情况，而不是美好的幻想或不着边际的梦想，否则将会贻误良机。

(2) 适时性。规划是预测未来的行动，确定将来的目标，因此各项主要活动何时实施、何时完成，都应有时间和顺序上的妥善安排，以作为检查行动的依据。

(3) 适应性。规划未来的职业生涯目标牵涉多种可变因素，因此规划应有灵活性，以增强其适应性。

(4) 持续性。人生具有阶段性和连续性，规划是为了避免出现断层，保证每个发展阶段衔接连贯。

(二) 职业生涯设计的类型

按照不同的标准，职业生涯设计可以有不同的分类，这里我们按照计划的时间纬度，将职业生涯设计分为短期设计、中期设计、长期设计和人生设计四种类型。这也是一种常见的划分方法。

1. 短期设计

两年以内的设计是短期设计，主要是确立近期目标，设计近期应完成的任务。短期设计可以是学年计划或学期计划，其内容可以是这一学年或学期要通过的考试项目，要获得的奖励次数以及要达到的其他个人目标。

2. 中期设计

中期设计一般涉及 2~5 年的职业目标和任务，是最常用的一种职业生涯设计。对于低年级的新生而言，中期设计就是要制订一个中专学习、生活发展计划，对于高年级的学生，则可以是毕业几年内要达到的职业发展目标要求。

3. 长期设计

长期设计一般是 5~10 年的设计，主要是设定较长远的目标，如设计 35 岁时取得某一职称，获得某一职位，掌握更大的权力，以及为实现此目标应采取的具体措施。

4. 人生设计

人生设计即整个职业生涯的设计，时间为 40 年左右，设定整个人生的发展阶段和目标。

个人职业生涯设计从短期到中期再到长期，直至整个人生，是一个连续的过程，但是在实际的执行过程中,还要根据环境、形势的变化适当调整。

(三)职业生涯规划管理的内容

职业生涯规划一般包括自我剖析、目标设定、目标实现策略、反馈与修正四方面的内容。

1. 自我剖析

自我剖析是指全面、深入、客观地分析和了解自己,即认清自己为人处世所遵循的价值观念,明确自己为人处世的基本原则和追求的价值目标,熟悉自己掌握的知识与技能,剖析自己的人格特征、兴趣、性格等多方面的个人情况,以便了解自己的优势和不足,对自己形成一个客观、全面的认识和定位。

2. 目标设定

目标设定是在上述自我剖析与定位的基础上设立明确的职业目标。由于职业生涯跨越个人的青年、中年乃至老年,且人在各时期的体能、精力、技能、经验、为人处世的特点有明显的差别,所以有针对性地制定阶段性的目标更切实可行。

3. 目标实现策略

目标实现策略是通过各种积极的具体行动与措施争取职业目标的实现。目标实现的内容不仅包括个人在工作中的表现及业绩,同时还包括超出现实工作之外的一些前瞻性的准备,以及为平衡职业目标和其他目标(如生活目标、家庭目标)而做出的种种努力。目标实现的策略(目标实现的具体努力和措施)很多,包括撰写求职简历、参加面试应聘、商议工资待遇、制定和完成工作目标、参加公司举办的培训和发展计划、构建人际关系网、谋求晋升、参加业余时间的课程学习以及跳槽换工作等。

4. 反馈与修正

反馈与修正是指在实现职业生涯目标的过程中,根据实际情况自觉地总结经验和教训,修正对自我的认知和对最终职业目标的界定。研究表明,许多人都是在经过一段时间的尝试和寻找之后,才了解自己到底适合从事什么领域的工作,这段时间在缺乏反馈和修正的情况下可能长达十几年。即使在自我定位和目标设定正确时,反馈和修正同样可以纠正阶段目标中出现的偏差,可以极大地增强实现目标的信心。

三、职业规划的方法

1. 坚定信念

职业生涯规划是一条长期且复杂的道路,如果没有坚定的信念,相信自己能凭借科学合理的方法规划取得人生的成功,那么在前进的道路上,很有可能会因事情的烦琐或一时的不顺而半途而废。信念的树立是一个潜移默化的过程,途径也多种多样:可以通过了解成功的职业生涯规划案例,可以通过老师、家长的教导或朋友的劝告,也可以通过初步了解职业生涯规划的理论、原理,从而强化对其科学性的认识,等等。

2. 评价自我

在生活中注意观察和总结自己各方面的特征,并且学习个体分析的知识,运用分析测量工具,从而对自己的兴趣、性格、能力倾向、知识结构等各方面能有系统全面的把握。

3. 评价环境

分析内外环境对自己职业生涯规划带来的影响。一是组织环境,主要指组织的发展战略、人力资源需求、晋升发展机会;二是社会环境;三是经济环境;四是家庭环境。评价环境要注重综合条件,尽量不偏向任何一种因素,或者因素内部的某一方面,否则可能会因为视角的偏颇而为以后的发展带来障碍。

4. 认知职业和选择职业

对自我和环境评价后,就要在此基础上千方百计地搜集各种职业的信息,掌握各种职业的状况之后对所掌握的信息进行综合分析,选择与自身特点和外部环境相吻合的职业。

5. 制定路线

路线安排是职业选择的深化,也是在某个职业中的发展方向。例如,如果把未来职业定位于公司高管层,那么既可以走专业技术路线,如产品研发、财务管理等,也可以走业务路线,如产品营销、对外公关等。路径不同,发展生涯的措施也不同;并且路径的选择同样与个体因素和外部因素息息相关。制定一个好的路线,可以帮助缩短职业发展的时间,或者能使职业发展达到更高的层面。

6. 确立目标

这是职业生涯规划的关键。学界一般认为确立职业生涯目标应坚持下列原则:

(1) 重点集中性,即目标不可定得太多,太多了就意味着没有重点。但是,集中目标并不是说不能设立多个目标,而是一个时期一个目标,分开设置。具体来说,就是拉开时间差距,实现一个目标后,再实现另一个目标。

(2) 目标明确性,即目标要具体明确,目标越简明、越具体,就越容易实现。而目标空泛,日后行动就容易陷入盲目,不能有意识地收集相关领域的知识信息,无法有效提高自我。

(3) 可实现性,即目标要高低适度,恰到好处,具有实现的可能。

(4) 相关性,即个人发展目标与社会发展目标一致,长期目标与短期目标结合。虽然个人目标是自己的目标,但并非只靠自己的力量就能实现,把自己的目标与社会目标协调起来,发展就会比较顺利。建议大家坚持以上原则,分阶段、分层次地确立目标,将目标分为短期目标、中期目标、长期目标、人生目标;同时又分为学习目标、工作目标、生活目标。从短期目标和低层次的目标入手,一步步朝人生目标和高层次目标迈进。

7. 制订具体的行动计划并实施

有了具体的目标,就要开始思考,为了实现这个目标,该从哪些事情入手?哪些事情是需要我完成的?把这些需要完成的事情,系统地列出来,就成了一个具体的行动计划。接下来就是付诸实际行动,使理念上的东西变成现实。行动是一个长期而艰苦的过程,大家要用平和的心态对待过程里的每一个事件,一步一步、扎扎实实地实现自我的人生价值。

8. 总结反馈并及时调整

前面说过,职业生涯规划是一个漫长而复杂的过程。在之前的工作里,有些因素我们考虑到了,但有些没有,即便考虑到了,也会因形势的发展而变化。

因此,无论是职业、路线、目标,还是具体的行动计划,我们都要结合之前的实践经验以及对形势的深化认识,做出适当修正。这样才能保证职业生涯规划不会因思考的不周到和形势的变迁而达不到预期的效果。当然,职业、路线、目标具体的行动计划,这三者的修正是有所不同的。从维护职业生涯规划稳定性的角度出发,我们最先考虑的是对具体行动计划的修正,其次是中短期目标的修正,然后是长期目标以及路线的调整,最后才是职业的更换。

四、职业指导

职业指导是随着经济社会和职业的发展应运而生的。《中国教育百科全书》中对"职业指导"是这样解释的:"职业指导,亦称职业咨询或就业指导,指根据社会职业需要针对人们的个人特点以及社会与家庭环境等条件,引导他们较为恰当地确定职业方向、选择劳动岗位或者转到新的职业领域的社会活动,是沟通求职者和用人单位、教育部门和社会的有效途径。"

(一)就业信息的获取

求职择业,就是进入职场、选择职业。细节决定成败,命运掌握在自己手中。能否顺利就业,关键在于自己如何去做。

所谓就业信息,是指用人单位发布的、求职者未知的、对求职者就业具有一定价值的、客观存在的资料和情报。在当今的信息社会,就业竞争往往就是获取就业信息的竞争。谁在第一时间掌握了就业信息,谁就拥有了胜出的先机。

在获取就业信息时要善于利用身边的各种资源,如报纸、电视、网络等媒介,亲戚、朋友等社会关系。要想获得真实有效的就业信息,就必须在依据收集就业信息的基本原则进行操作的同时,善于及时对信息进行分析、判断和处理,要注重培养自己的判断力,有针对性地对获取的就业信息进行甄别,谨防陷入招聘陷阱。并且依据自己的就业定位选择相对有用的信息,以提高自己求职择业的效率和准确度。

同样,也可以通过社会实践和毕业实习获取就业信息。在社会实践的过程中,有心计的学生可以通过个人的努力赢得用人单位的好感、信任,取得职业信息,甚至直接谋得职位。例如,在勤工助学的社会实践中,应以积极姿态了解该单位的发展,在与自己的职业意向吻合的单位或岗位实践时,要充分展现自己的才华和能力,求得用人单位的欣赏与肯定。通过实习,用人单位会对毕业生的素质和能力有充分的了解,如果得到单位的肯定与欣赏,那么毕业生也许就获得了打开就业大门的钥匙。

还可以通过招聘会获取就业信息。毕业生人才招聘会组织正规,参加的用人单位多,就业信息资源丰富,毕业生通过直接与招聘单位交流可以获得更丰富和全面的就业信息,而且可以当场签订就业协议,比较简捷有效。

需要提醒的是,收集就业信息应力求做到早、广、实、准。

早,就是收集信息要及时,要早做准备,不能事到临头再抱佛脚。

广,就是信息面不能太窄,要广泛收集各个方面、不同层次的就业信息。有的学生只注意根据自己预先设定的目标收集有关地区、行业和单位的就业信息,使自己放弃或忽视了相关"后备"信息,在求职遇挫时感到无所适从,造成被动的局面。这种情况应当予以避免。

实,就是收集的信息要具体,用人单位的地点、环境、人员构成、生活待遇、发展前景、对新进人员的基本要求和联系电话等各方面信息掌握得越具体越好。

准,就是要做到准确无误。一方面,用人单位需要的是什么层次、什么专业的人才,在生源、性别和外语水平等方面有什么特殊要求,都要了解清楚;另一方面,用人信息也和商品信息一样,具有很强的时效性,你所了解的信息是不是已过期,人家是否已经物色到合适人选。这些情况都要搞清楚,绝不能似是而非。

(二)就业信息的筛选

毕业生在就业过程中获取的信息既蕴含着机会,也可能潜藏着危机。对于获取的就业信息,应结合自身的实际情况进行筛选,做到"去伪存真、去粗取精",有针对性地加以选用,提高就业信息的准确性、全面性、针对性和时效性,以便更好地为自己的就业服务。

(1) 把握重点。就业信息的收集应该全面,更应该对其进行比较筛选,应把适合自己的重点信息筛选出来,标明并注意留存。一般信息则仅作求职参考。

(2) 进行对比。要从不同的渠道收集大量的就业信息,运用对比鉴别的方法,确定哪些对自己有用,其用处何在。

(3) 求证真伪。通过各种办法,对收集到的就业信息的可靠程度予以求证。

(4) 透彻了解。对有用的重要就业信息务求了解透彻,不能一知半解,要全面掌握企业情况,全面了解信息的中心内容。

(5) 不要轻信。获取就业信息以后,不能盲目轻信,通过社会关系获取的就业信息也未必可靠,通过新闻媒体获取的就业信息同样也未必真实。不要未经筛选就轻率地做出选择。

(6) 适合自己。一切信息都要与自己对照衡量,看看是否适合自己。千万不要好高骛远、挑选待遇好但不适合自己的工作岗位。不同的人有不同的兴趣、爱好、性格、素质以及现实条件,一些他人认为很好的就业岗位未必适合自己。

(三) 求职材料

求职信是求职者写给招聘单位的信函,一般是针对一定的用人单位写的,具有一定的针对性。写求职信的最直接目标在于争取面试的机会。求职信和求职简历一样,都是用来把自己"推销"出去的一种商业函件。多数情况下,招聘单位只有在阅读过求职者的求职信和个人简历之后,才会决定是否让其参加面试。

1. 求职信的格式

求职信的格式与一般的书信大体一样,由标题、称呼、开头、正文、结尾、致敬语和落款等部分组成,下面分别予以说明。

标题:写在正文正上方,可直接写"求职信"或"自荐信",也可在之前加上说明中心意思的定语。

称呼:是对接受并阅读信件的人的称呼。一般收信人应该是用人单位中直接负责人事任免的人,要特别注意该人的姓名和职务,书写要准确。如果对用人单位有关人员的姓名不熟悉,那么求职信中可以直接称呼阅信人的职务头衔。

开头:主要说明写信缘由,表达求职愿望。要用能够激发对方阅读兴趣的开头语,力争在几秒内抓住对方的注意力,切忌离题万里。

正文:正文为求职信的重点,要简洁而有针对性。一般写法是先谈自己求职的理由、目标,说明愿意为该单位效力的理由。理由要充分、合乎情理、可信,目标要具体明确。接着重点介绍自己应聘该项工作的条件,这是求职信中核心的部分。要参考用人单位的招聘条件,突出自己的成绩、特长和优势,强调自己对该单位的价值和能够带来的效益。了解用人单位的情况,还可以简单谈谈如被录用后准备如何开展工作。

结尾:主要是进一步强调求职的愿望,表示希望得到明确答复,或请求同意,前往面谈,或希望面试,以供用人单位进一步考查等。

致敬语和落款:一般都采用向对方致敬的词语,即在正文结束后,紧接着在下一行空两格的位置写上"此致"二字,后面不加标点,再下一行顶格书写"敬礼"二字,后面加感叹号即可。最后在致敬语右下方签署求职者的姓名及具体日期。

2. 求职信的内容

求职目标。所谓求职目标,就是求职者要到什么单位任职,希望任什么职。这就要求求职者在确定目标之前,对用人单位、想干的工作、想任的职务有比较深入的了解。只有这样,才能有的放矢,提高成功率。如果是初次求职,也应预定出自己的理想目标和满意目标,乃至最低目标,并在求职过程中根据具体情况对目标作灵活调整,这样就可以找到比较适合的工作或职位。

求职理由。求职目标确定后,求职信中必须充分阐明自己谋求这一目标的理由。既要实事求是,又要机智灵活。要从符合自己的专业、特长、未来发展出发,同时也从满足用人单位需求上说明理由。所谓机智灵活,就是避免讲一些可能引起对方反感的话,适当迎合对方的优越、自豪、自尊的情绪,把话说到对方心里,争取收到"正面效应"。例如,你到颇有名气的公司求职,求职信中则应对该公司"任人唯贤""知人善任""人尽其才"的管理作风表示钦佩,绝不能谈什么薪水、福利之类的"理由"。假如你到一个比较困难的公司求职,则应表示对该公司的关切,有一试身手改变公司面貌的决心和方略。

求职条件。热情的求职愿望、真挚的求职动机,都不能取代必需的求职条件,这是求职的关键。求职信中要针对求职的目标扬长避短,具体阐明自己的主要成绩、专业优势、技术特长、年龄优势,也可以讲自己的爱好、业余兴趣等。总之,要力求"立体展示",突出优势,引起用人单位的足够重视和慎重考虑,促进求职目标的实现。

附件。由于受篇幅限制,求职信不可能把所有材料都写进去,但为了证明自己的实力,还需准备一些附加材料,随求职信一起寄给用人单位。附加材料主要包括毕业证书、学位证书、职称证书、技能鉴定证书、外语过级证书、计算机过级证书、发表文章剪辑、科研成果证明等。这些附加材料对于争取面试机会是非常重要的。但是,求职者要根据具体情况有选择地使用,不一定每封信都附上全部材料。

（四）求职策略

1. 了解就业政策及形势

了解就业政策及形势是就业过程的第一步。大学生在择业过程中需要了解就业市场的供需形势，重点了解本校、本专业的社会需求情况及用人单位对毕业生的基本要求；了解国家及学校有关毕业生的就业政策和规定及相关法规信息；了解校园招聘会、人才市场供需见面会及用人单位的信息等。

2. 自我分析，确立基本就业目标

结合自己的才能、特长、兴趣、爱好、性格、气质、心理素质、优势、劣势等综合情况理智地进行自我分析，确定就业地区、目标单位性质、主要应聘岗位、大致薪酬等。

3. 材料及心理准备

毕业生的自荐材料是用人单位了解毕业生的窗口，是赢得面试的"敲门砖"，包括自荐信、个人简历、高校毕业生推荐表、成绩表、技能等级证书、荣誉证书及有关的辅助证明材料。

4. 应聘

应聘是指大学生通过各种途径与用人单位招聘人员接触，参加用人单位组织的笔试、面试的一系列过程。

5. 签约

通过双向选择，毕业生确定了用人单位，对方也明确表示同意录用后，毕业生就可以和用人单位签订《全国普通高校毕业生就业协议书》。在签约前，要明确学校、用人单位及毕业生三方的责任、权利和义务，认真阅读协议书内的全部条款，特别要清楚用人单位提出的附加条款及其含义。

6. 办理离校手续

毕业生将就业协议交给所在班级辅导员后，即可领取"离校流程卡"办理离校手续。

（五）求职礼仪

礼仪是一个人内在修养和素质的外在表现，注重求职礼仪，更利于求职者抓住机会。"言为心计，行为心表"。美好的行为是美丽心灵的表现，要做一个成功者，就应规范自己的言谈举止与行为。

得体。求职者在求职过程中一定要举止得体，讲究文明礼貌，从面试开始到结束言谈举止都要得体。

真诚。真诚是礼仪的真谛。大学生在求职过程中要"诚于中而形于外"，发自内心地对人真诚,并用自然得体的言行表达出来。

微笑。良好的第一印象来源于人的仪表谈吐,但最主要取决于他的表情。微笑则是表情中最能赋予人好感、增加友善和沟通、愉悦心情的表现方式,也是人与人之间最好的一种沟通方式。

修养。礼仪是一个人文化修养、品德教养等精神内涵的外在体现,知书达理、理解宽容、自信乐观的求职者更容易获得求职机会。

尊重。"治礼,敬为大""守礼莫若敬"是中国的古训,说明了礼的核心就是尊敬。你想获得别人的尊重,要自尊,更要尊重他人:自尊、自知、自省、自治、自强、尊重他人,应对碰到的每一个人都彬彬有礼。

自律。要时时处处严格约束自己,使自己的言谈举止符合礼仪规范。

五、创业指导

创业即自己开创事业,是指创业者个人在充分考虑自身条件,经过缜密的市场调查后,通过发现和识别商业机会成立活动组织,利用各种资源提供产品和服务,以创造价值的过程。创业是就业的另一种模式。

(一)创业者的基本技能

市场调查是创业相当重要的一环。市场调查主要是寻找目标市场可能存在的商机,为自己进入该商业领域提供定性、定量依据。一个好的市场调查要可信、可靠,它是投资者的"眼睛",能够帮助确定市场定位和产品价格。市场调查报告一定要经得起推敲,经过调查不仅要了解市场,还要了解竞争对手的状况。创业或者兴办企业完全不做市场调查的生意人越来越少,关键是市场调查的质量和方法对市场调查的深浅程度的把握。有的人舍得花钱请专业市场调查公司来做,有的人则是自己走马观花看一看而已,这样市场调查效果就完全不同了。

(二)营销管理技能

营销管理是指分析、规划、执行和控制各种方案,以便与目标市场的顾客建立和保持互惠交易,以实现组织的目标。营销管理的实质是要制定一套从开发客户、提供服务,到收款及售后服务的企业运作流程。例如,如何选择成本最低、成效又最高的行销方法。创业者可先试着找出同行业中最赚钱的企业,仔细观察其运作方式,然后根据自己企业的情况调整这套运作模式,建立属于自己的营运制度。

(三)经营管理技能

经营管理技能是保证创业获得成功的主要因素,包括开拓进取能力、学习能力、团结协作能力、创新能力、把握商机能力等。强烈的进取心既是创业能力、经营能力形成的基础,也是现代企业家综合素质构成的基本要素。知识经济时代,科学技术突飞猛进,企业环境复杂多变。在这样一个日新月异、难以把握的时代,创业者要想把工作做好,就必须有好学的精神,善于学习。学习经营管理知识,学习科学技术知识,学习社会学、心理学、经济学等一系列相关学科,同时还要善于从自己及别人的成功和失败中吸取经验教训。这样才能跟得上时代的步伐,以系统的思路、全新的理念经营好企业。

(四)团结协作能力

当前市场竞争激烈,自主创业"万事开头难",要处理的事情面广量多,压力大,靠一个人的力量很难有效地处理各类情况。因此,大学生创业可以联络几个有共同理想的同学、师兄师姐,形成一股合力,共同面对挑战。优势互补的团队是自主创业的基础。有了优势互补的创业团队,既能有效进行技术创新与经济管理,又能保证创业团队形成最大的合力,从而在市场竞争中取胜,达到企业追求的目标,推动企业向前发展,取得创业成功。

另外,员工的职业素养和向心力如何,也是企业成长的关键。有的大学生创业者常常抱怨自己创业团队的员工流动性高、学习意愿不强、工作态度不积极等,这其中很有可能是管理出了问题。要避免这些状况,即使只是由五人组成的小公司,老板都应将员工的招聘、培训与管理视为最重要的任务,而员工应聘进来后,老板也应至少花 1~2 个星期进行培训,从旁辅导再逐渐放手让员工走上岗位,进入一线。同时也可制定一套工作章程,确定员工的权利义务,将福利、升迁、分红、奖惩制度等说明清楚,有助于降低员工流动率,并提升公司对客户的服务品质。

(五)创新能力

创新是知识经济时代保证企业可持续发展的源泉之一。创业者只有保持不断创新,才能使企业在未来市场竞争中占有一席之地。这种创新包括:(1)能及时适应市场变化,调整经营方向,不断推出能满足消费者潜在需求的新产品、新服务、新项目,使企业在竞争中处于领先地位。(2)能动员全体员工积极创新,做员工创新的倡导者、激励者、协调者和组织者。(3)能将观念创新和理论创新体现在企业组织及管理领域内的组织文化,推动企业全面创新。

(六)把握商机能力

什么是商机?能够满足一种需要或是能够增加满足的需要,都可能是商机,它只会在某一个特定的阶段出现,稍纵即逝。问题是如何把握商机?把握商机需要独具慧眼,即看到事物表象之下潜在的需求或市场。某大学生帮朋友买书的时候,王府井书店科技图书的热销给他留下深刻的印象。经过简单的市场调查,他发现科技书店在家乡是一个空白,于是开始自己创业。但书店开起来之后并不像他想的那样火爆,他再次来到王府井书店进行详细调查,回去后调整了经营思路。通过农民买书和政府组织的送书下乡活动,他发现农村市场的广阔。现在他的科技书店办得红红火火。这是一个很典型的把握商机个案:买书的时候观察,其实就是在做市场调查;再后来送书下乡,换句话说就是市场测试;看农民买什么书,是进行市场细分。这是一个完整的市场调研、市场分析、市场策划的过程。企业本身是一个生命体,它需要不断的培植、成长,不是抓住一个机会就能使一个企业不断地繁荣,而是不断地在经营过程中发现一些新的商机,才能给这个企业不断地带来新的增长。

相关链接一:不同职业的职业道德规范

一、企业道德规范

(1) 正当经营,合法竞争。正当经营一般包括具有正当的经营身份和执照,具有符合要求的一定资产或资金,一定的生产或经营场地,生产具有正当用途的对社会有积极意义的产品或提供正当的服务等。与此相反,一切违法生产销售、偷税漏税,制造经销假冒伪劣产品或违禁物品等均属不正当的经营。

(2) 严守信用,讲究信誉。一方面,企业严守信用讲究信誉可以提高企业的知名度和企业的道德形象,使企业在社会经济活动中或其他活动中赢得市场竞争的主动权,取得好的经济效益,并由此影响相关行业或企业,从而获得更好的社会效益。

(3) 用户至上,热情服务。用户至上,就是指企业生产的出发点和立足点要建立在用户需要之上。用户需要什么,企业就提供什么;用户需要多少,企业就提供多少。所谓热情服务,是指企业为用户提供服务时耐心细致,及时周到,而不是粗枝大叶,拖延马虎。

(4) 平等互利,和衷共济。其一,恪守社会化大协作;其二,在国际竞争中团结一致,共同对外。

二、窗口行业道德规范

(1) 理想信念。必须以集体主义为价值导向,放眼社会整体利益,努力做好本职工作,全心全意为人民服务。为人民服务是社会主义窗口行业道德的灵魂。

(2) 工作态度。工作态度就是劳动者对待自己岗位职责的态度,是其敬业精神、工作责任心、专业技能、价值观念等个人素质的外在表现;是劳动者个人对社会、对其他社会成员履行各种劳动义务的重要基础。

（3）岗位责任。在社会主义条件下，无论是集体，还是个人，都拥有自己一定的责、权、利。在责、权、利的三者关系中，责是主导的方面。岗位责任的大小，决定岗位权力的大小。

（4）职业良心。职业良心，是指窗口行业的广大职工对岗位责任的一种自觉意识。职业良心能够促使人们依据行业的道德要求，对个人的行为动机进行自我监督、自我检查、自我修正。讲职业良心，对于以单独操作为工作特点、个人承担重大社会责任的窗口行业来说尤为重要。

（5）职业荣誉。它是岗位责任和职业良心的评价尺度，是职业良心中的知耻心、自尊心、自爱心的表现。职业荣誉是社会对个人履行社会义务的德行和贡献的赞赏和评价，是职业行为的价值体现和价值尺度。

（6）行业纪律。行业纪律是一种职业行为的规范。它要求劳动者在职业生活中遵守秩序、执行命令和履行自己的职责。它是调节行业内部关系、行业与社会之间的关系、服务者和被服务对象之间关系的重要方式。

（7）行业作风。作风是一种巨大的工作动力，行业作风是指本行业职工在职业生活中的习惯和风气，是职业劳动者在职业活动中的习惯表现，是一个单位长期形成的一种习惯势力。

三、干部道德规范

（1）政治坚定、忠诚积极。坚持正确的政治方向，坚定不移地走建设有中国特色社会主义道路，同党中央保持高度一致，坚决贯彻执行党的基本理论、基本路线和各项方针政策；忠诚党的事业，热爱本职工作，有强烈的事业心和高度的责任感。

（2）解放思想，实事求是。思想认识符合客观实际，不因循守旧，使自己的思想适应不断发展变化的新形势，勇于探索，大胆试验，及时总结经验，创造性地开展工作；坚持实事求是的思想战线，注重调查研究，一切从实际出发，坚持真理，敢讲真话。

（3）公正廉洁，克己奉公。要求党政机关干部秉公办事，执法如山，不谋私利，不徇私情，廉洁自律，公道正派。以国家、民族、人民的利益为最高利益，个人利益服从集体利益，"先天下之忧而忧，后天下之乐而乐"，发扬奉献精神，努力为人民服务。

（4）体恤民情，尊重民意。要求干部坚持马克思主义的群众观点和群众路线，保持同人民群众血肉联系，一切依靠群众，一切为了群众。党政机关干部要急人民群众所急，想人民群众所想，办人民群众之需，要时刻把人民群众的疾苦挂在心上，切切实实地为群众办好事、办实事。

(5) 勤奋工作,尽职敬业。要求公职人员在公务活动中杜绝一切推诿、拖拉、敷衍、不负责任、人浮于事等官僚主义作风,而代之以积极主动、认真负责、严格遵守纪律、刻苦钻研业务、不断进取的工作作风,艰苦创业、勤政为民。

(6) 严于律己,率先垂范。作为党政机关干部,首先必须以身作则,坚决维护宪法和法律的尊严,成为遵守宪法和法律的模范。同时,要严格依法办事,以保证公务活动符合国家的利益和人民的利益。其次,党政机关干部不仅要自觉遵守社会公德等一般道德要求,而且必须责无旁贷地遵守并践行社会所弘扬和倡导的占主导地位的道德准则。

四、医生道德规范

(1) 同情尊重,一心赴救。这就是说,对服务对象的病痛要有一种理解、体谅和全力解救的深切感情,要尊重病员的人格,排除干扰、全力以赴地救死扶伤,并积极防病治病,增进人民身心健康。切不可熟视无睹、无动于衷、麻木不仁、冷若冰霜;更不能认钱不认人,将病人拒之门外,见死不救。

(2) 严肃认真,一丝不苟。以严肃的态度、准确的知识、精湛的技术、严密的观察、周密的思维、严格的纪律、谨慎的操作认真对待和开展医务工作。

(3) 平等相待,一视同仁。在对待病人的态度问题上,它要求不论病人的地位高低、知识多少、容貌美丑、关系亲疏,都应一视同仁。那种蔑视人的人格,不平等待人,甚至利用职权搞不正当关系、谋求私利的行为,显然是违背社会主义医德规范的,应当受到抵制和谴责。

(4) 举止端庄,保守医密。举止端庄,就是要求医务人员要有良好的仪态对待病人,在与病人交往中要讲究文明礼貌,即言谈文雅有度,举止稳定端庄,颜容和蔼,态度温和,谦恭有礼,仪表整洁大方。同时,医务人员还要为病人保守秘密,不能视作笑料,传播扩散,给病人造成痛苦,给家庭带来不幸,更不能有任何邪恶杂念。

(5) 钻研业务,精益求精。现代医学日新月异,知识更新加速,更需要广大医务人员不断吐故纳新,扬弃旧学说、旧理论、旧技术,积极吸取新学说、新理论、新技术,从而更好地为保障人民健康作贡献。

(6) 谦虚诚实,团结协作。要求医务人员树立整体观念,顾全大局,相互谦让,相互支持;尊重同行,尊老扶新。

五、教师道德规范

(1) 爱护学生,诲人不倦。能否正确对待学生,真正爱护学生,做到循循善诱、诲人不倦,是教师职业的一个根本性的问题,也是衡量教师师德水准高低的主要标志。

(2) 以身作则,为人师表。教师不仅是知识的传播者,也是学生的道德榜样,教师的品德作为一个教育因素始终在教育过程中起着潜移默化的作用。因此,教师要在思想、品德、工作、学习、生活各方面都成为学生的表率和榜样。

(3) 刻苦钻研,学而不厌。它要求教师对科学文化知识有强烈的求知欲望和刻苦钻研的精神,要不断吸取新知识、新观点、新成果,使自己在教学过程中有不断的源头活水。

(4) 谦虚正直,执教清廉。要求教师必须不断提高廉洁自律的自觉性,抵制拜金主义思想的侵蚀,甘于清贫,淡泊明志,永葆"一身正气,两袖清风"的高贵品质,无愧于人民教师的光荣称号。

相关链接二:国外职业指导理论简介

国外职业指导理论的全面发展要归功于心理学,尤其是心理测验技术的发展。二战后,社会学家和职业指导工作者广泛运用心理学的原理和方法研究职业问题。20世纪50年代后,逐渐形成众多的职业指导理论派别,职业指导理论趋于系统化和多样化。较成熟的理论研究成果有:特性——因素论、人格类型论、需要论、心理动力论、职业选择发展论、行为论、决策论等。这些理论派别尽管模式不一,见解各异,但各种理论之间互为补充,或者强调个人因素,或者强调社会因素,或者强调两者的综合。现将各理论派别作一概述。

1. 个人取向

这类理论重在从个体的角度探讨职业行为,重视个人的需要、能力、兴趣、人格等内在因素对职业选择与职业发展的重要作用。个人取向的理论又可大致分为三类:以强调个人特性与职业特性匹配的特性论模式(如特性——因素论、人格类型论);以强调个人内在动机为核心的动力论模式(如需要论、心理动力论);以发展的观点研究个体职业行为的发展论模式。

2. 社会取向

这类理论倾向于研究作用于个人职业选择和职业发展的社会环境因素,强调个人所处的家庭与社会环境等外在因素在职业选择与职业发展中的重要作用,包括社会学理论、经济学理论等。

3. 综合取向

这类理论认为,无论是个人因素,还是社会环境因素,都不能单方面决定个人的职业选择和职业发展。职业选择与职业发展既受个人因素的影响,也受个人所处的家庭与社会环境的影响,两者相互作用,共同决定个人的职业行为。这类理论有行为论和决策论。

相关链接三：霍兰德职业倾向测验量表

本测验量表将帮助你发现和确定自己的职业兴趣和能力特长，从而更好地做出求职择业的决策。如果你已经考虑好或选择好了自己的职业，本测验将使你的这种考虑或选择具有理论基础，或向你展示其他合适的职业；如果你至今尚未确定职业方向，本测验将帮助你根据自己的情况选择一个恰当的职业目标。本测验共有四个部分，每部分测验都没有时间限制，但请你尽快按要求完成。

第一部分 你心目中的理想职业（专业）

对于未来的职业（或升学进修的专业），得早有考虑，它可能很抽象、很朦胧，也可能很具体、很清晰。不论是哪种情况，现在都请你把自己最想干的3种工作或最想读的3种专业，按顺序写下来。

1.　　　　2.　　　　3.

第二部分 你所感兴趣的活动

下面列举了若干种活动，请你就这些活动判断你的好恶。喜欢的，请在"是"栏里打"√"；不喜欢的，请在"否"栏里打"×"。请按顺序回答全部问题。

R：实际型活动
1. 装配修理电器或玩具　　　　　　是□　　否□
2. 修理自行车　　　　　　　　　　是□　　否□
3. 用木头做东西　　　　　　　　　是□　　否□
4. 开汽车或摩托车　　　　　　　　是□　　否□
5. 用机器做东西　　　　　　　　　是□　　否□
6. 参加木工技术学习班　　　　　　是□　　否□
7. 参加制图、描图学习班　　　　　是□　　否□
8. 驾驶卡车或拖拉机　　　　　　　是□　　否□
9. 参加机械和电气学习班　　　　　是□　　否□
10. 装配修理机器　　　　　　　　 是□　　否□

统计"是"一栏得分，合计_____。

A：艺术型活动
1. 素描作图或绘画　　　　　　　　是□　　否□
2. 参加话剧/戏剧　　　　　　　　 是□　　否□
3. 设计家具/布置室内　　　　　　 是□　　否□

4. 练习乐器/参加乐队　　　　　　是□　　否□
5. 欣赏音乐或戏剧　　　　　　　　是□　　否□
6. 看小说欣赏剧本　　　　　　　　是□　　否□
7. 从事摄影创作　　　　　　　　　是□　　否□
8. 写诗或吟诗　　　　　　　　　　是□　　否□
9. 学艺术(美术音乐)　　　　　　　是□　　否□
10. 练习书法　　　　　　　　　　 是□　　否□

统计"是"一栏得分,合计_____。

I：调查型活动

1. 读科技图书或杂志　　　　　　　是□　　否□
2. 在实验室工作　　　　　　　　　是□　　否□
3. 改良水果品种,培育新的水果　　 是□　　否□
4. 调查了解土和金属等物质的成分　是□　　否□
5. 研究自己选择的特殊问题　　　　是□　　否□
6. 解算术或玩数学游戏　　　　　　是□　　否□
7. 物理课　　　　　　　　　　　　是□　　否□
8. 化学课　　　　　　　　　　　　是□　　否□
9. 几何课　　　　　　　　　　　　是□　　否□
10. 生物课　　　　　　　　　　　 是□　　否□

统计"是"一栏得分,合计_____。

s：社会型活动

1. 学校或单位组织的正式活动　　　是□　　否□
2. 参加某个社会团体或俱乐部活动　是□　　否□
3. 帮助别人解决困难　　　　　　　是□　　否□
4. 照顾儿童　　　　　　　　　　　是□　　否□
5. 出席晚会、联欢会、茶话会　　　是□　　否□
6. 和大家一起出去郊游　　　　　　是□　　否□
7. 想获得关于心理方面的知识　　　是□　　否□
8. 参加讲座会或辩论会　　　　　　是□　　否□
9. 观看或参加体育比赛和运动会　　是□　　否□
10. 结交新朋友　　　　　　　　　 是□　　否□

统计"是"一栏得分,合计_____。

B：事业型活动

1. 说服鼓动他人　　　　　　　　　　是□　　　否□
2. 卖东西　　　　　　　　　　　　　是□　　　否□
3. 谈论政治　　　　　　　　　　　　是□　　　否□
4. 制订计划、参加会议　　　　　　　是□　　　否□
5. 以自己的意志影响别人的行为　　　是□　　　否□
6. 在社会小团体担任职务　　　　　　是□　　　否□
7. 检查与评价别人的工作　　　　　　是□　　　否□
8. 结交名流　　　　　　　　　　　　是□　　　否□
9. 指导有某种目标的团体　　　　　　是□　　　否□
10. 参与政治活动　　　　　　　　　 是□　　　否□

统计"是"一栏得分,合计_____。

C：常规型(传统型)活动

1. 整理好桌面和房间　　　　　　　　是□　　　否□
2. 抄写文件和信件　　　　　　　　　是□　　　否□
3. 为领导写报告或公务信函　　　　　是□　　　否□
4. 检查个人收支情况　　　　　　　　是□　　　否□
5. 参加培训班　　　　　　　　　　　是□　　　否□
6. 参加算盘、文秘等实务培训　　　　是□　　　否□
7. 参加商业会计培训班　　　　　　　是□　　　否□
8. 参加情报处理培训班　　　　　　　是□　　　否□
9. 整理信件、报告、记录等　　　　　是□　　　否□
10. 写商业贸易信　　　　　　　　　 是□　　　否□

统计"是"一栏得分,合计_____。

第三部分　你所擅长获胜的活动

下面列举了若干种活动,其中你能做或大概能做的事,请在"是"栏里打"√";反之,在"否"栏里打"×"。请回答全部问题。

R：实际型活动

1. 能使用电锯、电钻和锉刀等木工工具　是□　　　否□
2. 知道万用电表的使用方法　　　　　是□　　　否□

3. 能够修理自行车或其他机械　　　　　　是☐　　　否☐
4. 能够使用电钻床、磨床或缝纫机　　　　是☐　　　否☐
5. 能给家具和木制品刷漆　　　　　　　　是☐　　　否☐
6. 能看建筑设计图　　　　　　　　　　　是☐　　　否☐
7. 能够修理简单的电器用品　　　　　　　是☐　　　否☐
8. 能修理家具　　　　　　　　　　　　　是☐　　　否☐
9. 能修理收录机　　　　　　　　　　　　是☐　　　否☐
10. 能简单地修理水管　　　　　　　　　 是☐　　　否☐

统计"是"一栏得分,合计_____。

A：艺术型能力

1. 能演奏乐器　　　　　　　　　　　　　是☐　　　否☐
2. 能参加二部或四部合唱　　　　　　　　是☐　　　否☐
3. 独唱或独奏　　　　　　　　　　　　　是☐　　　否☐
4. 扮演剧中角色　　　　　　　　　　　　是☐　　　否☐
5. 能创作简单的乐曲　　　　　　　　　　是☐　　　否☐
6. 会跳舞　　　　　　　　　　　　　　　是☐　　　否☐
7. 能绘画、素描或书法　　　　　　　　　是☐　　　否☐
8. 能雕刻、剪纸或泥塑　　　　　　　　　是☐　　　否☐
9. 能设计板报、服装或家具　　　　　　　是☐　　　否☐
10. 能写一手好文章　　　　　　　　　　 是☐　　　否☐

统计"是"一栏得分,合计_____。

I. 调研型能力

1. 懂得真空管或晶体管的作用　　　　　　是☐　　　否☐
2. 能够列举三种蛋白质多的食品　　　　　是☐　　　否☐
3. 理解铀的裂变　　　　　　　　　　　　是☐　　　否☐
4. 能用计算尺、计算器　　　　　　　　　是☐　　　否☐
5. 会使用显微镜　　　　　　　　　　　　是☐　　　否☐
6. 能找到三个星座　　　　　　　　　　　是☐　　　否☐
7. 能独立进行调查研究　　　　　　　　　是☐　　　否☐
8. 能解释简单的化学　　　　　　　　　　是☐　　　否☐
9. 理解人造卫星为什么不落地　　　　　　是☐　　　否☐

10. 经常参加学术的会议　　　　　　是□　　否□

统计"是"一栏得分,合计_____。

s：社会型能力

1. 有向各种人说明解释的能力　　　是□　　否□
2. 常参加社会福利活动　　　　　　是□　　否□
3. 能和大家一起友好相处地工作　　是□　　否□
4. 善于与年长者相处　　　　　　　是□　　否□
5. 会邀请人、招待人　　　　　　　是□　　否□
6. 能简单易懂地教育儿童　　　　　是□　　否□
7. 能安排会议等活动程序　　　　　是□　　否□
8. 善于体察人心和帮助他人　　　　是□　　否□
9. 帮助护理病人和伤员　　　　　　是□　　否□
10. 安排社团组织的各种事务　　　是□　　否□

统计"是"一栏得分,合计_____。

B：事业型能力

1. 担任过学生干部并且干得不错　　是□　　否□
2. 工作上能指导和监督他人　　　　是□　　否□
3. 做事充满活力和热情　　　　　　是□　　否□
4. 有效利用自身的做法调动他人　　是□　　否□
5. 销售能力强　　　　　　　　　　是□　　否□
6. 曾作为俱乐部或社团的负责人　　是□　　否□
7. 向领导提出建议或反映意见　　　是□　　否□
8. 有开创事业的能力　　　　　　　是□　　否□
9. 知道怎样做能成为一个优秀的领导者　是□　　否□
10. 健谈善辩　　　　　　　　　　是□　　否□

统计"是"一栏得分,合计_____。

C：常规型能力

1. 会熟练打印中文　　　　　　　　是□　　否□
2. 会用外文打字机或复印机　　　　是□　　否□
3. 能快速记笔记和抄写文章　　　　是□　　否□
4. 善于整理、保管文件和资料　　　是□　　否□

5. 善于从事事务性的工作　　　　　　　是☐　　否☐

6. 会用算盘　　　　　　　　　　　　　是☐　　否☐

7. 能在短时间内分类和处理大量文件　　是☐　　否☐

8. 能使用计算机　　　　　　　　　　　是☐　　否☐

9. 能搜集数据　　　　　　　　　　　　是☐　　否☐

10. 善于为自己或集体做财务预算表　　 是☐　　否☐

统计"是"一栏得分,合计_____。

第四部分　你所喜欢的职业

下面列举了多种职业,请逐一认真地看,如果是你有兴趣的工作,请在"是"栏里打"√";如果是你不太喜欢的、不关心的工作,请在"否"栏里打"×"。请回答全部问题。

R:实际型活动

1. 飞机机械师　　　　　　　　　　　　是☐　　否☐

2. 野生动物专家　　　　　　　　　　　是☐　　否☐

3. 汽车维修工　　　　　　　　　　　　是☐　　否☐

4. 木匠　　　　　　　　　　　　　　　是☐　　否☐

5. 测量工程师　　　　　　　　　　　　是☐　　否☐

6. 无线电报务员　　　　　　　　　　　是☐　　否☐

7. 园艺师　　　　　　　　　　　　　　是☐　　否☐

8. 长途公共汽车司机　　　　　　　　　是☐　　否☐

9. 电工　　　　　　　　　　　　　　　是☐　　否☐

10. 火车司机　　　　　　　　　　　　 是☐　　否☐

统计"是"一栏得分,合计_____。

S:社会型职业

1. 街道、工会或妇联干部　　　　　　　是☐　　否☐

2. 小学、中学教师　　　　　　　　　　是☐　　否☐

3. 精神病医生　　　　　　　　　　　　是☐　　否☐

4. 婚姻介绍所工作人员　　　　　　　　是☐　　否☐

5. 体育教练　　　　　　　　　　　　　是☐　　否☐

6. 福利机构负责人　　　　　　　　　　是☐　　否☐

7. 心理咨询员　　　　　　　　　　　　是☐　　否☐

8. 共青团干部　　　　　　　　　　　　是☐　　否☐

第九章 职业教育学科建设与展望

学习目标
1. 洞察未来十年职业教育发展态势。
2. 预测未来职业教育学科发展任务。

第一节 未来十年职业教育发展前瞻

面对第四次科技革命带来的产业变革浪潮,我国职业教育要实现跨越式发展,就必须在深入研判未来的科技发展趋势和社会生产变革方向的前提下,提前构建职业教育发展格局,创造面向2030职业教育发展的先发优势。

一、未来十年中国职业教育发展的形势与挑战

从外部环境看,技术变革加速进行,将为整个人类的生产生活带来更加深刻以及全面的变革,而科技发展带来的产业变革将促使人类的工作需求和生活需求发生重大变化,这两者将对职业教育的重塑产生重大影响。

从内部形势分析,在未来15～20年,职业教育在社会经济发展中将起到更加重要的作用,在国民教育中的地位将更加突出,而职业教育的内部顽疾和社会整体的剧烈变革都将为职业教育的未来发展带来不确定性。

上述发展形势带来如下挑战。

一是外部挑战。人口"少子化"与"老龄化"并存,将从"少"与"老"两头挤压职业教育的生源总量,也将改变职业教育的生源结构;产业"工业化"与"信息化"结合,将对职业教育的水平和质量提出更高的要求;工作"集成化"与"研究化"交融,要求职业教育适应这种变化,进行相应的变革。

二是内部挑战。纵向衔接乏力,初级、中级、高级三个层次的职业教育相互贯通、协调发展的程度不够;横向融通不足,与其他教育类型的交叉、融合较差,没有形成相互配合、共同推进的多维度、立体化教育体系;职前与职后不协调,职业学校学历教育与职业资格

认证存在一定程度上的脱节。

二、面向未来职业教育结构的调整方向

(1) 层次结构上,要保持中职与高职教育的协调发展。一是稳定中等职业教育的规模,出台更多有利于中等职业教育发展的办法,改善中等职业院校的办学条件;二是扩大高等职业教育的规模,既要增强高职院校的竞争力,也要打通从高职高专升入更高层次职业教育的通道,持续优化高等职业教育结构。

(2) 类型结构上,要不断推进职业教育办学主体的多元化。一是增强公办职业院校的活力,创新职业教育管理体制机制,监督并保障公办职业院校各项工作规范有序进行;二是引导企业兴办职业教育,进一步完善《中华人民共和国民办教育促进法》,监督落实促进民间办学的相关优惠政策;三是发展混合所有制职业院校,促进职业教育办学主体的多元化,通过产权制度创新充分保障出资者的合法权益和利益诉求。

三、面向未来职业教育创新发展的路径

(1) 推动价值转向,大力弘扬和践行"人人出彩"的职教发展价值取向。首先,中央到地方各级政府应当加大对职业教育的宣传力度;其次,职业院校要牢牢把握"以服务为宗旨"的根本导向;最后,广大职业教育工作者要切实树立"以学生为本"的教育理念,为每一个学生赢得"人人出彩"的机会奠定基础。

(2) 强化制度匹配,建立国家职业资格证书制度与现代学徒制。首先,要尽快优化完善职业资格证书制度体系;其次,要建立健全职业资格认证机制;最后,要树立起职业资格认证的权威。同时,要加快面向未来的现代学徒制建设,从各个方面推动现代学徒制建设提速增效。

(3) 加快机制变革,完善多元主体参与职业教育办学的激励机制。一方面,要变革职业教育管理机制,进一步完善落实相关法律制度;另一方面,加快政府职能转变,加强对民间办学的支持。

(4) 创设舆论环境,围绕生涯发展与价值宣传提升职业教育的社会吸引力。一方面,要更加凸显职业教育的"服务"特征,围绕学生的生涯发展和自我价值实现提供教育服务;另一方面,要更新宣传理念,改变宣传策略,让职业教育宣传口径更加贴近大众心理。

第二节　职业教育学科建设面临的问题

作为一门年轻的学科,职业教育的学科建设刚刚起步,但是面临的发展形式和挑战也是紧迫和严峻的。研究者们开始逐步意识到职业教育学科面临的问题,明确了肩负的任务和使命。

一、独特研究范式缺失,学科方向缺少选择

目前我们对职业教育学的研究尚未形成共有的范式,致使很多研究者在不同的理论框架下讨论相同的问题时产生很多歧义。由于对职业教育的基本问题和逻辑起点还不能达成共识,因此对职业教育的研究范式也存在不同的看法。

我国职业教育学学科发展的方向究竟在哪里,职业教育学科的学术范畴如何进一步明确,职业教育学学科体系如何建构,职业教育学科研究的着力点是什么,职业教育学科研究的核心是什么,职业教育学科研究的动力机制和运作机制怎么确立,职业教育学科的分支学科如何界定,等等。在现有的研究中共识不足。必须尽快明确职业教育学研究方向,为下一步的深入研究提供支持。

二、专业研究机构建设管理制度不健全,关系错位

目前,我国虽然形成了全国性职业教育研究机构网络,但这些研究机构内外运行机制都不健全,制约着职业教育研究事业的发展。从内部看,大多数研究机构编制松散,兼职挂靠人员处于游离状态,在编科研人员办事员化,缺乏考核、考评及激励等系统的科研制度。从外部看,纵向的职业教育行政机构与研究机构关系权责不清,研究机构成为行政机构的附属;而横向的职业教育研究机构之间在研究项目上缺乏跨所(室)、跨区域的合作,老死不相往来,缺乏合作研究的习惯和长效机制。

三、学术队伍力量薄弱,研究能力有待提高

研究者认为,目前我国职业教育研究队伍在数量、质量和研究水平方面都存在着数量和质量跟不上职业教育事业发展的需要、研究水平良莠不齐、队伍结构不合理、一些研究者的职业教育学科知识体系不尽完善、职业教育学科理论素养不够高等问题。相关研究对包括职业教育中心研究所、四个直辖市和全国23个省级职业教育研究所在内的28个职业教育研究机构的研究人员进行调查,发现在518名专兼研究人员中,高级职称人数为

155人,仅占29%,另有3个省没有中、高职称研究人员,有7个省的专兼研究人员在5人以下(最少为2个),有5个省(自治区)没有设立省级研究所。研究者的功利主义心态是另外一个值得关注的问题。

四、专业人才培养问题重重

首先,学科点数量不足,布局失衡。相关论者认为,目前的职业教育学科点数量远远不能满足教育和社会发展的需要,而且地区分布极不平衡,主要集中在沿海发达地区。相对于目前占据全国普通高校招生总数半壁江山的高等职业技术教育来说,职业教育硕士和博士点数量明显不成比例,职业教育学高层次教育成了稀缺资源,这种状况必将抑制我国职业教育研究和职业教育学科的发展。

其次,统筹缺位,研究方向分散。特色方向是一个学科的持续发展的保障。目前存在的问题是：一方面,职业教育硕士和博士点研究的内容和方向狭窄,纵观各校职业教育研究的内容和方向,要么偏重于职业教育的理论研究,要么是对职业教育发展过程中一些亟待解决的现实问题的研究,如农村职业教育、课程与教学、市场经济与职业教育等,这些方向本无可厚非,但缺乏新意,缺乏与其他学科交叉的勇气;另一方面,许多硕士或博士点的方向设置随意性较强,因为导师资源有限,就只能是"有什么样的厨子就做什么样的菜",研究方向混乱,缺乏整体设计。

再次,学科封闭,生源背景单调。职业教育学研究涉及职业学院、教育学、工学等多个学科,职业教育学这种学科性质决定职业教育学跨学科研究的必要性。但从目前各个硕士点招生生源情况看,主要以文科类专业学生为主(由于现实的原因,工科类毕业的学生一般不愿报考教育学专业),单调的学科背景限制了职业教育学科培养人才的视野,长远看必然限制职业教育研究发展的方向。此外,生源性别失衡,女生过多等问题也被纳入相关讨论的话题中。

第三节 我国职业教育学科建设的历史任务

一、均衡发展,职业教育学科应科学布局

从硕士点的地理分布上可知,北京5个点;天津、陕西、湖南各4个点;上海、辽宁、河北、江苏、浙江、江西各3个点;山东、吉林、湖北、福建、广东各2个点;河南、甘肃、四川、重庆各1个点;其他省区暂无。2017年,我国A类省份的职业技术教育学硕士点共31个,比例占63%,B类地区硕士点17个,比例占35%。C类地区仅有硕士点1个,比例占

2%。A 类地区硕士点数目竟是 C 类地区的 31 倍,是 B 类地区的近 2 倍。而博士点则多集中在 A 类、B 类地区,C 类地区仅 1 个。从培养数量上可知,师范类院校和综合性大学总数合计达 34 所,比例占 79%,而在 10 个博士点授予单位中,仅天津大学 1 所工科类院校,其余 9 所均为普通师范大学和综合性大学。而与职业教育发展密切相关的诸多理工科院校及农林、财经类院校职业教育硕士、博士点则寥寥无几。

二、凝练聚焦,明确职业教育学科的主攻方向

2016 年,全国实际计划招收职业技术教育学硕士研究生的学校共 35 所,总方向数达 94 个,其中 21 所学校设有"职业技术教育原理"方向,比例占 22%;15 所学校设有"比较职业教育"方向,比例占 16%;13 所学校设有"职业技术教育课程与教学论"方向,比例占 14%;12 所学校设有"职业培训"和"职业指导"方向,比例占 13%;11 所学校设有"职业技术教育经济与管理"方向,比例占 12%;5 所学校设有"职业教育师资培养"方向,比例占 4%;另有 18 个其他方向。

三、把握范畴,构建职业教育学科的结构体系

职业教育学科可分为单数职业教育学科(如职业教育学)和复数职业教育学科两大类。其中,后者包括主干学科,如职业教育哲学与原理、职业教育史、职业教育心理学、职业教学论、职业教育课程论、比较职业教育学、职业教育方法论等;骨干学科,如职业教育教育学、职业伦理学、职业教育经济学、职业教育社会学、职业教育文化学、职业教育管理学、职业教育法学;支撑学科,如高等职业教育学、民族职业教育学、康复职业教育学、监狱职业教育学、军事职业教育学、学校职业教育学、职业培训学、农村职业教育学。

四、着重应用,助推实践化职业教育学科发展

职业教育研究要从"理论研究→远离社会→社会漠视→弱化生存基础"这一主线逐渐回归到重视应用研究的轨道上,形成重视"应用研究→服务社会→社会支持→强化生存基础"的正常研究方向。若将研究重点放在应用研究上就能赢得支持,并在此基础上创新职教理论,就要逐步彰显职业教育学科功能,培养应用型人才,着力抓好三个要素:提升人才培养层次、改进人才培养模式、完善人才培养课程。

另外,职业教育学科要出精品,必须扭转目前"单打独斗"的局面,开展跨学科、跨学校、跨地区的合作研究。从运作机制看,合作研究主要有三种形式:主研牵头机制、多边合作机制、市场运作机制。重点关注学科整合,构建职业教育学科文化。

参 考 文 献

[1] 奥茨达齐尔. 教育人类学原理[M]. 李其龙,译. 上海:上海教育出版社,2001:102.
[2] 杜威. 民主主义与教育[M]. 王承绪,译. 北京:人民教育出版社,2001:337.
[3] 黑格尔. 美学(第一卷)[M]. 北京:商务印书馆,1979:20-21.
[4] 王策三. 教学论稿[M]. 北京:人民教育出版社,1985:12-13.
[5] 刘鉴农,等. 职业技术教育学[M]. 济南:山东教育出版社,1986:4-5.
[6] 纪芝信. 职业技术教育学[M]. 福州:福建教育出版社,1995:19-20.
[7] 刘春生,徐长发. 职业教育学[M]. 北京:教育科学出版社,2002:23-24.
[8] 张家祥,钱景舫. 职业技术教育学[M]. 上海:华东师范大学出版社,2001:56.
[9] 刘合群. 职业教育学[M]. 广州:广东高等教育出版社,2004:128.
[10] 王金波. 职业技术教育学导论[M]. 哈尔滨:黑龙江教育出版社,1989:2-27.
[11] 国家教委职业技术教育中心研究所. 职业技术教育原理[M]. 北京:经济科学出版社,1998:1,24.
[12] 国家教委职业技术教育中心研究所. 职业技术教育原理[M]. 北京:经济科学出版社,1998:24.
[13] 姜大源. 职业教育学研究新论[M]. 北京:教育科学出版社,2007:79-85.
[14] 葛剑雄,周筱赟. 历史学是什么[M]. 北京:北京大学出版社,2002:174.
[15] 钱安国. 职业道德修养教程[M]. 北京:北京大学出版社,2003:154-155.
[16] 林勇. "城校互动"职业教育发展模式研究[M]. 重庆:重庆大学出版社,2008:9-10.
[17] 匡英. 比较高等职业教育:发展与变革[M]. 上海:上海教育出版社,2006:1.
[18] 徐国庆. 职业教育课程论[M]. 上海:华东师范大学出版社,2008:43-50.
[19] 钱安国. 职业道德修养教程[M]. 北京:北京大学出版社,2003:158-160.
[20] 邓鼎森. 职业道德与职业生涯规划[M]. 南昌:江西科学技术出版社,2008:18-19.
[21] 王琦. 金融职业道德概论[M]. 北京:中国金融出版社,2008:8-10.
[22] 王培俊. 职业规划与创业体验[M]. 北京:高等教育出版社,2011:5.
[23] 胡克培. 思想品德修养与职业道德[M]. 北京:北京大学出版社,2005:218.
[24] 葛玉辉. 职业生涯规划管理实务[M]. 北京:清华大学出版社,2011:5-6.
[25] 王丽娟. 大学生职业生涯规划与发展[M]. 南京:南京大学出版社,2011:27-29.
[26] 杨春艳. 职业与就业指导[M]. 北京:机械工业出版社,2009:144-146.
[27] 陈岩. 大学生职业发展与就业指导[M]. 武汉:武汉理工大学出版社,2009:218.
[28] 谢晓翠. 职业生涯设计与就业指导[M]. 杭州:浙江大学出版社,2007:106-107.
[29] 周明星. 职业教育学的对象、体系与范式的反思[J]. 职业技术教育(教科版),2006(25):9-11.
[30] 姜大源. 基于职业科学的职业教育学科建设辨析[J]. 中国职业技术教育,2007,4:8-15.

[31] 姜大源.职业教育学基本问题的思考(一)[J].职业技术教育(教科版),2006(1):5-10.
[32] 周明星.职业教育学对象、体系与范式的反思[J].职业技术教育(教科版),2006(7):17-19.
[33] 李尚群.职业教育学学科建设:已有的范式评说与可能范式的构想[J].职教论坛,2006(11):8-10.
[34] 王哉.加拿大职业培训的特色——CBE课程[J].职业技术,2006(19):57-59.
[35] 赵长林,于源溟.论黄炎培的职业教育思想[J].吉林工程技术师范学院学报(教育研究版),2003(5):11-16.
[36] 朱小蔓.H.加登纳的智能结构新说与西方理智主义教育框架的动摇[J].高等师范教育研究,1992(3):71-76.
[37] 姜大源.基于职业科学的职业教育学科建设辨析[J].中国职业技术教育,2007(4):7-9.
[38] 沈建根,石伟平.高职教育专业群建设:概念、内涵与机制[J].中国高教研究,2011(11):78-80.
[39] 赵长林,于源溟.论黄炎培的职业教育思想[J].吉林工程技术师范学院学报(教育研究版),2003(5):11-16.
[40] 朱小蔓.H.加德纳的智能结构新说与西方理智主义教育框架的动摇[J].高等师范教育研究,1992(3):71-76.
[41] 李朋.略论高职院校专业群建设[J].辽宁高职学报,2012(14):24-26.
[42] 董显辉.我国近十年高等职业教育专业群研究综述[J].职教通讯,2011(1):18-22.
[43] 王清华.专业群经理岗位建设透视[J].石家庄职业技术学院学报,2008(20):4-6.
[44] 陈晶晶,朱国清.基于职业群模式的美国职业教育终身化实践评析[J].中国职业技术教育,2007(11):59-61.

图书资源支持

感谢您一直以来对清华版图书的支持和爱护。为了配合本书的使用,本书提供配套的资源,有需求的读者请扫描下方的"书圈"微信公众号二维码,在图书专区下载,也可以拨打电话或发送电子邮件咨询。

如果您在使用本书的过程中遇到了什么问题,或者有相关图书出版计划,也请您发邮件告诉我们,以便我们更好地为您服务。

我们的联系方式:

地　　址:北京市海淀区双清路学研大厦A座701

邮　　编:100084

电　　话:010-62770175-4608

资源下载:http://www.tup.com.cn

客服邮箱:tupjsj@vip.163.com

QQ:2301891038(请写明您的单位和姓名)

用微信扫一扫右边的二维码,即可关注清华大学出版社公众号"书圈"。

书圈

扫一扫,获取最新目录